庆祝中华人民共和国成立七十五周年书系

新中国史研究文丛

新中国政治史举要

李正华 著

当代中国出版社
Contemporary China Publishing House

图书在版编目(CIP)数据

新中国政治史举要 / 李正华著 . -- 北京 : 当代中国出版社 , 2024. 10. -- ISBN 978-7-5154-1321-1

Ⅰ . D69-53

中国国家版本馆 CIP 数据核字第 20245EL771 号

出 版 人　王　茵
责任编辑　姜楷杰
责任校对　贾云华　康　莹
印刷监制　刘艳平
封面设计　宋　涛　鲁　娟
出版发行　当代中国出版社
地　　址　北京市地安门西大街旌勇里 8 号
网　　址　http://www.ddzg.net
邮政编码　100009
编 辑 部　(010) 66572264
市 场 部　(010) 66572281　66572157
印　　刷　北京润田金辉印刷有限公司
开　　本　710 毫米 × 1000 毫米　1/16
印　　张　16.75 印张　1 插页　239 千字
版　　次　2024 年 10 月第 1 版
印　　次　2024 年 10 月第 1 次印刷
定　　价　78.00 元

新中国史研究文丛

— 总 序 —

在新中国成立75周年之际，当代中国研究所组织编辑出版的《新中国史研究文丛》第一批成果终于与读者见面了。

当代中国研究所是中共中央批准成立的专门从事中华人民共和国史研究、编撰与宣传工作的科研机构，自1990年成立以来，编写出版了《中华人民共和国史稿》《中华人民共和国简史》《新中国70年》《中华人民共和国史编年》《中国式现代化简史》等国史基本著作。为迎接新中国成立75周年，当代中国研究所组织编写《中华人民共和国史》《新中国史事编年》等学术著作，不断推动新中国史研究事业繁荣发展。《新中国史研究文丛》，既是当代中国研究所肩负“修史、资政、育人、护国”职责使命，为庆祝新中国成立75周年献上的一份厚礼，也是对当代中国研究所成立30余年来科研成果的又一次检阅。

习近平总书记在致国史学会成立30周年贺信中强调，要坚持正确政治方向，坚持历史唯物主义，以马克思主义中国化时代化最新成果为指导，进一步团结全国广大国史研究工作者，牢牢把握国史的主题主线、主流本质，不断提高研究水平，创新宣传方式，加强教育引导，激励人们坚定历史自信、增强历史主动，更好凝聚团结奋斗的精神力量，为全面建设社会主义现代化国家、全面推进中华民族伟大复兴作出新贡献。这不仅为当代中国研究所、国史学会的发展指明了方向，也为我们在新时代新征程上全面推动新中国史研究事业高质量发展提供了根本遵循。

赓续历史文脉，谱写当代华章。习近平总书记指出："重视历史、研究历史、借鉴历史是中华民族5000多年文明史的一个优良传统。当代中国是历史中国的延续和发展。"深入研究新中国史，一方面是继承发扬中国源远流长的史学传统，另一方面可以从中深刻体悟中华文明具有突出的连续性、创新性、统一性、包容性和和平性。在新的起点上深化和拓展中国式现代化，更好担负起新的文化使命，就需要立足中华民族伟大历史实践和当代实践，用中国道理总结好中国经验。这是编辑出版《新中国史研究文丛》的重要使命。

激励人们坚定历史自信，增强历史主动。历史是最好的教科书，也是最好的营养剂。新中国史是中华民族发展史上的时代画卷，是世界社会主义发展史、人类文明发展史上的辉煌篇章。只有坚持以习近平新时代中国特色社会主义思想为指导，不断深化新中国史研究，拿出高质量的研究成果，并加强研究成果的宣传、推广，才能真正把历史智慧和历史经验进一步转化为全国各族人民团结奋斗的精神力量，充分发挥新中国史资政、育人、护国的作用。这是编辑出版《新中国史研究文丛》的重要目的。

推动新中国史“三大体系”建设，建构中国自主知识体系。加快构建中国特色哲学社会科学学科体系、学术体系、话语体系是习近平总书记在哲学社会科学工作座谈会上提出的新时代战略任务。新中国史伴随着新中国的发展而发展，是一个兼具政治性与学术性的新兴学科。经过几十年特别是新时代十余年以来的努力，新中国史“三大体系”建设已经取得了一定的成绩。但毋庸讳言，与其他成熟学科相比，新中国史还有很大进步空间。编辑出版《新中国史研究文丛》，是加快构建新中国史“三大体系”、建构中国自主知识体系的一个重要举措。

展示真实、立体、全面的当代中国，促进文明交流互鉴。习近平总书记强调，要“着力加强国际传播能力建设、促进文明交流互鉴”。新中国史研究在这方面具有独特作用和特殊优势。新中国成立 75 年来，取得了令世界刮目相看的伟大成就。如何记录好、总结好新中国的辉煌成就和宝贵经验，是时代赋予的重大课题。新中国史研究工作者有责任积极参与国际性的对话和交流，在世界舞台上讲好当代中国故事，传播好当代中国声音，展示一个真实、立体、全面的当代中国，不断增强中华文明传播力和影响力。编辑出版《新中国史研究文丛》，希望有助于发挥新中国史研究在讲好中国故事中的独特作用。

培育新中国史研究力量，壮大人才队伍。“千秋基业，人才为本。”近几十年来，新中国史研究逐步形成了一支政治素养高、专业能力强、学科门类齐的人才队伍。推进科教融合，建立了中共党史系、中华人民共和国国史系，编撰出版教材，注意培养新中国史研究新生力量。但同时也要看到，新中国史研究还面临着成果发表平台不足、方法有待完善等现实问题，很大程度制约了人才的成长与发展。编辑出版《新中国史研究文丛》，有助于“出人、出书、走正路”，不断壮大新中国史研究人才队伍。

我们将编辑出版《新中国史研究文丛》作为一个长期项目，为新中国史研究的优秀成果提供优质的出版服务。期望得到学界同仁的关心和支持，大家一起通过此项目，为新中国史研究事业这座巍峨大厦添砖增瓦，并推动它不断繁荣发展。

李正华

2024 年 5 月

前　言

2024年，是中华人民共和国成立75周年。

新中国成立以来，中国共产党团结带领全国各族人民，用几十年的时间完成了其他国家几百年走过的发展历程，创造了举世瞩目的中国奇迹，书写了社会主义事业发展的壮丽篇章，彻底改变了中华民族的前途命运。新中国史是中华民族发展史上的时代画卷，是世界社会主义发展史、人类文明发展史上的辉煌篇章。

新中国之所以能彻底改变近代以后一百多年中国积贫积弱、受人欺凌的悲惨命运，最根本的原因，就是中国人民在中国共产党的领导下找到了一条中华民族复兴的正确道路。新中国成立后，中国人民当家做了主人，在中国共产党的坚强领导下，为实现中华民族伟大复兴，建立、完善和不断发展社会主义制度，进行社会主义建设的伟大实践，探索、开创和发展中国特色社会主义，在适合中国特色的社会主义道路引领下，迎来了从站起来、富起来到强起来的伟大飞跃。中国共产党在领导中国人民完成民族独立、人民解放的历史任务之后，带领全国人民为实现国家富强、人民富裕，向着实现中华民族伟大复兴中国梦而不懈奋斗并取得巨大成就，客观地成为新中国历史发展的主流和本质，也是新中国政治史的核心。《新中国政治史举要》有10篇文章涉及新中国成立后的政治发展内容。

中共十八大以来，中国特色社会主义进入新时代。为了实现中华民族伟大复兴，中国共产党团结带领中国人民自信自强、守正创新，坚持和发展中国特色社会主义，如期实现全面建成小康社会百年奋斗目标，顺利开启实现第二个百年奋斗目标新征程，经济快速发展，社会长期稳定，党和国家事业取得历史性成就、发生历史性变革，创造了新时代中国特色社会主义的伟大成就，为实现中华民族伟大复兴提供了更为完善的制度保证、更为坚实的物质基础、更为主动的精神力量。新中国政治史深刻揭示实现中华民族伟大复兴这个时代主题，不仅要全面展示中国共产党带领全国人民在新中国建立后是怎样团结奋斗一步步改变中华民族的面貌、中国人民的面貌、中国社会的面貌的历史，而且特别要研究和阐述好新时代伟大变革的重大成就及其里程碑意义，研究和阐述好中国人民阔步迈上强国建设、民族复兴的新征程的伟大意义。《新中国政治史举要》有11篇文章重点论及新时代的政治发展内容。

习近平总书记高度重视新中国史研究事业，站在历史和时代的高度，发表一系列关于新中国史的重要论述。2022年12月8日在中华人民共和国国史学会成立30周年之际，习近平总书记发来贺信，要求国史研究工作者坚持正确政治方向，坚持历史唯物主义。这些都为新中国史研究事业指明了前进方向，提供了根本遵循。新中国政治史研究，只有坚持以马克思主义中国化时代化最新成果习近平新时代中国特色社会主义思想为指导，运用历史唯物主义的立场、观点、方法，坚持实事求是原则，坚持人民立场，坚持大历史观，才能分清新中国史的主流与支流、本质与现象、必然与偶然，深刻揭示历史和人民选择中国共产党、选择马克思主义、选择社会主义道路、选择改革开放的历史必然性，才能深刻揭示中国共产党在革命、建设、改革各个历史时期领导人民所取得的伟大成绩、辉煌成就和宝贵经验。《新中国政治史举要》有4篇文章涉及新中国政治史的学科建设。

牢记历史，是为了开创未来。习近平总书记指出："我们要以史为鉴、开创未来，在全面建设社会主义现代化国家新征程上继续担当历史使命，掌握历史主动，不断把中华民族伟大复兴的历史伟业推向前进。"新中国成立75年来，党和国家事业取得举世瞩目的伟大成就，这是中国共产党和中国人民坚定历史自信、增强历史主动的现实基础。新中国史研究特别是新中国政治史研究，就是为了把新中国成立以来党和国家事业发展的经验、智慧传给今人、留给后人，帮助人民深入把握历史大势，坚定为实现中华民族伟大复兴而奋斗的信心。值此世界之变、时代之变、历史之变正以前所未有的方式展开之际，新中国史研究者只有深刻认识新中国史研究的政治属性、新中国史研究对于党和国家事业的重要意义，牢牢把握正确政治方向，善于在纷繁复杂的历史中准确把握新中国史发展的主题和主线、主流和本质，分清主流和支流，才能真实记录和全面反映新中国建立、巩固、发展的过程，正确总结历史经验，发挥好国史资政育人护国的作用，为实现中华民族伟大复兴做出贡献。

目　录

前　言 / 001

第一部分　新中国政治史研究 / 001

“一部感天动地的奋斗史诗”

——学习习近平总书记关于新中国史的重要论述 / 002

新中国 70 年政治制度的形成、完善与发展 / 010

新中国 70 年的奋斗历程及其重大意义 / 018

党的领导制度体系不断完善 / 026

中国共产党政治建设的主要经验 / 029

重视政治建设是党历史实践的优良传统 / 054

中国共产党反腐败斗争的历史进程及当代启示 / 060

实现中华民族伟大复兴的正确道路 / 078

中华民族伟大复兴的前进步伐不可阻挡 / 087

在总结经验中开启新征程

——认真学习党的十九届六中全会精神 / 098

第二部分　新时代中国政治史研究 / 105

具有里程碑意义的新时代十年 / 106

十八大以来中国共产党对历史经验的科学总结 / 120

十八大以来党的领导制度体系建设的重要成就和主要经验 / 137

新时代党的政治建设历程及经验 / 153

党的政治建设是一个永恒课题

——党的十八大以来政治建设主要成就

新时代中国特色社会主义民主政治建设的重要成就 / 188

民之所望 政之所向

——坚持以人民为中心的发展思想 / 198

党的十八大以来改革开放的重要特征 / 204

中国式现代化的历史来路、时代创新与世界意义 / 224

中国式现代化的本质特征和根本保证 / 229

十八大以来社会体制改革的重大成就 / 234

第三部分　新中国史学科建设 / 257

推动国史研究再上新台阶 / 258

守正创新踔厉奋发 推动新中国史研究再上新台阶 / 261

深化新中国历史研究的根本遵循 / 265

中华人民共和国史学科建设的缘起、发展与展望 / 271

后　记 / 283

第一部分

新中国政治史研究

“一部感天动地的奋斗史诗”

——学习习近平总书记关于新中国史的重要论述*

习近平总书记指出，学习党史、国史，是坚持和发展中国特色社会主义、把党和国家各项事业继续推向前进的必修课。这门功课不仅必修，而且必须修好。要继续加强对党史、国史的学习，在对历史的深入思考中做好现实工作、更好走向未来，不断交出坚持和发展中国特色社会主义的合格答卷。认真学习领会习近平总书记关于新中国史的重要论述，对于准确把握新中国历史发展规律，增强“四个意识”、坚定“四个自信”、做到“两个维护”，具有重要意义。

学习研究新中国史“十分必要”

习近平总书记站在推动党和国家事业发展、巩固党的执政地位的高度，论述了学习研究新中国史的重要地位与重要意义。

正确认识党情国情、准确判断我们所处历史方位的需要。习近平总书记指出，“了解我们党和国家事业的来龙去脉，汲取我们党和国家的历史经验，正确了解党和国家历史上的重大事件和重要人物。这对正确认识党情、国情十分必要，对开创未来也十分必要”。新中国的历

---

* 本文曾发表于《红旗文稿》2020 年第 15 期。

史，既是中国共产党和中国人民用鲜血和汗水写就的中华民族发展史上的壮丽篇章，也是中国人民在新时代继往开来、不断前进的现实基础。只有准确把握新中国的发展进程，才能了解党和人民在社会主义革命、建设和改革开放进程中，是怎样根据中国的国情，历经艰辛探索，开创和发展中国特色社会主义的，才能准确判断所处的历史方位，作出科学决策。

准确认识和把握历史规律的需要。新中国 70 多年的发展历程，是党和人民把马克思主义基本原理与中国实际和时代特征相结合，推进社会主义革命、建设、改革的伟大事业，创立、发展并不断完善中国特色社会主义的过程；是中国人民当家作主，走自己的路，努力建设社会主义现代化强国，不断取得胜利的过程；也是党总结历史经验，把握历史规律，不断增强治国理政能力的过程。新中国史蕴含着宝贵的历史经验，是推动我们事业不断发展的巨大精神财富。只有学习研究好新中国史，才能真正理解“中国共产党和中国人民不仅善于打破一个旧世界，而且善于建设一个新世界”；才能明白历史都是人民书写的、历史总是向前发展的；才能坚信中国特色社会主义道路是实现社会主义现代化和中华民族伟大复兴中国梦的必由之路；才能不断深化对人类社会发展规律、社会主义建设规律和共产党执政规律的认识，自觉遵循历史规律办事。

敢于担当责任、积极开创未来的需要。回顾历史，是为了总结历史经验、把握历史规律，增强开拓前进的勇气和力量。只有全面了解中国人民筚路蓝缕、艰苦创业的历程，取得的成就与进步，经历的困难与风险，才能深刻认识新中国来之不易、中国特色社会主义来之不易，才能明白为什么“共和国是红色的，不能淡化这个颜色”；只有深刻认识中国从站起来、富起来到强起来的艰辛探索和历史必然，才能深刻体会中华民族伟大复兴不是轻轻松松、敲锣打鼓就能实现的；才能明白建成社会主义现代化强国，实现中华民族伟大复兴，是一场需要许多代人努力的接力跑，需要以功成不必在我的精神境界、功成必定有我的历史担当，一步一个脚印向着美好未来和最高理想前进。

新中国的发展历程是“一部感天动地的奋斗史诗”

70 多年的砥砺奋进，我们的国家发生了天翻地覆的变化。习近平总书记强调，无论是在中华民族历史上，还是在世界历史上，这都是一部感天动地的奋斗史诗。

充分肯定新中国成立的伟大意义。习近平总书记指出：“这一伟大历史贡献的意义在于，彻底结束了旧中国半殖民地半封建社会的历史，彻底结束了旧中国一盘散沙的局面，彻底废除了列强强加给中国的不平等条约和帝国主义在中国的一切特权，实现了中国从几千年封建专制政治向人民民主的伟大飞跃。”“中华人民共和国的成立，使中国人民成为国家、社会和自己命运的主人，实现了中国向人民民主制度的伟大跨越”。“中国人民从此站立起来了！中国人民从此把命运牢牢掌握在自己手中！中华民族发展进步从此开启了新纪元！”“中华人民共和国的成立，不仅是中华民族发展史上的一个伟大事件，也是人类发展史上的一个伟大事件。”“伟大飞跃”“伟大跨越”“新纪元”“伟大事件”，是对新中国成立伟大意义的充分肯定。

高度概括新中国发展的历史阶段和伟大成就。新中国成立以后，我们党把马克思主义基本原理同中国实际相结合，团结带领全国人民完成社会主义革命，确立社会主义基本制度，建立起独立的比较完整的工业体系和国民经济体系，积累起在中国这样一个社会生产力水平十分落后的东方大国进行社会主义建设的重要经验。党的十一届三中全会后，我们确立和坚持党在社会主义初级阶段的基本路线，推进改革开放和社会主义现代化建设事业，开辟中国特色社会主义道路，使中国大踏步赶上时代。党的十八大以来，党团结带领全国人民进行伟大斗争、建设伟大工程、推进伟大事业、实现伟大梦想，推动党和国家事业取得全方位、开创性历史成就，发生深层次、根本性历史变革。中华民族迎来了从站起来、富起来到强起来的伟大飞跃，既高度概括了新中国的历史进程，又形象地展示了新中国取得的伟大成就、阶段性特征。

特别强调改革开放的历史作用。党的十一届三中全会作出改革开放的伟大历史性决策，中国开始了改革开放新时期。习近平总书记高度评价这一决策是党的一次伟大觉醒，是中国人民和中华民族发展史上一次伟大革命，推动了中国特色社会主义事业的伟大飞跃；充分肯定改革开放取得的伟大成就，强调“改革开放是决定当代中国命运的关键一招，也是决定实现‘两个一百年’奋斗目标、实现中华民族伟大复兴的关键一招”。没有改革开放，就没有中国特色社会主义，就没有中国今天兴旺发达的大好局面。改革开放是当代中国的鲜明标志和活力源泉，是发展中国特色社会主义的必由之路。“关键一招”“必由之路”，是对改革开放历史作用的充分肯定，是对改革开放历史经验的深刻总结，是对坚定不移推进改革开放的明确宣示。

深刻论述开创、坚持和发展中国特色社会主义的历史逻辑。习近平总书记回顾社会主义 500 年来从无到有、从空想到科学、从理论到实践、从外国到中国，尤其是中国特色社会主义从艰辛探索到破浪前进的伟大进程，深刻阐明了党是如何把马克思主义基本原理同中国实际和时代特征结合起来，独立自主地走自己的路的，是如何历经千辛万苦，开创和发展中国特色社会主义的，回答了开创、坚持和发展中国特色社会主义的历史必然性。他指出：“中国特色社会主义，承载着几代中国共产党人的理想和探索，寄托着无数仁人志士的夙愿和期盼，凝聚着亿万人民的奋斗和牺牲，是近代以来中国社会发展的必然选择，是发展中国、稳定中国的必由之路。”“中国特色社会主义在改革开放中产生，也必将在改革开放中发展壮大。”

科学总结坚持中国共产党领导的历史必然性。在回顾中国共产党与新中国建立和发展关系的基础上，习近平总书记明确指出：“没有共产党，就没有新中国，就没有新中国的繁荣富强。坚持中国共产党这一坚强领导核心，是中华民族的命运所系。中国共产党的领导，就是支持和保证人民实现当家作主。”“历史已经并将继续证明，没有中国共产党的领导，民族复兴必然是空想。”“历史和人民选择中国共产党领导中华民族伟大复兴的事业是正确的，必须长期坚持、永不动摇；中国共产党领导中国人民开辟的中国特色社会主义道路是正确的，必须长期坚持、永不动摇；中国共产党和中国人民扎根中国大地、吸纳人类文明优秀成果、独立自主实现国家发展的战略是正确的，必须长期坚持、永不动摇。”

学习研究新中国史要“坚持以马克思主义为指导”

习近平总书记指出：“坚持以马克思主义为指导，是当代中国哲学社会科学区别于其他哲学社会科学的根本标志，必须旗帜鲜明加以坚持。”学习研究新中国史，就要运用历史唯物主义的立场、观点、方法，坚持实事求是原则，注重历史的连续性和整体性。只有这样，才能还原真实的历史，澄清是非曲直，自觉抵制唯心主义和历史虚无主义的各种干扰，正确总结历史的经验教训，揭示发展规律，充分发挥新中国史资政育人的作用。

分清新中国史的主流和支流。习近平总书记指出：“要坚持实事求是的思想路线，分清主流和支流，坚持真理，修正错误，发扬经验，吸取教训，在这个基础上把党和人民事业继续推向前进。”科学把握新中国历史发展的主题和主线，并不是要回避错误教训。我们党是在总结成功经验，同时也汲取失败教训的过程中，不断把革命和建设事业推向前进的。

新中国史是中国共产党在领导中国人民完成民族独立、人民解放的历史任务之后，带领全国人民为实现国家富强、人民富裕、民族复兴而不懈奋斗并取得巨大成就的历史。这是新中国历史发展的主流和本质。只有科学把握这一主流和本质，才能分清新中国史的主流与支流，正确看待成就与失误、经验与教训，准确把握新中国史。

历史不能割裂内在联系。习近平总书记从大历史观看新中国史，注意历史的一脉相承、不可割裂内在联系。他指出，“当代中国是历史中国的延续和发展”。新中国史要放到中华 5000 多年文明史和世界社会主义发展史的背景下来深刻理解。历史、现实、未来是相通的。历史的联系是不可能割断的。人类社会发展的历史证明，无论遇到什么样的曲折，历史总是按照自己的规律向前发展，没有任何力量能够阻挡历史前进的车轮。

科学把握新中国历史，就要把新中国史和改革开放史、中国共产党史、社会主义发展史，乃至中国近代史、中华民族文明史衔接起来，深刻认识历史和人民选择中国共产党、选择马克思主义、选择社会主义道路、选择改革开放的历史必然性，深刻认识党在革命、建设、改革各个历史时期领导人民所取得的辉煌成就和宝贵经验。只有坚持历史连续性，才能更好地看清新中国发展的脉络和内在演进的逻辑，深刻认识其曲折发展的客观规律。

正确处理改革开放前后两个历史时期的关系。习近平总书记明确指出："这是两个相互联系又有重大区别的时期，但本质上都是我们党领导人民进行社会主义建设的实践探索。中国特色社会主义是在改革开放历史新时期开创的，但也是在新中国已经建立起社会主义基本制度、并进行了20多年建设的基础上开创的。虽然这两个历史时期在进行社会主义建设的思想指导、方针政策、实际工作上有很大差别，但两者决不是彼此割裂的，更不是根本对立的。"不能用改革开放后的历史时期否定改革开放前的历史时期，也不能用改革开放前的历史时期否定改革开放后的历史时期。改革开放前的社会主义实践探索为改革开放后的社会主义实践探索积累了条件，改革开放后的社会主义实践探索是对前一个时期的坚持、改革、发展。

正确处理改革开放前后的社会主义实践探索的关系，不只是一个历史问题，更主要的是一个政治问题。习近平总书记专门阐述改革开放前后两个历史时期的辩证统一关系，是对以反思新中国历史为名否定新中国史的历史虚无主义的高度关注和有力回击。他明确指出，历史虚无主义的要害，是从根本上否定马克思主义指导地位和中国走向社会主义的历史必然性，否定中国共产党的领导，要警惕历史虚无主义的危害。

评价历史人物应该放在一定的时代和社会历史条件下去进行。习近平总书记指出："对历史人物的评价，应该放在其所处时代和社会的历史条件下去分析，不能离开对历史条件、历史过程的全面认识和对历史规律的科学把握，不能忽略历史必然性和历史偶然性的关系。不能把历史顺境中的成功简单归功于个人，也不能把历史逆境中的挫折简单归咎于个人。不能用今天的时代条件、发展水平、认识水平去衡量和要求前人，不能苛求前人干出只有后人才能干出的业绩来。"要实事求是地看待革命领袖和历史人物，功是功，过是过，功过要分明，这是历史唯物主义的科学态度，否则就会陷入虚无主义的泥潭。

习近平总书记对新中国史的论述，既有对新中国的历史进程、宝贵经验、伟大成就、重大事件和重要人物的准确把握，又有对新中国史与改革开放史、中国共产党的奋斗史、社会主义发展史的内在逻辑关系的科学分析，回答了应该以什么样的正确态度、科学观点方法学习研究新中国史、从中汲取智慧和力量等重大问题，为新中国史的学习研究指明了前进方向、提供了根本遵循。

新中国70年政治制度的形成、完善与发展*

人民代表大会制度、中国共产党领导的多党合作和政治协商制度、民族区域自治制度、基层群众自治制度，构成了中国特色社会主义政治制度的核心内容和基本框架，是社会主义民主政治的集中体现，是人民的选择、历史的选择。习近平总书记在庆祝全国人民代表大会成立60周年大会上的讲话中指出，“在一个国家的各种制度中，政治制度处于关键环节。所以，坚定中国特色社会主义制度自信，首先要坚定对中国特色社会主义政治制度的自信，增强走中国特色社会主义政治发展道路的信心和决心”。中国特色社会主义政治制度的确立、完善和发展，既是新中国70年发展变化的重要组成部分，也为新中国取得的历史性成就提供了有力保障，必将与时俱进、不断完善发展。

中国特色社会主义政治制度是符合中国国情的重大选择

中国共产党把马克思主义的无产阶级专政学说同中国革命的具体实践相结合，创造性提出人民民主专政的思想，确定了新中国的国体和与之相适应的政权组织形式，建立了中国特色政治制度。辛亥革命

---

* 本文曾发表于《光明日报》2019年8月21日，第11版。

结束封建帝制后，袁世凯曾复辟帝制，资产阶级也曾效法欧美资产阶级国家的议会制、三权分立，但这些不是在人们的唾弃声中以失败收场，就是成为政客愚弄百姓的骗人把戏。中国共产党成立后，学习列宁在苏联建立苏维埃（即代表会议）及中央执行委员会的政权形式，对建立新型人民民主政权及其组织形式进行了不懈探索，得出了一个重要结论，这就是：新民主主义革命胜利后建立的政权，只能是工人阶级领导的、以工农联盟为基础的人民民主专政；同这一国体相适应的政权组织形式，只能是民主集中制的人民代表大会制度。新中国的成立，标志着革命根据地的人民民主专政变成了全国的人民民主专政〔1〕。1954 年第一届全国人民代表大会的召开，标志着以人民代表大会为基础的国家政权制度全面确立。

根据马列主义的普遍原理，我们党从中国的具体历史和社会条件出发，提出了新民主主义历史阶段各革命阶级联合专政的思想，创造了中国共产党领导的多党合作制度。毛泽东指出："中国无产阶级应该懂得：他们自己虽然是一个最有觉悟性和最有组织性的阶级，但是如果单凭自己一个阶级的力量，是不能胜利的。而要胜利，他们就必须在各种不同的情形下团结一切可能的革命的阶级和阶层，组织革命的统一战线。"〔2〕在抗日战争中，"共产党主导"和"多党派参与"的"三三制"政权形式，成为中国共产党领导的多党合作和政治协商制度的雏形。1949 年 3 月，毛泽东在党的七届二中全会报告中明确提出："我党同党外民主人士长期合作的政策，必须在全党思想上和工作上确定下来。"〔3〕这实际上提出并确立了中国共产党与民主党派长期共存、团

---

〔1〕《建国以来毛泽东文稿》第 6 册，中央文献出版社 1992 年版，第 141 页。
〔2〕《毛泽东选集》第 2 卷，人民出版社 1991 年版，第 645 页。
〔3〕《毛泽东选集》第 4 卷，人民出版社 1991 年版，第 1437 页。

结合作的方针。1949 年 9 月，中国人民政治协商会议第一次全体会议召开，标志着中国共产党领导的多党合作和政治协商制度正式确立。1954 年宪法用根本大法形式确定了这一制度。

中国共产党成立后，就把解决民族问题、实现民族平等和团结作为新民主主义革命的一项重要内容，进行了长期探索。在探索解决民族问题过程中，中国共产党达成了共识：中国是统一的多民族国家；中国各族人民都是“中华民族”的成员，赞成平等的联合，而不赞成互相压迫；中华民族具有光荣的革命传统和优秀历史遗产，中华民族的历史发展趋向是统一、团结。这为中国实行民族区域自治政策奠定了理论基础。在筹建新中国、研究采取何种国家结构形式时，党正是根据这一共识，选择了统一国家内部地方性的民族区域自治和建立一个统一的多民族的人民共和国，并把民族区域自治制度郑重写入了《共同纲领》和宪法之中，将其作为我国的一项基本政治制度。

基层群众自治制度是在党的十七大被正式确立为我国一项基本政治制度的。党的十七大根据以农村村民委员会、城市居民委员会和企业职工代表大会为主要内容的基层民主自治体系逐步建立的事实，正式将基层群众自治制度作为我国一项基本政治制度，丰富了中国特色社会主义政治制度体系。

中国特色社会主义政治制度，是中国共产党从中国人民的革命实践和民主体验及中外历史经验的比较中作出的符合中国国情的重大选择，是中国共产党和中国人民的伟大创造。习近平总书记指出：“中国特色社会主义政治制度之所以行得通、有生命力、有效率，就是因为它是从中国的社会土壤中生长起来的。中国特色社会主义政治制度过去和现在一直生长在中国的社会土壤之中，未来要继续茁壮成长，也

必须深深扎根于中国的社会土壤。”〔1〕

中国特色社会主义政治制度是民主政治的集中体现

新中国成立以来，经过不断完善和发展，中国人民在中国共产党的领导下，建立起以人民代表大会制度、中国共产党领导的多党合作和政治协商制度、民族区域自治制度和基层群众自治制度为基本框架的中国特色社会主义政治制度体系。根本政治制度是人民代表大会制度，基本政治制度是中国共产党领导的多党合作和政治协商制度、民族区域自治制度、基层群众自治制度，此外还有选举制度、决策制度、监督制度、政务公开制度、协商民主制度等具体政治制度。这一制度体系是由中国具体历史条件和现实条件所决定的，是民主政治的集中体现，具有鲜明特色、显著优势。人民代表大会制度是中国的政体，是实现人民当家作主的根本的制度保证。国家权力由人民代表大会统一行使，既与中国的根本性质相适应，有利于中央权威的确立，有利于国家的统一和社会的稳定，有利于党和政府承担起领导全国人民进行革命建设改革的艰巨任务，又有利于人民行使自己的权力，参加国家的管理。实践证明，这一极富创造性的制度，既充分体现了国家的一切权力属于人民，人民真正当家作主，能够充分发挥人民群众的积极性和创造性，又保证了国家政权机关能够有效地领导和管理国家的各项工作，具有较高的效率。

实行中国共产党领导的多党合作和政治协商制度，“也是我国政治制度中的一个特点和优点”〔2〕，既不同于西方资本主义国家的多党制，

〔1〕习近平：《在庆祝全国人民代表大会成立 60 周年大会上的讲话》，人民出版社 2014 年版，第 16 页。

〔2〕《邓小平文选》第 2 卷，人民出版社 1994 年版，第 205 页。

也有别于苏联的一党制。其显著特征和独特优势是：共产党领导、多党派合作，共产党执政、多党派参政，各民主党派不是在野党或反对党，而是同共产党亲密合作的友好党和参政党；共产党和各民主党派在国家重大问题上进行民主协商、科学决策，集中力量办大事；共产党和各民主党派互相监督，促进共产党领导的改善和参政党建设的加强。实践证明，这一制度既能避免多党竞争、相互倾轧造成的政治动荡，又能避免一党专制、缺少监督的弊端。

新中国没有照搬苏联的经验，而是创造性地确立了民族区域自治制度，把新中国确定为一个统一的多民族的人民共和国，是“史无前例的创举”[1]。中国的民族区域自治是在国家的统一领导下，各少数民族聚居的地方实行区域自治，设立自治机关，行使自治权。其核心是保障少数民族当家作主，管理本民族、本地方事务的权利。实行这种制度，体现了我国坚持实行各民族平等、团结、合作和共同繁荣的原则。实践证明，民族区域自治制度把民族因素与区域因素相结合，把政治因素与经济因素相结合，促进了新型社会主义民族关系的确立和发展，有利于维护国家统一和社会稳定，加强民族团结和经济发展。实行民族区域自治，代表了中华民族的根本利益，是合乎中国国情的正确选择，具有不可估量的意义和作用。

基层群众自治是人民当家作主最有效、最广泛的途径。城乡居民群众以相关法律法规政策为依据，在城乡基层党组织领导下，在居住地范围内，依托基层群众自治组织，直接行使民主选举、民主决策、民主管理和民主监督等权利，实行自我管理、自我服务、自我教育、自我监督。在基层民主这所民主的“大学校”中，广大群众通过一次

---

〔1〕《周恩来选集》下卷，人民出版社 1984 年版，第 258 页。

次民主实践活动经受锻炼，有序政治参与热情高涨，民主意识不断增强，参与管理、依法维权的能力不断提高。国家层面的民主制度与基层范畴的民主制度有机地结合在一起，使社会主义政治制度体系的内容更全面丰富，结构更完整，功能更强大。

中国特色社会主义政治制度具有旺盛的生命力

70 年来，中国特色社会主义政治制度在革命建设和改革开放中不断完善和发展，为社会主义现代化建设提供了有力政治保障，既维护人民群众的切身利益，又促进党和国家的制度建设和政治稳定，显示出强大生命力。习近平总书记指出："从形成更加成熟更加定型的制度看，我国社会主义实践的前半程已经走过了，前半程我们的主要历史任务是建立社会主义基本制度，并在这个基础上进行改革。后半程，我们的主要历史任务是完善和发展中国特色社会主义制度，为党和国家事业发展、为人民幸福安康、为社会和谐稳定、为国家长治久安提供一整套更完备、更稳定、更管用的制度体系。"[1]这一重要论述，深刻阐明了完善和发展中国特色社会主义制度的重大意义和实现路径，明确指出了要把坚定制度自信和不断改革创新统一起来，在坚持根本政治制度、基本政治制度的基础上，不断推进制度体系完善和发展，使它更好、更加定型、更加成熟而持久，以不断适应生产力发展的需要，永葆生机活力。

完善和发展中国特色社会主义政治制度，必须坚持党的领导、人民当家作主、依法治国有机统一。在中华人民共和国，人民是国家的主人，国家一切权力属于人民。完善和发展中国特色社会主义政治制

〔1〕《习近平关于全面深化改革论述摘编》，中央文献出版社 2014 年版，第 27 页。

度，就是要尊重人民主体地位，毫不动摇地坚持并完善中国特色社会主义根本政治制度、基本政治制度，不断推进社会主义民主政治制度化、规范化、程序化，为中国特色社会主义建设事业注入强劲的动力。比如，对于如何坚持和完善人民代表大会制度这一根本政治制度，习近平总书记明确强调，“必须毫不动摇坚持中国共产党的领导”，“必须保证和发展人民当家作主”，“必须全面推进依法治国”，“必须坚持民主集中制”。“四个必须”为在新形势下坚持和完善人民代表大会制度指明了方向。

完善和发展中国特色社会主义政治制度，必须坚持从中国实际出发，围绕党的中心任务来展开，朝着我们的总目标来加强。关于中国的实际，邓小平曾从三方面作过深刻论述：一是中国人口多，人民的文化素质不够；二是中国的地区之间发展不平衡；三是中国的建设和发展，需要安定的政治环境。因此，“西方民主那一套我们不能照搬，中国的事情要根据自己的实际情况办”〔1〕。根据中国变化的国情，党的十八大以来，以习近平同志为核心的党中央明确指出要“充分发挥我国社会主义政治制度优越性，不断推进社会主义政治制度自我完善和发展”〔2〕。党的十八届三中全会明确指出全面深化改革的总目标就是“完善和发展中国特色社会主义制度，推进国家治理体系和治理能力现代化”〔3〕。这两层意思实际上是一个有机整体。前一句规定了根本方向，后一句规定了在根本方向指引下完善和发展中国特色社会主义制度的鲜明指向。只有坚持从中国的实际出发，不断完善和发展中国特色社会主义政治制度，既不走封闭僵化的老路，也不走改旗易帜的邪路，保持政治的坚定性，中国特色社会

〔1〕《邓小平文选》第 3 卷，人民出版社 1993 年版，第 249 页。
〔2〕《习近平关于社会主义政治建设论述摘编》，中央文献出版社 2017 年版，第 4 页。
〔3〕《习近平关于全面深化改革论述摘编》，中央文献出版社 2014 年版，第 23 页。

主义政治制度的优越性才能得到充分发挥。

完善和发展中国特色社会主义政治制度，必须积极稳妥推进政治体制改革。国际经验证明，经济高速发展条件下政治稳定的实现，必须不断完善和发展政治体制，创建起政治发展与社会经济发展之间的平衡。习近平总书记指出，我们要不断推进社会主义民主政治制度化、规范化、程序化，更好发挥中国特色社会主义政治制度的优越性，为党和国家兴旺发达、长治久安提供更加完善的制度保障。政治制度体系表现为一整套的关于政权组织方式、运行方式，不仅受到国家性质的影响，而且受到本国的文化传统的影响，需要不断地进行改革、调整，以适应生产力不断发展的需要。70 年来，因为政治体制的不断改革、与时俱进，中国既保持了经济高速发展又保持了政治稳定。未来，我们仍将不断发展具有强大生命力的社会主义民主政治，在实现中国梦的伟大奋斗中，共同创造中国人民和中华民族更加幸福美好的未来。

新中国70年的奋斗历程及其重大意义*

1949年中华人民共和国成立，标志着中国结束了自1840年鸦片战争以来一百多年被侵略、被奴役的屈辱历史，真正成为独立自主的国家，中国人民当家做了主人，“中华民族发展进步从此开启了新纪元！”新中国成立70年来，中国共产党把马克思主义基本原理同中国具体实际相结合，领导全国各族人民进行革命、建设和改革的伟大事业，中华民族迎来了从站起来、富起来到强起来的伟大飞跃，实现了从落后于时代到赶上时代、引领时代的伟大跨越，完成了从世界体系边缘到走近世界舞台中央的华丽转身。70年来中国的发展变化，广泛而深刻地影响了中国和世界历史的发展进程，具有极其重大而深远的意义。

砥砺奋进的70年：根本扭转了近代以来中国不断衰落的命运

中国共产党经过28年浴血奋斗，取得了新民主主义革命的伟大胜利，建立了新中国，“中华人民共和国的诞生，使亿万中国人民成了国家、社会和自己命运的主人，满怀豪情开始了实现国家富强、民族振

* 本文曾发表于《中国纪检监察》2019年第17期，《红旗文稿》2019年第18期摘刊，《湖南日报》2019年9月24日刊发。

兴、人民幸福的伟大征程”。

新中国成立后，以毛泽东同志为主要代表的中国共产党人带领人民励精图治、革故鼎新，建立人民当家作主的政权，成功实现中国历史上最深刻最伟大的社会变革，确立社会主义基本制度，进行社会主义建设的艰辛探索。新中国的成立，社会主义基本制度的确立，为当代中国一切发展进步奠定了根本政治前提和制度基础。“在探索过程中，虽然经历了严重曲折，但党在社会主义革命和建设中取得的独创性理论成果和巨大成就，为在新的历史时期开创中国特色社会主义提供了宝贵经验、理论准备、物质基础。”

党的十一届三中全会以后，以邓小平同志为主要代表的中国共产党人团结带领全党全国各族人民，深刻总结我国社会主义建设正反两方面经验，借鉴世界社会主义历史经验，作出把党和国家工作中心转移到经济建设上来、实行改革开放的伟大决策，确立“一个中心、两个基本点”为主要内容的社会主义初级阶段基本路线，明确提出走自己的路、建设中国特色社会主义，制定了到 21 世纪中叶分三步走、基本实现社会主义现代化的发展战略，成功开创了中国特色社会主义，为中国的发展指明了前进方向、开辟了新的道路。

从党的十三届四中全会开始，以江泽民同志为主要代表的中国共产党人团结带领全党全国各族人民，在国内外政治风波、经济风险等严峻考验面前，坚持党的基本理论基本路线，确立社会主义市场经济体制的改革目标和基本框架，确立社会主义初级阶段基本经济制度和分配制度，开创改革开放新局面，引领改革开放航船驶向 21 世纪。

党的十六大后，以胡锦涛同志为主要代表的中国共产党人顺应国内外形势发展变化，抓住重要战略机遇期，把改革创新精神贯彻到治国理政各个环节，在推动社会主义制度自我完善和发展上迈出新的重大步伐。围绕建立社会主义市场经济体制的改革目标，出台了一系列重大改革举措，加快了由计划经济体制向社会主义市场经济体制转轨的步伐。改革不断深化，开放不断扩大。

党的十八大以来，以习近平同志为主要代表的中国共产党人团结带领全党全国各族人民，全面审视国际国内新的形势，坚持统筹推进“五位一体”总体布局、协调推进“四个全面”战略布局，坚持稳中求进工作总基调，对党和国家各方面工作提出一系列新理念新思想新战略，“以巨大的政治勇气和智慧，提出全面深化改革总目标是完善和发展中国特色社会主义制度、推进国家治理体系和治理能力现代化，着力增强改革系统性、整体性、协同性，着力抓好重大制度创新，着力提升人民群众获得感、幸福感、安全感，推出 1600 多项改革方案，啃下了不少硬骨头，闯过了不少急流险滩，改革呈现全面发力、多点突破、蹄疾步稳、纵深推进的局面”，推动党和国家事业发生历史性变革、取得历史性成就，开启了中国特色社会主义新时代。

从开启新纪元到开辟新时期，从进入新世纪到开创新时代，70 年砥砺奋进，中国人民建设社会主义现代化强国不断取得成功，从根本上扭转了近代以来中国积贫积弱的命运。“中华民族迎来了从站起来、富起来到强起来的伟大飞跃。无论是在中华民族历史上，还是在世界历史上，这都是一部感天动地的奋斗史诗。”

创造奇迹的 70 年：为实现中华民族伟大复兴奠定了坚实基础

30 年筚路蓝缕，40 年接续奋斗，“一路走来，中国人民自力更生、艰苦奋斗，创造了举世瞩目的中国奇迹”，为实现中华民族伟大复兴奠定了坚实基础。

新中国成立后，在近 30 年的时间里，中国人民在政治上当家做了主人，真正掌握了国家、社会和自己的命运，在经济上“建立起独立的比较完整的工业体系和国民经济体系，独立研制出‘两弹一星’，成为在世界上有重要影响的大国，积累起在中国这样一个社会生产力水平十分落后的东方大国进行社会主义建设的重要经验”。从 1978 年开始，40 多年改革开放极大地激发了中国人民的积极性创造性，极大地解放和发展了社会生产力，极大地增强了社会发展活力，经济迅速发展，产品极大丰富，基础设施明显改善，人民生活总体水平显著提高，对外经济日益活跃，各项社会事业全面发展，社会和谐稳定，综合国力明显增强，国际地位显著提高。社会主义市场经济体制不断完善，社会主义民主法治制度不断健全，文化领域体制机制逐步完善，民生领域制度建设不断推进，生态环境保护制度框架基本形成，全面从严治党逐步实现制度化、规范化，国防和军队改革实现历史性突破。特别是党的十八大以来，“解决了许多长期想解决而没有解决的难题，办成了许多过去想办而没有办成的大事，推动党和国家事业发生历史性变革”，取得了改革开放和社会主义现代化建设全方位的、开创性的历史性成就。

以经济发展为例：国内生产总值由 1952 年的 679 亿元，增加到 1978 年的 3645 亿元、2018 年的 900309 亿元；1952 年，中国经济总量占世界的比重很小，1978 年才达到 1.8%，2017 年提高到 15% 左右，1978—2018 年年均经济增速达到 7.2%，创造了人类历史上经济增长的奇迹。2010 年，中国国内生产总值超过日本，成为世界第二大经济体，出口超过德国，成为世界第一大出口国；2013 年，中国进出口贸易总量超过美国，成为世界第一大货物贸易国。

把中国建设成为现代化国家，实现中华民族的伟大复兴，是近代以来无数仁人志士孜孜以求的梦想。20 世纪 50 年代，毛泽东同志曾不止一次地感叹：中国是个大国，但不是富国，也不是强国。汽车也不能造，飞机也不能造，大炮也不能造，坦克也不能造，许多东西我们都不能造。我们还是一个农业国。在农业国的基础上，是谈不上什么强的，也谈不上什么富的。所以，全国各界都要努力，把中国建设成为一个富强的国家。经过 70 年的不懈努力和接续奋斗，我国社会主义现代化建设取得巨大成就，中国人民和中华民族的前途命运发生了根本性改变，中国人民比历史上任何时期都更接近实现中华民族伟大复兴的目标，也更有信心和能力全面建成社会主义现代化强国。

探索道路的 70 年：中国特色社会主义道路成为中华民族伟大的复兴之路

习近平总书记指出：“七十年前，中国人民历经几代人上下求索，终于在中国共产党领导下建立了新中国，中国人民从此站了起来，中国人民的命运从此掌握在了自己手中。历经七十年艰苦奋斗，中国人民立足本国国情，在实践中不断探索前进方向，开辟了中国特色社会主义道路。”

新中国的历史是一部中国共产党把马克思主义基本原理同中国实际相结合，领导和团结全国各族人民进行社会主义革命、建设、改革的创业史、奋斗史、发展史、强国史。70 年来，中国共产党既坚持科学社会主义的基本原则，又坚持将马克思主义与中国实际相结合，勇于解放思想、冲破旧的思想束缚，不断在实践创新的基础上实现理论创新，丰富发展了毛泽东思想，先后产生了邓小平理论、“三个代表”重要思想、科学发展观和习近平新时代中国特色社会主义思想等重大理论成果，回答了什么是社会主义、怎样建设社会主义；建设什么样的党、怎样建设党；实现什么样的发展、怎样发展；坚持和发展什么样的中国特色社会主义、怎样坚持和发展中国特色社会主义这一系列重大时代课题，形成了中国特色社会主义理论体系，开辟了中国特色的社会主义道路，坚持和完善了中国特色社会主义制度，发展了中国特色社会主义文化，推动了中国社会发生历史性的最深刻的变革，创造了中国特色社会主义事业的辉煌。

中国共产党成功开辟出的科学社会主义的正确道路，既是 70 年来新中国取得的巨大成就，又是中国人民创造人类社会发展史上惊天动地发展奇迹的根本原因。在中国这样一个经济文化十分落后的国家探索民族复兴的现代化道路，是极为艰巨的任务。中国取得的巨大成就，是中国共产党上下求索、正确领导的结果，是全国各族人民自力更生，艰苦奋斗，奋发图强，不断克服前进中的艰难险阻的结果，更是中国特色社会主义制度优势的彰显。正是在科学社会主义的指引下，新中国迅速改变了旧中国一穷二白的面貌，开创和拓展了中国特色社会主义道路，写下了中国历史上最壮丽、最华彩的篇章。

只有社会主义才能救中国，只有中国特色社会主义才能发展中国。这是近代以来特别是新中国成立以来中国社会发展的必然结论和必然趋势。党坚持把科学社会主义的理论逻辑与中国社会发展的历史逻辑相统一，领导人民“坚持从我国国情出发，探索并形成了符合中国实际的新民主主义革命道路、社会主义改造和社会主义建设道路、中国特色社会主义道路”，开创和发展了中国特色社会主义伟大事业。事实证明，坚定不移走社会主义道路，与时俱进拓展社会主义道路，从根本上改变了中国、中国人民和中华民族的前途命运，推动中华民族伟大复兴日益展现出光明前景。坚持和发展中国特色社会主义，“是当代中国发展进步的根本方向”。中国特色社会主义道路是实现社会主义现代化、创造人民美好生活的必由之路，中国特色社会主义理论体系是指导党和人民实现中华民族伟大复兴的正确理论，中国特色社会主义制度是当代中国发展进步的根本制度保障，中国特色社会主义文化是激励全党全国各族人民奋勇前进的强大精神力量。

改天换地的70年：为解决人类问题作出了巨大贡献

中国改天换地70年的发展变化，不仅为中国全面建成小康社会、建成社会主义现代化强国打下了坚实基础，而且为拓展发展中国家的现代化路径提供了中国经验，为优化全球治理体系贡献了中国方案，为绘制包容共生的世界文明图景作出了中国贡献，为振兴世界社会主义注入了中国力量，为改写“国强必霸”的西方逻辑提供了中国样本，为世界经济发展和人类文明进步作出了重大贡献。

比如，“中国由新民主主义走向社会主义，开创和拓展中国特色社会主义道路，使社会主义这一人类社会的美好理想在古老的中国大地上变成了具有强大生命力的成功道路和制度体系。这不仅为中华民族实现伟大复兴提供了重要制度保障，而且为人类社会走向美好未来提供了具有充分说服力的道路和制度选择”。

再比如，中国致力于社会主义现代化强国建设，依靠自力更生，不靠殖民掠夺，取得了旧中国和西方发达资本主义国家无法比拟的经济发展和社会进步，实现了迄今人类历史上最快速度的大规模减贫。特别是2008年下半年国际金融危机爆发，在世界主要经济体增长明显放缓甚至面临衰退的情况下，中国经济依然保持了高增速并率先回升。2013年至2017年，中国对世界经济增长的年均贡献率超过30%，超过美国、欧元区和日本贡献率的总和，居世界第一位。2018年中国经济总量首次突破90万亿元大关，按可比价格计算，同比增长6.6%，这个增速在世界前五大经济体中居首位。中国经济发展成为带动世界经济复苏的重要引擎，成为世界经济增长的主要稳定器和动力源。70年来，中国这个世界上最大发展中国家经济发展、社会稳定，即将全面建成小康社会，本身就是对人类社会的伟大贡献。中国实现现代化，意味着比现在所有发达国家人口总和还要多的中国人民进入现代化行列，是人类历史上前所未有的大变革，将更加充分地展示出其历史意义和世界意义。

又比如，中国以全人类福祉为目标，彰显国际主义情怀，团结一切平等待我之民族，超越意识形态分歧、价值观念差异、文明模式冲突、社会制度矛盾，摒弃丛林法则，不搞强权独霸，从首倡和平共处五项原则到“构建人类命运共同体”，从提出“一国两制”“搁置争议共同开发”到倡议“一带一路”等，在处理国际关系、国家统一、区域发展等重大问题上，中国不断贡献自己的智慧。

中国向世界提供了应对发展困局、破解治理难题、探索更好社会制度的中国智慧中国方案，扮演了促进世界和平与稳定的角色，受到国际社会普遍赞誉。

党的领导制度体系不断完善*

党的十九届六中全会通过的《决议》，总结“在坚持党的全面领导上”取得的历史性成就、发生的历史性变革时指出，“党的领导制度体系不断完善”。党的领导制度是我国的根本领导制度。党的十八大以来，以习近平同志为核心的党中央将健全党的领导制度体系置于突出位置，作出一系列重要决策部署，推进力度大、建章立制多，取得的成效显著。随着党的领导制度体系日益健全，全党在思想上政治上行动上同以习近平同志为核心的党中央保持高度一致更加自觉，党科学执政、民主执政、依法执政水平不断提高，把方向、谋大局、定政策、促改革的能力不断提高，总揽全局、协调各方的领导核心作用充分彰显。

围绕“党的领导制度是我国的根本领导制度”加强顶层设计。党的十八大以来，习近平总书记亲自谋划亲自部署，围绕“党的领导制度是我国的根本领导制度”加强顶层设计，采取一系列举措健全党的领导制度体系。党的十九大把“中国共产党的领导是中国特色社会主义最本质的特征，是中国特色社会主义制度的最大优势……党政军民学，东西南北中，党是领导一切的”这一重大政治原则写入党章，强

* 本文曾发表于《人民日报》2022 年 5 月 13 日，第 9 版。中国人民大学书报资料中心《马克思主义文摘》2022 年第 4 期转发。

化了党总揽全局、协调各方的领导核心作用。党的十九届四中全会明确了党的领导制度是我国的根本领导制度，强调要坚决维护党中央权威，健全总揽全局、协调各方的党的领导制度体系，把党的领导落实到国家治理各领域各方面各环节。这些立柱架梁的重要思想、重要举措，有力强化了我国的根本领导制度和党的领导各方面的重要制度、具体制度建设，推动横向到边、纵向到底的党的领导制度体系更加成熟、更加定型。

把完善坚定维护党中央权威和集中统一领导的各项制度作为重中之重。为保证全党在思想上政治上行动上同党中央保持高度一致，以习近平同志为核心的党中央把完善坚定维护党中央权威和集中统一领导的各项制度作为健全党的领导制度体系的重要内容。一是制定或修订了一系列党内法规。《中国共产党中央委员会工作条例》《中共中央政治局关于加强和维护党中央集中统一领导的若干规定》《中国共产党地方委员会工作条例》《中国共产党党组工作条例》《中国共产党重大事项请示报告条例》《中国共产党党内监督条例》等党内法规为确保全党团结统一和行动一致、确保党中央决策部署迅速有效贯彻执行提供了有力保障。二是健全党中央对重大工作的领导体制，强化党中央决策议事协调机构职能作用，完善推动党中央重大决策落实机制，严格执行请示报告制度，推动坚定维护党中央权威和集中统一领导具体化、制度化、规范化。同时，贯彻民主集中制这个根本组织制度和领导制度，健全和认真落实民主集中制的各项具体制度，促使全党同志按照民主集中制办事，促使各级领导干部特别是主要领导干部带头执行民主集中制，真正把民主集中制的优势变成我们党的政治优势、组织优势、制度优势、工作优势。三是把党的政治建设摆在首位，制定了《中共中央关于加强党的政治建设的意见》，把保证全党服从中央、坚持党中央权威和集中统一领导作为党的政治建设的首要任务，规范党内政治生活，严明政治纪律和政治规矩，发展积极健康的党内政治文化，全面净化党内政治生态。四是紧紧围绕“两个维护”强化政治监督，推动政治监督具体化常态化。围绕增强“四个意识”、坚定“四个自信”、做到“两个维护”，贯彻党的理论和路线方针政策，抓深抓实政治监督，保证全党步调一致，维护党的团结统一。

在固根基、扬优势、补短板、强弱项中健全党的领导制度体系。党的十八大以来，以习近平同志为核心的党中央着眼于推动党的领导制度体系更加成熟、更加定型，坚持固根基、扬优势、补短板、强弱项，为实现党的领导全覆盖、落实到党和国家事业各方面提供了制度保障。比如，完善党领导人大、政府、政协、监察机关、审判机关、检察机关、武装力量、人民团体、企事业单位、基层群众性自治组织、社会组织等制度，确保党在各种组织中发挥领导作用，健全各级党委（党组）工作制度，完善党领导各项事业的具体制度，确保党的领导真正落实到统筹推进“五位一体”总体布局、协调推进“四个全面”战略布局各方面。又如，规定中央政治局全体同志每年向党中央和总书记书面述职，中央书记处和中央纪律检查委员会、全国人大常委会党组、国务院党组、全国政协党组、最高人民法院党组、最高人民检察院党组每年向中央政治局常委会、中央政治局报告工作，各地区各部门党委（党组）加强向党中央报告工作。再如，通过修订地方党委工作条例、党组工作条例等，完善地方党委、党组的领导制度和工作制度；通过修订国有企业、农村、高校等领域基层党组织的工作法规，完善各类基层党组织的领导制度和工作制度。这一系列重大制度性安排，建立健全了从中央到基层的党的领导制度体系，有力保证了党在各级各类组织中领导作用的发挥。

中国共产党政治建设的主要经验*

建党百年来，中国共产党在加强和改进自身建设的过程中，对党的政治建设进行探索实践和创新发展，逐步建立起党的政治建设的理论形态与制度体系，为夺取、执掌、巩固政权和建党、执政、兴国提供了有效的保障，积累了丰富经验。

一、坚守正确政治方向是重中之重

方向决定道路，道路决定命运。政治方向是党生存发展第一位的问题，事关党的前途命运和事业兴衰成败。中国共产党坚守的政治方向，就是以共产主义为远大理想的党的基本理论、基本路线、基本方略。中国共产党的历史昭示我们：马克思主义是立党立国的根本指导思想，是指引中国发展进步的旗帜，是全党全国各族人民团结奋斗的共同思想基础。只有坚持把马克思主义基本原理同中国具体实际和时代特征相结合，不断推进马克思主义中国化时代化大众化，用中国化的马克思主义武装全党，制定正确的路线方针政策，才能保证我们党始终走在时代发展的前列。

---

* 本文曾发表于《马克思主义研究》2021 年第 3 期。《复印报刊资料·中国共产党》2021 年第 8 期转发。

（一）必须坚持以马克思主义科学理论武装全党

党的思想建设是党的政治建设的前提。马克思主义是中国共产党的指导思想，是指引中国社会前进的理论指南。中国共产党从诞生之日起，就坚持用马克思主义武装全党，坚持把马克思主义基本原理同中国具体实际和时代特征相结合，不断推进马克思主义中国化，探索适合中国国情的革命、建设和改革的道路。

新民主主义革命时期，以毛泽东同志为主要代表的中国共产党人，把马克思主义基本原理同中国革命实践相结合，创立了马克思主义中国化的伟大理论成果——毛泽东思想。党的七大把毛泽东思想确立为党的指导思想。新中国成立后，党在进行社会主义改造和探索适合中国国情的社会主义建设道路过程中，进一步丰富和发展了毛泽东思想。党的十一届三中全会以后，党在领导改革开放和社会主义现代化建设伟大实践中，形成了包括邓小平理论、“三个代表”重要思想、科学发展观在内的中国特色社会主义理论体系〔1〕。党的十八大以来，形成了习近平新时代中国特色社会主义思想，中国特色社会主义理论体系得到丰富和发展。这些马克思主义中国化的重要理论成果，回答了一系列重大时代课题，不断开辟马克思主义发展新境界，成为全党全国各族人民团结奋斗的共同思想基础，指引党和人民事业发展不断地从胜利走向胜利。

党坚持不坚持马克思主义是“根本问题”〔2〕，如何坚持则关系到党的事业的兴衰成败。邓小平深刻地指出：“马克思主义必须与中国实际相结合。只有结合中国实际的马克思主义，才是我们所需要的真正的马

---

〔1〕参见《十八大以来重要文献选编》(上)，中央文献出版社 2014 年版，第 10 页。

〔2〕参见《邓小平文选》第 3 卷，人民出版社 1993 年版，第 299 页。

克思主义。”[1]“我们不把马克思主义当作教条，而是把马克思主义同中国的具体实践相结合，提出自己的方针，所以才能取得胜利。”[2]

我们党正是靠着马克思主义真理信仰和共产主义远大理想，靠着为最广大人民谋利益谋幸福的不懈追求，保持了全党意志和行动的统一，塑造了广大党员对党和人民事业的忠诚品格，引领了中国历史进步的正确方向。“马克思主义中国化取得了重大成果，但还远未结束。”[3]党的政治建设的一项重要任务就是继续推进马克思主义中国化时代化大众化，开辟当代中国马克思主义、21 世纪马克思主义新境界。习近平新时代中国特色社会主义思想，是马克思主义中国化最新成果，是全党全国人民为实现中华民族伟大复兴中国梦而奋斗的行动指南。新时代加强党的政治建设，必须用习近平新时代中国特色社会主义思想武装全党，教育引导党员牢记党的宗旨，自觉做共产主义远大理想和中国特色社会主义共同理想的坚定信仰者和忠实实践者[4]。

（二）必须制定和坚持正确的政治路线

政治路线是党的纲领主张在一定历史时期的具体体现，规定着党的政治任务，决定着党的建设方向和内容，是党的生命线。党的政治建设的核心问题，就是制定一定历史阶段的政治路线，以及与这一路线相适应的方针、政策，并以此统一全党的思想和行动，步调一致地为实现党的政治任务和党的总纲领而奋斗。党的奋斗历程启示我们：加强党的政治建设，必须密切联系党的政治任务和政治路线来进行，

〔1〕《邓小平文选》第 3 卷，人民出版社 1993 年版，第 213 页。
〔2〕《邓小平文选》第 3 卷，人民出版社 1993 年版，第 191 页。
〔3〕习近平：《在哲学社会科学工作座谈会上的讲话》，人民出版社 2016 年版，第 9 页。
〔4〕参见习近平：《决胜全面建成小康社会 夺取新时代中国特色社会主义伟大胜利——在中国共产党第十九次全国代表大会上的报告》，人民出版社 2017 年版，第 20、63 页。

必须根据不同历史时期党的政治任务制定和执行政治路线。

党的二大确立了党的最高纲领和最低纲领后，经过艰辛探索，制定了“无产阶级领导的，人民大众的，反对帝国主义、封建主义和官僚资本主义的革命”这一新民主主义革命的总路线，取得了新民主主义革命的伟大胜利。新中国成立后，党制定过渡时期总路线，成功完成社会主义改造，建立起社会主义基本制度。党的八大制定了党的工作重点转移到社会主义建设的路线。改革开放后，确立了党在社会主义初级阶段的基本路线，成功开创了中国特色社会主义[1]。

“有了正确的政治方向后，还要坚定，就是说，要有‘坚定正确的政治方向’。这个方向是不可动摇的，要有‘富贵不能淫，贫贱不能移，威武不能屈’的骨气来坚持这个方向。”[2]毛泽东曾反复告诫全党，如果忘记了党的总路线，就将是一个盲目的、不完全的、不清醒的革命者，在执行具体的工作路线时，就会迷失方向、贻误工作。党的历史反复证明，什么时候党能够制定并执行正确的政治路线，党的力量就会壮大，党的事业就蓬勃发展；反之，党的力量就会削弱，党的事业就会受到损害。遵义会议之前，中国革命出现的失败和挫折，原因即在于没有真正把握中国半殖民地半封建社会的基本国情，没有找准解决“中国向何处去”这一最根本的时代问题的政治方案和行动路径。遵义会议之后，党逐步形成了新民主主义的政治纲领，提出了正确的政治路线——新民主主义革命的总路线，科学解决了革命的对象、动力、领导力量、性质与前途等一系列基本政治问题，为夺取中国革命的胜利指明了正确方向和道路。党的十一届三中全会以后，党提出了反映时代特征、符合中国实际的社会主义初级阶段基本路线，保证了

〔1〕参见《十八大以来重要文献选编》(下)，中央文献出版社 2018 年版，第 382 页。
〔2〕《毛泽东文集》第 2 卷，人民出版社 1993 年版，第 191 页。

国家长治久安和党的事业健康发展。

（三）必须围绕党的主要任务制定正确的方针政策

中国共产党从诞生之日起，就以实现近代以来中国人民努力完成的民族独立、人民解放和国家繁荣富强、人民共同富裕这两大历史任务为己任。为中国人民谋幸福，为中华民族谋复兴，是中国共产党人的初心和使命。

为完成两大历史任务，党团结带领全国各族人民进行不懈奋斗和艰辛探索，制定和执行正确的路线方针政策，不断夺取革命建设改革的伟大胜利，开辟了中华民族伟大复兴的光明前景。

新民主主义革命时期，党曾经犯过右的和“左”的错误，特别是以王明为代表的“左”倾教条主义者统治中央期间，给党和中国革命事业造成重大损失。新中国成立后，党领导人民在探索适合中国国情的社会主义建设道路中，发生了“大跃进”“文化大革命”这样的错误，使社会主义事业遭到挫折。造成这些错误、挫折的原因，根本上是没有把马克思主义基本原理与中国的具体实际很好地结合，导致理论脱离了实际。中国共产党人吸取教训、总结经验，认识到把马克思主义基本原理同中国的具体实际相结合的极端重要性，并在结合中形成了一系列正确的方针政策，不断提高党的领导水平和执政水平，成功地把党建设成为领导社会主义现代化事业的坚强核心。

习近平总书记指出：“加强党的政治建设就是要发挥政治指南针作用，引导全党坚定理想信念、坚定‘四个自信’，廓清思想迷雾，澄清模糊认识，排除各种干扰，把全党智慧和力量凝聚到新时代坚持和发展中国特色社会主义伟大事业中来；就是要推动全党把坚持正确政治方向贯彻到谋划重大战略、制定重大政策、部署重大任务、推进重大工作的实践中去，经常对表对标，及时校准偏差，坚决纠正偏离和违背党的政治方向的行为，确保党和国家各项事业始终沿着正确政治方向发展；就是要把各级党组织建设成为坚守正确政治方向的坚强战斗堡垒，教育广大党员、干部坚定不移沿着正确政治方向前进。对在政治方向上有问题的人，必须严肃批评教育，问题严重的要依照党纪进行处理。”〔1〕这是对党的建设实践的深刻总结，是被实践证明了的真理。

二、坚定维护党中央权威和集中统一领导是首要任务

加强党的政治建设，首要任务是保证全党服从中央，坚持党中央权威和集中统一领导。党的十九大报告把“坚持党中央权威和集中统一领导”确立为党的政治建设的首要任务。历史证明，什么时候全党坚定维护党中央权威和集中统一领导，党的事业就不断取得胜利；离开了党中央权威和集中统一领导，党的领导就必然弱化，党的事业就必然遭受挫折〔2〕。

（一）必须把坚决维护党中央权威和集中统一领导作为党的领导的最高原则

中国共产党是按照民主集中制原则组织起来的马克思主义政党。党之所以能够汇聚各方力量，领导和团结全国各族人民进行革命、建设和改革，不断取得新的成就，很重要的一点就在于始终坚持党中央集中统一领导，保证党的团结和集中统一。

党成立之初，就强调全党服从中央，并把它作为维护党中央权威和集中统一领导的基本规定。党的二大通过的第一部党章规定，“全国

---

〔1〕《习近平谈治国理政》第3卷，外文出版社2020年版，第93—94页。

〔2〕参见《习近平谈治国理政》第3卷，外文出版社2020年版，第165—167页。

大会及中央执行委员会之议决，本党党员皆须绝对服从之”[1]。党的六届六中全会明确提出：“个人服从组织，少数服从多数，下级服从上级，全党服从中央，党的一切工作由中央集中领导，是党在组织上民主集中制的基本原则，各级党的委员会的委员必须无条件的执行，成为一切党员与干部的模范。”[2]毛泽东在党的七大工作方针中指出，在党内，在革命队伍内，我们有一条方针，就是团结，在原则基础上的团结，首先就是党中央内部的团结及全党团结在党中央周围。党的七大把“四个服从”作为民主集中制的基本要求写入党章，并强调“四个服从”最根本的是全党服从中央。党的十一届五中全会通过的《关于党内政治生活的若干准则》，对坚持集体领导、维护党的集中统一作出明确规定，要求每个党员把维护党中央的集中统一领导、严格遵守党的纪律作为自己言论和行动的准则。党的十八大以来，党中央审议通过的《关于加强和维护党中央集中统一领导的若干规定》强调，“党中央集中统一领导是党的领导的最高原则”[3]。习近平总书记指出：“维护中央权威，贯彻落实党的理论和路线方针政策，是政治纪律，是绝对不能违反的。”[4]他把保证全党服从中央、维护党中央权威和集中统一领导作为党的政治建设的首要任务，改革和完善坚持党的领导的体制机制。

---

〔1〕《建党以来重要文献选编（1921—1949）》第1册，中央文献出版社2011年版，第167页。

〔2〕《建党以来重要文献选编（1921—1949）》第15册，中央文献出版社2011年版，第773页。

〔3〕《中共中央政治局召开会议　研究部署学习宣传贯彻党的十九大精神》，《人民日报》2017年10月28日。

〔4〕《习近平关于严明党的纪律和规矩论述摘编》，中央文献出版社、中国方正出版社2016年版，第17页。

（二）必须有一个有能力的党中央和全党公认的领袖

拥有一个有能力的中央和全党公认的领袖，是党成熟的重要标志，也是加强党的领导的重要条件。邓小平说："党一定要有领袖，有领导核心。""领袖就是团结的核心，他本身就是力量。"〔1〕"任何一个领导集体都要有一个核心，没有核心的领导是靠不住的。"〔2〕"第一代领导集体的核心是毛主席。因为有毛主席作领导核心，'文化大革命'就没有把共产党打倒。第二代实际上我是核心。因为有这个核心，即使发生了两个领导人的变动，都没有影响我们党的领导，党的领导始终是稳定的。"〔3〕"党的历史表明，必须有一个在实践中形成的坚强的中央领导集体，在这个领导集体中必须有一个核心。如果没有这样的领导集体和核心，党的事业就不能胜利。这是坚持民主集中制的一个重大问题。"〔4〕

党在遵义会议前，"从陈独秀、瞿秋白、向忠发、李立三到王明，都没有形成过有能力的中央"〔5〕，革命事业屡遭重创，形势岌岌可危。"遵义会议确立毛泽东同志在党中央的领导地位后，我们党开始形成坚强的领导核心，才团结带领中国人民打败日本帝国主义，推翻国民党反动统治，完成新民主主义革命，建立了中华人民共和国。在改革开放的历史进程中，正是有以邓小平同志为核心的党的第二代中央领导集体、以江泽民同志为核心的党的第三代中央领导集体、以胡锦涛同志为总书记的党中央的坚强领导，才不断波澜壮阔地推进中国特色社

---

〔1〕《邓小平文集（1949—1974年）》下卷，中央文献出版社2014年版，第222页。
〔2〕《邓小平文选》第3卷，人民出版社1993年版，第310页。
〔3〕《邓小平文选》第3卷，人民出版社1993年版，第310页。
〔4〕《改革开放三十年重要文献选编》（上），中央文献出版社2008年版，第784页。
〔5〕《邓小平文选》第3卷，人民出版社1993年版，第309页。

会主义伟大事业。”[1]面对百年未有之大变局，党之所以能战胜一系列重大风险挑战，推动党和国家事业取得历史性成就、发生历史性变革，推动我国国际影响力、感召力、塑造力全面显著提高，根本原因在于坚决维护习近平总书记党中央的核心、全党的核心地位，坚决维护党中央权威和集中统一领导。

（三）必须把党中央的各项决策部署落到实处

确保党中央的政令畅通，是维护党中央权威的核心要求。维护党中央权威，就是要在政治立场、政治方向、政治原则、政治道路上跟党中央保持绝对一致。对党中央的决策部署，任何党组织和个人都不能口是心非、阳奉阴违。对党中央决定的坚决照办，党中央禁止的坚决杜绝。

党中央的决策部署落到实处必须有体制机制的保证。“新中国成立后，党中央及时在中央人民政府建立党组，规定政府工作中一切主要的和重要的方针、政策、计划和重大事项，必须经过党中央讨论和决定或批准；成立中央政治局和书记处领导的财经小组、政法小组、科学小组、文教小组、外事小组，全面领导有关工作。”[2]改革开放后，党坚持并不断完善关于维护党中央权威和集中统一领导的制度规定。党的十八大以来，党中央作出一系列重大制度性安排，“建立健全党对重大工作的领导体制机制”[3]，这些制度举措为全党在思想上政治上行动上同党中央保持高度一致提供了有力保证[4]。

---

〔1〕丁薛祥：《完善坚定维护党中央权威和集中统一领导的各项制度》，《人民日报》2019年11月18日。

〔2〕丁薛祥：《完善坚定维护党中央权威和集中统一领导的各项制度》，《人民日报》2019年11月18日。

〔3〕《习近平谈治国理政》第3卷，外文出版社2020年版，第170页。

〔4〕参见《习近平谈治国理政》第3卷，外文出版社2020年版，第170页。

党中央的决策部署从“最初一公里”走到“最后一公里”，需要各级党组织认真落实。基层党组织是贯彻落实党中央决策部署的“最后一公里”。“最后一公里”能否畅行无阻，关系到党中央的各项决策部署能否落地生根。畅通“最后一公里”，必须加强党的基层组织体系建设，让基层党组织真正成为贯彻落实党中央决策部署的坚强堡垒和联系党中央与广大人民群众的桥梁纽带，必须引导广大基层党员干部牢固树立群众观点、真心实意深入群众中间，努力提高政治领导力、思想引领力、群众组织力、社会号召力，必须构建科学合理的考核评价机制，引导广大基层党员干部认真贯彻落实党中央决策部署。

三、尊崇党章、完善并严格执行各项制度是基本途径

尊崇党章、完善并严格执行各项制度是党的政治建设的基本途径。历史表明，党的政治建设必须按照党章的要求，毫不含糊、毫不动摇。党章规定的政治立场、根本宗旨、根本目标，必须始终如一、坚持不懈、矢志不渝，必须不断完善并严格执行党规党纪。

（一）必须尊崇党章并不断完善党章

“党章是党的总章程，集中体现了党的性质和宗旨、党的理论和路线方针政策、党的重要主张，规定了党的重要制度和体制机制，是全党必须共同遵守的根本行为规范。没有规矩，不成方圆。党章就是党的根本大法，是全党必须遵循的总规矩。”[1]

党章与党的事业紧密相连，需要不断完善。中国共产党自成立以来，已召开了 19 次全国代表大会，产生了 1 部党纲和 18 部党章。党的二大通过了《中国共产党章程》，诞生了第一部党章，以后历届党的

---

〔1〕《习近平关于全面从严治党论述摘编》，中央文献出版社 2016 年版，第 95 页。

全国代表大会都结合实际对党章进行修改。“在90多年的奋斗历程中，我们党总是认真总结革命建设改革的成功经验，及时把党的实践创新、理论创新、制度创新的重要成果体现到党章中，从而使党章在推进党的事业、加强党的建设中发挥了重要指导作用。”〔1〕尊崇党章并不断完善党章，对于建设一个政治上思想上组织上集中统一的无产阶级革命政党，意义重大。

党的七大通过的党章规定：“在党内不容许有离开党的纲领和党章的行为，不能容许有破坏党纪、向党闹独立性、小组织活动及阳奉阴违的两面行为。”〔2〕党的七大还明确规定：“党员个人服从所属党的组织，少数服从多数，下级组织服从上级组织，部分组织统一服从中央。”〔3〕这个规定的核心要点，在之后历次修订的党章中一直延续下来，对于严肃党内生活、加强党的建设发挥了重大作用。

党的十二大修订的党章对党如何发挥领导作用作出了进一步的明确规定：“党的领导主要是政治、思想和组织的领导。……党必须在宪法和法律的范围内活动。党必须保证国家的立法、司法、行政机关，经济、文化组织和人民团体积极主动地、独立负责地、协调一致地工作。”〔4〕其中政治领导是根本内容和根本方式。规定党的全国代表大会每五年召开一次，实现了党代会制度化。对民主集中制基本原则作出六项规定，成为党内政治生活和处理党内关系的基本遵循，对进一步发展党内民主，保证全党在民主基础上的集中统一发挥了重大作用。

---

〔1〕《认真学习党章 严格遵守党章》，《人民日报》2012年11月20日。

〔2〕《建党以来重要文献选编（1921—1949）》第22册，中央文献出版社2011年版，第535页。

〔3〕《建党以来重要文献选编（1921—1949）》第22册，中央文献出版社2011年版，第539页。

〔4〕《改革开放三十年重要文献选编》（下），中央文献出版社2008年版，第1749页。

党的十九大通过的党章将习近平新时代中国特色社会主义思想确立为党的指导思想并写入党章，实现了党的指导思想的与时俱进，把党的政治建设纳入党的建设总体布局并摆在首位，明确指出，“以党的政治建设为统领，以坚定理想信念宗旨为根基，以调动全党积极性、主动性、创造性为着力点，全面推进党的政治建设、思想建设、组织建设、作风建设、纪律建设，把制度建设贯穿其中，深入推进反腐败斗争”[1]。强调以党的政治建设为统领，是马克思主义党建理论的一个重大创新。在党章中首次提出牢牢掌握意识形态工作领导权，不断巩固马克思主义在意识形态领域的指导地位。

（二）必须不断完善、严格执行各项制度

党章是全党必须遵循的根本行为规范。党规党纪是对党章的延伸和具体化，是规范党员行为的具体遵循。邓小平指出：“领导制度、组织制度问题更带有根本性、全局性、稳定性和长期性。这种制度问题，关系到党和国家是否改变颜色，必须引起全党的高度重视。”[2]我们党在不同历史时期，强调要以制度保证全党在重大问题上的统一行动，形成了一系列与党章相适应的政治建设方面的制度和规矩，有力地保证了党的政治建设取得成效。

党的二大通过的第一部党章就明确规定各地党组织不得自定政策；凡关系全国的重大政治问题，各地党组织不得违背中央立场单独发表意见，言论行动有违背党章及大会决议案的，必须开除党籍。1938年，党的六届六中全会提出“四个服从”。在延安整风中，党中央制定了《关于统一抗日根据地党的领导及调整各组织间关系的决定》《关于中央委员会工作规则与纪律的决定》《关于健全党委制的决定》等，确

〔1〕《习近平谈治国理政》第3卷，外文出版社2020年版，第48页。
〔2〕《邓小平文选》第2卷，人民出版社1994年版，第333页。

认和强调了全党服从中央的政治原则，加强了党的集中统一领导。

党的十八大以来，党中央陆续制定、修订了《关于新形势下党内政治生活的若干准则》《中国共产党巡视工作条例》《中国共产党廉洁自律准则》《中国共产党纪律处分条例》《中国共产党问责条例》《中国共产党党内监督条例》《中共中央政治局关于加强和维护党中央集中统一领导的若干规定》《中国共产党重大事项请示报告条例》《中国共产党党组工作条例》等党内法规。还制定了中央政治局、中央政治局常委会的工作规则，探索建立巡视制度，并把维护党中央权威、贯彻执行党的路线方针政策情况作为党内监督的首要任务。这些制度机制，严明了党的政治纪律和政治规矩，确立了党总揽全局、协调各方的基本原则，保证了党中央权威和集中统一领导更加坚强有力。

（三）必须加强党章党规的学习教育

严明政治纪律和政治规矩，重要的是要严格遵守党章党规。要通过不断地开展和加强党性教育，增强全党遵守纪律和规矩的自觉性。

中国共产党是特别重视学习的党。党成立后，就规定从中央委员到每个党部的负责领导者都必须参加支部组织，过组织生活，虚心听取批评；注意严肃党内政治生活，教育培训干部，提升干部的党性。从民主革命时期的延安整风，到执掌全国政权后持之以恒开展的整党运动与党内集中学习教育活动，全党正是通过学习，统一思想、整顿作风、加强纪律、纯洁组织、总结经验和教训，达到团结和统一。仅从改革开放的开启至党的十八大期间，党中央就开展了五次党内集中教育活动，党的十八大以后，开展学习教育活动成为常态。特别是2016年党中央在全体党员中开展的“学党章党规、学系列讲话，做合格党员”学习教育，将党内教育由“关键少数”领导干部扩大到了全体党员，将学党章党规作为学习教育的重要内容。通过持续开展党内集中教育活动，实现了全党的大团结，切实提高了党的领导水平和执政能力，改善了党的形象，巩固了党的执政基础，取得了良好的效果。

四、营造良好政治生态是基础工程

政治生态是党风、政风、社会风气的综合反映。“健康洁净的党内政治生态，是党的优良作风的生成土壤，是党的旺盛生机的动力源泉，是保持党的先进性纯洁性、提高党的创造力凝聚力战斗力的重要条件，是党团结带领全国各族人民完成历史使命的有力保障，是我们党区别于其他非马克思主义政党的鲜明标志。”[1]历史表明，一个健康洁净的政治生态是党和国家各项事业赖以发展的重要基础。营造良好政治生态，是党的政治建设的重要内容和基础性工程，对于实现全党的思想、意志、行动统一，保证党的路线方针政策正确贯彻执行；对于不断增强党自我净化、自我完善、自我革新、自我提高的能力，提高党的创造力凝聚力战斗力，具有十分重要的作用。

（一）必须严肃党内政治生活

严肃认真的党内政治生活，是党坚持党的性质和宗旨、保持先进性和纯洁性的重要法宝，是解决党内矛盾和问题的“金钥匙”，是广大党员、干部锤炼党性的“大熔炉”，是纯洁党风的“净化器”，是净化党内政治生态的前提。只有严肃党内政治生活，增强党内政治生活的政治性、时代性、原则性、战斗性，才能营造风清气正的良好政治生态[2]。党的政治先进性，需要通过严格的党内政治生活，加强党性锻炼，在实践中维护和保持，这是中国共产党政治建设的一条重要经验。

---

〔1〕《习近平关于全面从严治党论述摘编》，中央文献出版社 2016 年版，第 42 页。

〔2〕参见《习近平关于全面从严治党论述摘编》，中央文献出版社 2016 年版，第 48 页。

营造风清气正的良好政治生态最重要的是要突出党内生活的政治特质，旗帜鲜明讲政治。1928 年 11 月，周恩来指出："发展党内政治的讨论，提高政治的水平线。各级党部都要尽可能地讨论一切党的政治问题，引导每个同志都尽量发表对于政治问题的意见。"[1]1929 年 12 月，毛泽东提出要"教育党员使党员的思想和党内的生活都政治化，科学化"[2]。这就赋予了党内生活的主题以政治特性，成为中国共产党区别于一般社会组织的重要特征。

党的十八大以来，习近平总书记多次指出："政治问题，任何时候都是根本性的大问题"[3]，"全党同志特别是高级干部要加强党性锻炼，不断提高政治觉悟和政治能力，把对党忠诚、为党分忧、为党尽职、为民造福作为根本政治担当，永葆共产党人政治本色"[4]。党员干部必须对党的政治纪律和政治规矩心存敬畏之心，时刻绷紧政治纪律和政治规矩之弦。"我们党作为马克思主义政党，必须旗帜鲜明讲政治，严肃认真开展党内政治生活。讲政治，是我们党补钙壮骨、强身健体的根本保证，是我们党培养自我革命勇气、增强自我净化能力、提高排毒杀菌政治免疫力的根本途径。什么时候全党讲政治、党内政治生活正常健康，我们党就风清气正、团结统一，充满生机活力，党的事业就蓬勃发展；反之，就弊病丛生、人心涣散、丧失斗志，各种错误思想得不到及时纠正，给党的事业造成严重损失。"[5]

党内政治生态受到污染、从政环境受到破坏往往是从党的政治纪

---

〔1〕《周恩来选集》上卷，人民出版社 1980 年版，第 12 页。

〔2〕《毛泽东选集》第 1 卷，人民出版社 1991 年版，第 92 页。

〔3〕《习近平关于全面从严治党论述摘编》，中央文献出版社 2016 年版，第 87 页。

〔4〕《习近平谈治国理政》第 3 卷，外文出版社 2020 年版，第 49 页。

〔5〕《以解决突出问题为突破口和主抓手 推动党的十八届六中全会精神落到实处》，《人民日报》2017 年 2 月 14 日。

律和政治规矩被破坏开始的。政治纪律和政治规矩没有守住，其他纪律和规矩也会随之失守。2013 年 1 月，习近平总书记在十八届中央纪委二次全会上第一次提出政治生态这个概念。随后他多次强调："做好各方面工作，必须有一个良好政治生态。"〔1〕"解决党内存在的种种难题，必须营造一个良好从政环境，也就是要有一个好的政治生态。"〔2〕以习近平同志为核心的党中央把严肃党内政治生活摆在突出的位置来抓，勇于面对党内存在的突出矛盾问题，通过唤醒党章党规党纪意识，把纪律和规矩挺在前面，补足精神之钙，锻造坚强领导核心，牢固树立"四个意识"，坚决维护党中央权威和集中统一领导，以顽强意志正风肃纪，在"打虎拍蝇猎狐"中深入推进反腐败斗争，建立健全党内监督体系，压实管党治党责任，积极营造讲政治的良好风气，党内政治生活气象更新，党内政治生态明显好转，党的创造力、凝聚力和战斗力显著增强。

保证党内政治生活质量，必须制定科学严密的制度规范。推动党的组织生活制度化、经常化、规范化，抓住党的领导干部这一党内政治生活的实践主体和党内政治生态的建设主体，在党内生活中磨砺党性，充分利用党的组织生活载体，推进党内政治生活建设，创新党的组织生活方式方法，激发党内政治生活的生机活力。

（二）必须严格执行民主集中制，用好批评与自我批评这个锐利武器

严肃党内生活，最根本的是认真执行党的民主集中制，不断完善民主集中制中的各项制度，充分发挥民主集中制的优势，为营造风清气正、海晏河清的党内政治生态提供坚实的制度保障。

---

〔1〕《习近平关于全面从严治党论述摘编》，中央文献出版社 2016 年版，第 33 页。

〔2〕《习近平关于党风廉政建设和反腐败斗争论述摘编》，中央文献出版社、中国方正出版社 2015 年版，第 87 页。

党内民主是党的生命，集中统一是党的力量所在。中国共产党历来高度重视民主集中制。延安时期，党对民主集中制作出了具体的制度安排，明确提出了“民主基础上的集中”和“集中指导下的民主”的经典表述，阐明民主集中制的运行原则，健全民主集中制。自此以后，党“坚持民主基础上的集中和集中指导下的民主相结合，既充分发扬民主，又善于集中统一”〔1〕，形成了既严肃规范又生动活泼的党内政治生活，为党的政治建设提供了重要载体。

严肃党内政治生活、净化党内政治生态必须坚持批评与自我批评的原则，把批评与自我批评作为开展党内政治生活的基本方式。党在推进自我革命的过程中，注意运用批评与自我批评的武器，把它作为共产党人加强党性修养和政治历练的必修课、常修课，作为洗涤党员、干部思想和灵魂的有力武器。毛泽东在《古田会议决议》中指出：“党内批评是坚强党的组织、增加党的战斗力的武器。”〔2〕在党的七大上，毛泽东将自我批评概括为我们党的三大作风之一，并第一次将“批评和自我批评”写入党章。毛泽东还详尽阐释了党内批评的原则与方式，要求防止主观武断和批评庸俗化倾向。一方面，“党内的主观主义的批评，不要证据的乱说，或互相猜忌，往往酿成党内的无原则纠纷，破坏党的组织”；另一方面，如果“党内精神完全集注到小的缺点方面，人人变成了谨小慎微的君子，就会忘记党的政治任务”〔3〕。

实践证明，批评与自我批评是清除党内政治灰尘和政治微生物的有力武器，越是任务艰巨、形势复杂，越是在爬坡过坎的攻坚期、闯关夺隘的决战期，就越需要严肃认真地开展批评与自我批评。能够严

〔1〕《习近平谈治国理政》第3卷，外文出版社2020年版，第49页。
〔2〕《毛泽东选集》第1卷，人民出版社1991年版，第90页。
〔3〕《毛泽东选集》第1卷，人民出版社1991年版，第91、92页。

肃认真地开展批评与自我批评，我们党就会有凝聚力、创造力和战斗力，党领导的事业就顺风顺水、蓬勃发展；反之，就会给党领导的事业带来严重损害。开展批评与自我批评要坚持实事求是，必须增强政治敏锐性，讲党性不讲私情，必须把握明辨是非的标准，树立正确的价值观，努力创造生动活泼的政治局面。只有这样，才能使批评与自我批评真正成为加强和规范党内政治生活的重要手段。

（三）必须营造健康洁净的政治文化

“党内政治生活、政治生态、政治文化是相辅相成的，政治文化是政治生活的灵魂，对政治生态具有潜移默化的影响。”[1]健康洁净的党内政治文化土壤能够涵养和维系风清气正的党内政治生态，温润和滋养党员的思想和灵魂。不良政治文化是污染党内政治生态的毒壤，容易产生党内贪污腐败、党员干部精神懈怠以及能力不足等严重问题，削弱党的生命力和战斗力。

党的十八大以来，党中央积极营造健康洁净的政治文化，“弘扬忠诚老实、公道正派、实事求是、清正廉洁等价值观，坚决防止和反对个人主义、分散主义、自由主义、本位主义、好人主义，坚决防止和反对宗派主义、圈子文化、码头文化，坚决反对搞两面派、做两面人”[2]。挖掘吸收优秀传统政治文化的有益营养和思想精髓，继承弘扬革命文化，大力发展社会主义先进文化，把弘扬社会主义核心价值观贯穿于党内政治生态建设的全过程，全面加强社会主义意识形态教育，巩固党的意识形态主阵地，增强甄别外来政治文化的能力，自觉抵制外来腐朽政治文化的侵蚀。党的十九大把“发展积极健康的党内政治

---

〔1〕《习近平谈治国理政》第2卷，外文出版社2017年版，第181页。

〔2〕《习近平谈治国理政》第3卷，外文出版社2020年版，第49页。

文化，营造风清气正的良好政治生态”[1]写入新修订的党章。

党中央构建反腐败协同工作机制，充分协调和调动各种资源进行反腐败斗争，形成强有力的反腐败合力，营造“山清水秀”的从政环境。习近平总书记指出：“党内不能存在形形色色的政治利益集团，也不能存在党内同党外相互勾结、权钱交易的政治利益集团。党中央坚定不移反对腐败，就是要防范和清除这种非法利益关系对党内政治生活的影响，恢复党的良好政治生态，而这项工作做得越早、越坚决、越彻底就越好。”[2]

党中央采取了一系列重大举措，坚决铲除圈子文化、好人主义、形式主义、官僚主义等不良政治文化，正风肃纪，惩治腐败，纠正“四风”，净化了党内政治生态，巩固了党的领导地位，提高了党的威望。

五、紧扣民心这个最大的政治是重要着力点

中国共产党来自人民、植根于人民、服务于人民。人民群众是历史的主体，是历史的真正创造者，是党最深厚的力量源泉和胜利之本。习近平总书记在第十九届中央政治局第六次集体学习时指出，加强党的政治建设，要紧扣民心这个最大的政治，把赢得民心民意、汇集民智民力作为重要着力点。这是对党的政治建设历史的深刻总结。

（一）必须始终坚持人民立场

中国共产党是没有自己特殊利益的马克思主义政党。《共产党宣言》阐明了共产党人为无产阶级和绝大多数劳动者而斗争的政治立场

---

〔1〕《中国共产党第十九次全国代表大会文件汇编》，人民出版社 2017 年版，第 77 页。

〔2〕《习近平关于严明党的纪律和规矩论述摘编》，中央文献出版社、中国方正出版社 2016 年版，第 31 页。

和主张。《中国共产党章程》在对党员的诸多规定和要求中，核心的也是“坚持党和人民的利益高于一切”的政治立场，保持“有共产主义觉悟的先锋战士”的政治追求。党没有与人民利益对立的党派私利，党的利益就是人民的利益，这是中国共产党强大力量的根基所在，也是保证基业长青的重要原因之一。

党成立以来，在坚持党的宗旨问题上一以贯之。党始终坚持同人民在一起，坚持尊重社会发展规律与尊重人民历史主体地位的一致性，坚持为崇高理想奋斗与为最广大人民谋利益的一致性，坚持完成党的各项工作与实现人民利益的一致性。强调立党为公、执政为民，把坚守正确的政治立场和政治追求当作凝聚同志、实现理想的根本性问题，强调人民群众是党的最根本的力量所在，全心全意为人民服务〔1〕。党的十八大以来，习近平总书记郑重宣告：人民对美好生活的向往，就是我们的奋斗目标。“全党同志特别是各级领导干部都要牢记党章中的规定：党除了工人阶级和最广大人民群众的利益，没有自己特殊的利益。如果有了自己的私利，那就什么事情都能干出来。”〔2〕“坚持不忘初心、继续前进，就要坚信党的根基在人民、党的力量在人民，坚持一切为了人民、一切依靠人民，充分发挥广大人民群众积极性、主动性、创造性，不断把为人民造福事业推向前进。”〔3〕“以人民为中心”的价值理念，生动诠释了党的根本立场、根本宗旨，进一步彰显了马克思主义政党的人民性。

只有坚持人民立场，一切从人民根本利益出发，党才能避免患得

〔1〕参见江泽民：《论党的建设》，中央文献出版社2001年版，第505页。

〔2〕《习近平关于严明党的纪律和规矩论述摘编》，中央文献出版社、中国方正出版社2016年版，第30—31页。

〔3〕《习近平谈治国理政》第2卷，外文出版社2017年版，第40页。

患失，战胜各种艰难险阻，带领中国人民不断从胜利走向胜利。人民是历史的创造者，是决定党和国家前途命运的根本力量，这已经被中国共产党历史有力证明。党的政治建设就是要紧扣民心这个最大政治，弄清楚我是谁、为了谁、依靠谁这个重大问题，坚持一切为了人民、一切依靠人民，牢记全心全意为人民服务的宗旨，始终坚持以人民为中心的价值立场。

（二）必须把密切联系群众作为推进党的建设的鲜明主线

密切联系群众是中国共产党的政治优势，也是党的政治本色和价值诉求的集中体现。中国共产党的奋斗史就是一部密切联系群众，为人民群众争权益、谋福祉的历史。毛泽东指出："我们共产党人好比种子，人民好比土地。我们到了一个地方，就要同那里的人民结合起来，在人民中间生根、开花。我们的同志不论到什么地方，都要把和群众的关系搞好，要关心群众，帮助他们解决困难。"[1]刘少奇指出："党的群众路线，是我们党的根本的政治路线，也是我们党的根本的组织路线。"[2]在实践中，党形成了反映党群关系规律的群众路线：一切为了群众，一切依靠群众，从群众中来，到群众中去，把党的正确主张变为群众的自觉行动。党始终坚持全心全意为人民服务的宗旨，始终代表最广大人民的根本利益，经受住了胜利和挫折、高潮和低潮、顺境和逆境考验，成为任何敌人和困难都压不倒、摧不垮的党，为实现国家和人民的根本利益而不懈奋斗。

为了牢固树立群众观，党形成了开展各种主题教育活动的好传统。新民主主义革命时期开展的延安整风运动，"极大地密切了与人民群众的联系，全党树立了系统的群众观点：一切为了人民群众的观点，一

〔1〕《毛泽东选集》第4卷，人民出版社1991年版，第1162页。
〔2〕《刘少奇选集》上卷，人民出版社1981年版，第342页。

切向人民群众负责的观点，相信群众自己解放自己的观点，向人民群众学习的观点。在新世纪新阶段，我们党开展了保持共产党员先进性教育活动，全党认识到：人民是创造历史的根本动力，坚持全心全意为人民服务的宗旨，始终把实现和维护最广大人民的根本利益作为党的理论和路线方针政策以及全部工作的根本依据，始终深深扎根于人民之中，为中国人民和中华民族的根本利益不懈奋斗”[1]。党的十八大以后开展的党的群众路线教育实践活动，使全党形成共识：让群众满意是我们党做好一切工作的价值取向和根本标准，群众意见是一把最好的尺子；得民心者得天下，失民心者失天下，人民的拥护和支持是党执政最牢固的根基。党的十九大以后开展的“不忘初心、牢记使命”主题教育，使广大党员、干部深入基层、深入一线，积极回应群众关切，切实解决群众最关心最直接最现实的利益问题，特别是在脱贫攻坚的伟大实践中，在解决群众看病难、上学难、就业难、住房难等操心事、揪心事上，以看得见的变化回应群众期盼，赢得了人民群众的信赖、拥护和支持。

以人民为本、密切联系群众是我们党从胜利走向胜利的最大政治优势。加强党的政治建设，必须把党的群众路线贯彻到治国理政的全部活动之中，把人民对美好生活的向往作为奋斗目标，不断培元固本、开拓创新，并依靠人民创造历史伟业。

（三）必须顺应人民群众的愿望要求

建党百年来，党在领导人民为完成和推进两大历史任务而奋斗的伟大实践中，始终秉持立党为公、执政为民的根本宗旨，急人民之所急、想人民之所想，与人民同呼吸、共命运，手挽手、心连心，得到

〔1〕辛向阳：《百年大党依然年轻的密码》，《中国党政干部论坛》2020 年第 4 期。

了人民群众的理解、认同、拥护和支持，党得以强基固本，从只有 50 多名党员，发展成为有着 9000 多万名党员、450 多万个基层党组织、充满生机活力的马克思主义执政党，成为中华民族伟大复兴的领导力量，成为世界最具影响力的第一大执政党。

党要赢得民心，最根本的就是要顺应人民群众的愿望要求，始终把人民的期盼变成党的奋斗目标。

新时代，全面建设社会主义现代化国家、实现中华民族伟大复兴，对党的政治建设提出了前所未有的新挑战和新要求。新时代我国社会的主要矛盾已经转化为人民日益增长的美好生活需要和不平衡不充分的发展之间的矛盾。人民对美好生活的向往更加强烈，期盼有更好的教育、更稳定的工作、更满意的收入、更可靠的社会保障、更高水平的医疗卫生服务、更舒适的居住条件、更优美的环境、更丰富的精神文化生活。顺应人民群众的愿望要求，就是要紧紧抓住并着力解决好这个主要矛盾，大力弘扬求真务实、锐意进取、实干苦干的作风，从人民群众最关心、最直接、最现实的利益问题入手，真心实意为群众谋利益，扎扎实实为群众办实事、办好事，使人民获得感、幸福感、安全感更加充实、更有保障、更可持续。

促进社会公平正义、增进人民福祉是中国共产党治国理政的重要价值取向，要在不断发展的基础上，努力把促进公平正义的事情做好。通过创新制度安排，努力克服人为因素造成的有违公平正义的现象，保证人民平等参与、平等发展的权利，让每个人都获得发展自我和奉献社会的机会，共同享有人生出彩的机会，共同享有梦想成真的机会，实现共同富裕。把促进社会公平正义、增进人民福祉作为一面镜子，审视各方面体制机制和政策规定，“堵漏洞”“补短板”“固底板”，让人民群众充分感受到公平正义的阳光。

人民群众最痛恨腐败，腐败问题对党的伤害极大，严惩腐败分子是党心民心所向；人民群众最厌恶“四风”，作风问题关系党的形象，关系人心向背，关系党的生死存亡。顺应人民群众的愿望要求，就是要以零容忍态度，坚决彻底铲除这个寄生在党的肌体上的毒瘤，就是要持之以恒正风肃纪，坚决反对“四风”特别是形式主义、官僚主义，不断增强党的自我净化、自我完善、自我革新、自我提高能力。

时代是出卷人，我们是答卷人，人民是阅卷人。顺应人民群众的愿望要求，就是要将党一切工作的成败得失由人民来检验，以人民拥护不拥护、赞成不赞成、高兴不高兴、答应不答应作为最高标准，把党的群众观点、群众路线植根于思想中，落实到行动上，体现在标准里〔1〕。

中国共产党从一个领导人民为夺取全国政权而奋斗的党，成为领导人民掌握全国政权并长期执政的党，始终重视政治建设。从革命时期提出的“革命的政治工作是革命军队的生命线”，到建设时期提出的“政治工作是一切经济工作的生命线”，再到改革时期提出的“到什么时候都得讲政治”“政治问题，任何时候都是根本性的大问题”，新时代，更是强调把党的政治建设摆在首位，提出“党的政治建设是一个永恒课题”〔2〕。旗帜鲜明讲政治贯穿于党加强自身建设的全过程，蕴含着政党政治的一般规律，是对马克思主义政党政治观的理论传承与创新发展，是中国共产党从小到大、由弱到强的独特优势和重要法宝。

---

〔1〕参见《习近平谈治国理政》第3卷，外文出版社2020年版，第142页。

〔2〕《习近平谈治国理政》第3卷，外文出版社2020年版，第92页。

参考文献

[1] 习近平：《论中国共产党历史》，中央文献出版社 2021 年版。

[2]《毛泽东邓小平江泽民胡锦涛关于中国共产党历史论述摘编》，中央文献出版社 2021 年版。

[3]《中共中央关于加强党的政治建设的意见》，《人民日报》2019 年 2 月 28 日。

[4]《习近平谈治国理政》，外文出版社 2014 年版。

[5]《习近平谈治国理政》第 2 卷，外文出版社 2017 年版。

[6]《习近平谈治国理政》第 3 卷，外文出版社 2020 年版。

[7]《中国共产党的九十年》，中共党史出版社、党建读物出版社 2016 年版。

重视政治建设是党历史实践的优良传统*

党的政治建设在党的建设中处于核心的根本的地位，决定党的建设方向和效果。回顾历史，中国共产党在党的名称、指导思想、奋斗目标、根本政治立场等方面从不讳言自己的政治属性和政治使命。政治纲领、政治路线、政治方向、政治立场、政治原则、政治纪律、政治规律和政治策略等，一直是党的政治建设的重要内容。旗帜鲜明讲政治，注重政治建设，并根据不同时期的中心任务确定政治建设的内容和具体任务，将政治建设贯穿于党的思想建设和其他方面建设之中，是党的优良传统和宝贵经验。

一、建党以来，以毛泽东同志为主要代表的中国共产党人，对党的政治建设进行了有益的探索和实践，形成了党的政治建设思想，领导中国人民建立了新中国，取得了新民主主义革命的彻底胜利

建党初期制定党的政治纲领和政治路线。政治纲领，是党公开树立起来的旗帜，代表了党前进的方向，表明了党的政治初心。1921年，中国共产党成立之时就讨论通过了《中国共产党纲领》，明确规定

* 本文曾发表于《理论与改革》2019年第2期。

了中国共产党的名称、性质和奋斗目标等。1922年，中共二大提出了资产阶级民主革命纲领，并且对党的最高纲领和最低纲领作了完整的阐述；制定了第一部党章，强调了党员的政治责任、政治原则和政治规矩问题。党从成立开始，就注重对政治建设的探索和实践，并在实践中不断丰富党的政治建设内涵。

古田会议确立党的建设新思路。1929年12月，中国共产党召开古田会议，毛泽东为古田会议起草《关于纠正党内的错误思想》，首次提出党内生活政治化的命题。他严肃批评军事好政治自然好、军事不好政治也不好的观点，强调红军是一个执行革命的政治任务的武装集团，要“从教育上提高党内的政治水平”[1]，要“教育党员使党员的思想和党内的生活都政治化，科学化”[2]。要求全党关注政治建设，确立了“紧密联系党的政治路线加强党的建设”的党建新思路。

遵义会议开始形成以毛泽东同志为核心的中共中央领导集体。1935年1月，中共中央政治局在贵州遵义召开扩大会议（即遵义会议），结束了王明“左”倾冒险主义在中央的统治，实际上确立了毛泽东在党中央和红军中的领导地位，在极端危急的紧要关头，挽救了红军、挽救了党。1938年，中共六届六中全会通过了《中共扩大的六中全会政治决议案》，批准了以毛泽东为代表的中央政治局的政治路线，巩固了毛泽东在全党和红军中的领袖地位。六届六中全会后，毛泽东又系统地提出新民主主义革命的政治纲领、经济纲领和文化纲领，为党取得新民主主义革命的胜利，指明了前进的方向。

党的七大前后形成毛泽东的建党思想。抗日战争时期，毛泽东强调党的建设要同党的政治路线紧密联系。他把“坚定正确的政治方向”

〔1〕《毛泽东选集》第1卷，人民出版社1991年版，第87页。
〔2〕《毛泽东选集》第1卷，人民出版社1991年版，第92页。

作为抗大的首条教育方针。[1]他将政治建设纳入党的三大基础建设之中，提出要“建设一个全国范围的、广大群众性的、思想上政治上组织上完全巩固的布尔什维克化的中国共产党”[2]。形成了党的思想、政治、组织建设相统一的党建思想。在党的七大预备会议上，毛泽东明确提出“看齐”问题，强调“看齐是原则”，“我们要向中央基准看齐，向大会基准看齐”。[3]1945 年，刘少奇在党的七大上总结党的建设历史经验时强调：毛泽东的建党路线，“首先着重在思想上、政治上进行建设，同时也在组织上进行建设”[4]。为此，他把政治上建党与思想上建党一并称之为毛泽东的基本建党思想。

二、新中国成立以来，党在领导中国人民进行社会主义革命、建设和改革的伟大实践中，保持清醒的政治头脑、坚定的政治信念，重视党的政治建设，经受住了国内外各种风险和困难的考验，胜利推进了中国特色社会主义事业

中华人民共和国成立后，党中央根据中国的实际，先后制定了党在过渡时期总路线、社会主义现代化建设的战略和目标。1956 年 9 月，党的八大开始探索中国自己的社会主义建设道路，着重提出执政党的建设问题。为调动一切积极因素建设社会主义，毛泽东一再提醒广大干部要保持清醒的政治头脑，重视政治工作。1957 年 7 月，毛泽东提出，我们的目标是努力造成一个“又有集中又有民主，又有纪律又有自由，又有统一意志、又有个人心情舒畅、生动活泼”[5]的政治局

---

[1]《毛泽东文集》第 2 卷，人民出版社 1993 年版，第 188 页。
[2]《毛泽东选集》第 2 卷，人民出版社 1991 年版，第 602 页。
[3]《毛泽东文集》第 3 卷，人民出版社 1996 年版，第 298 页。
[4]《刘少奇选集》上卷，人民出版社 1981 年版，第 330 页。
[5]《毛泽东文集》第 8 卷，人民出版社 1999 年版，第 293 页。

面。这些党的政治建设的重要思想和举措，保证了党的团结统一，保证了党的凝聚力和战斗力，保证了社会主义革命的胜利和社会主义建设事业的发展。

1978 年，中国进入改革开放新时期，实现了党的政治路线的拨乱反正。在开拓和推进中国特色社会主义事业进程中，邓小平一再强调讲政治，强调要善于从政治上观察问题和处理问题。他指出，搞经济建设、搞现代化建设，必须有政治保证。“改革，现代化科学技术，加上我们讲政治，威力就大多了。到什么时候都得讲政治”。〔1〕他明确提出要坚持四项基本原则，要求“各级组织、每个党员都要按照党章的规定，一切行动服从上级组织的决定，尤其是必须同党中央保持政治上的一致”〔2〕。为了健全党内政治生活，加强党的建设，邓小平总结党内政治生活正反两方面经验，1980 年主持制定了《关于党内政治生活的若干准则》，对实现政治上、思想上、组织上、作风上的拨乱反正，促进党内的团结统一、保证改革开放和社会主义现代化建设顺利进行，发挥了重要作用。邓小平从社会主义现代化建设实际出发，对党的政治建设的本质要求进行了新的阐述。1987 年，党的十三大确立了以“一个中心、两个基本点”为主要内容的党在社会主义初级阶段的基本路线。这一基本路线，是党在改革开放新时期对党的政治建设本质要求的集中阐释。

20 世纪 90 年代，在国内外形势发生重大变化的情况下，以江泽民同志为核心的党中央郑重提出讲政治，并具体论述了党的政治建设的内涵。1995 年，江泽民指出：“我这里所说的政治，包括政治方向、政治立场、政治观点、政治纪律、政治鉴别力、政治敏锐性。在政治

〔1〕《邓小平文选》第 3 卷，人民出版社 1993 年版，第 166 页。
〔2〕《邓小平文选》第 2 卷，人民出版社 1994 年版，第 366 页。

问题上，一定要头脑清醒。”〔1〕他强调，善于从政治上提出和处理问题，保证革命和建设任务的完成，是我们党的工人阶级先锋队性质决定的，也是我们党的一个优良传统。他把干部教育和党的政治建设统一起来，在党员干部中广泛开展“三讲”教育活动，并要求党员干部要善于判断政治形势、分析问题。世纪之交，党中央提出了“三个代表”重要思想，科学地回答了建设什么样的执政党以及如何建设执政党的根本问题。进入新世纪，以胡锦涛为总书记的党中央反复强调讲政治、顾大局、守纪律，强调各级领导干部要重视自身的政治素质，要不断加强党性的修养和锻炼。党的十七大确立了以“一个主线、五大建设、一个目标、六项任务”为内容的党建工作总体布局，进一步回答了如何提高党的执政能力和保持党的先进性问题。

三、党的十八大以来，以习近平同志为核心的党中央从理论和实践上将党的政治建设提升到了新高度，形成了政治建设与思想建设、组织建设、作风建设、反腐倡廉建设和制度建设融为一体、更加重视党的政治建设的党的建设新格局

党的十八大后，在推进全面从严治党的进程中，面对党的建设中存在着的“四大危险”和“四大考验”，面对中国特色社会主义新时代的新任务新要求，习近平反复强调全党要旗帜鲜明讲政治。他指出，讲政治，是我们党补钙壮骨、强身健体的根本保证，是我们党培养自我革命勇气、增强自我净化能力、提高排毒杀菌政治免疫力的根本途径。“我们党作为马克思主义政党，讲政治是突出的特点和优势。没有强有力的政治保证，党的团结统一就是一句空话。”〔2〕他强调，党要管

---

〔1〕《江泽民文选》第1卷，人民出版社2006年版，第457页。

〔2〕《习近平关于全面从严治党论述摘编》，中央文献出版社2016年版，第80页。

党必须从党内政治生活管起，从严治党必须从严肃党内政治生活严起。党的十九大明确把党的政治建设摆在首要位置，并作为根本性建设，将党的政治建设提升到了新的高度。

十八大以来，党中央提出并强调政治纲领、政治路线、政治理想、政治方向、政治立场、政治定力、政治意识、政治勇气、政治责任、政治任务、政治品质、政治能力、政治纪律、政治规矩、政治底线、政治上合格、政治言论、政治行为、政治清明、党内政治生活、党内政治生态、政治鉴别力、政治敏锐性、做政治上的明白人、对党忠诚等一系列党的政治建设方面的概念，将坚持党中央权威和集中统一领导作为首要任务，将坚守正确政治方向作为重中之重，将紧扣民心作为最大的政治，将营造良好政治生态作为基础性工程，进一步丰富发展了党的政治建设的内涵和话语体系。开展党的群众路线教育实践活动，把“两学一做”学习教育活动常态化、制度化。坚定党员的政治理想，提高政治素养。出台“八项规定”，开展政治巡视，以强硬的政策措施整治党内存在的不良风气。要求党员干部树立“四个意识”、严守政治纪律、维护党中央权威。党的建设在坚定政治信仰、增强“四个意识”、维护党中央权威和集中统一领导、严明党的政治纪律和政治规矩、加强和规范新形势下党内政治生活、净化党内政治生态、正风肃纪、反腐惩恶等方面取得明显成效，党的创造力、凝聚力、战斗力显著增强，党的团结统一更加巩固。

历史表明，重视党的政治建设是中国共产党的优良传统。正是因为对政治建设重视，党才得以在历经种种考验、克服种种困难后，依然绽放出马克思主义政党的光辉，充满生机活力。

中国共产党反腐败斗争的历史进程及当代启示*

党的二十大强调，自我革命是中国共产党经过长期实践，找到的跳出治乱兴衰历史周期率的第二个答案。中国共产党成立以来的100余年既是中国共产党团结带领全国各族人民进行伟大社会革命的100余年，也是中国共产党不断进行伟大自我革命，同腐败行为坚决斗争的100余年。习近平在党的二十大报告中指出："坚决打赢反腐败斗争攻坚战持久战。腐败是危害党的生命力和战斗力的最大毒瘤，反腐败是最彻底的自我革命。"〔1〕对中国共产党成立以来反腐败斗争的百余年历程进行梳理研究，对于新时代涵养海晏河清、朗朗乾坤的政治生态，打赢反腐败斗争攻坚战持久战有着至关重要的现实意义。习近平指出："反对腐败、建设廉洁政治，保持党的肌体健康，始终是我们党一贯坚持的鲜明政治立场。党风廉政建设，是广大干部群众始终关注的重大

---

* 本文曾发表于《世界社会主义研究》2023年第3期，第二作者系中国社会科学院大学马克思主义学院硕士研究生张淑媛。

〔1〕习近平：《高举中国特色社会主义伟大旗帜 为全面建设社会主义现代化国家而团结奋斗——在中国共产党第二十次全国代表大会上的报告》，人民出版社2022年版，第69页。

政治问题。”[1]所谓“一贯”“始终”，就是指中国共产党反对腐败的政治立场，并不是在掌握政权后或改革开放后才开始的。从党诞生之日起，这一政治立场就被当作原始基因，深深烙印进这一年轻的马克思主义政党的肌体灵魂之中了。

一、新民主主义革命时期注入政治基因

中国共产党在新民主主义革命时期就注入了旗帜鲜明反对腐败的政治基因。在中国共产党成立之初、党领导革命根据地建设的过程中以及西柏坡时期，党的反腐败重点各有不同。

中国共产党成立初期和大革命时期，反腐败的重点是锻造经得起考验的革命组织。一大党纲中强调，党员“必须与企图反对本党纲领的党派和集团断绝一切联系”，“除非迫于法律，不经党的特许，不得担任政府官员或国会议员”。[2]同时，一大党纲要求新同志入党需经历候补党员阶段，接受所在地党委或执委至少两个月的考察。这鲜明体现中国共产党成立初期虽然党员人数还较少，但坚持绝不滥竽充数的原则。1924 年 11 月，《中央通告第二十一号——加强党务工作，对孙中山参加北方和会的态度》强调，“党内组织为党的中心工作，一切对内对外发展，均与之有密切关系”[3]。由于对组织工作的高度重视，1925 年后党组织得以普遍建立，党员人数迅速扩大，从不足千人发展到上万人甚至几万人。组织规模的迅速扩大体现出党的事业突飞猛进，

[1]《十八大以来重要文献选编》(上)，中央文献出版社 2014 年版，第 81 页。

[2]《建党以来重要文献选编（1921—1949）》第 1 册，中央文献出版社 2011 年版，第 1—2、2 页。

[3]《建党以来重要文献选编（1921—1949）》第 2 册，中央文献出版社 2011 年版，第 164 页。

但也带来了新的问题。由于斗争形势异常复杂，党对新党员的鉴别、教育、培养比较粗糙，一些投机腐败分子进入革命队伍之中。1926 年 8 月，为净化党的队伍，维护党的形象，发展党的事业，《中共中央扩大会议通告——坚决清洗贪污腐化分子》要求坚决清洗投机腐败的坏分子，“不可令留存党中，使党腐化，且败坏党在群众中的威望”〔1〕，这是中国共产党历史上第一个反腐败文献，篇幅虽短，却具有重要意义和深远影响。

领导革命根据地建设过程中，党在局部地区掌握了政权机关，这一阶段反腐败斗争的重点是探索反腐败体制机制、回答“谁来反腐败”的问题。苏维埃政权是在党的领导下经过艰苦斗争建立的工农群众自己的政权。但新生政权毕竟是从旧社会中脱胎而来的，不可避免受到旧社会的影响，出现了贪污腐败、浪费、渎职等腐朽现象。这些现象严重违背苏维埃政权性质，严重破坏了红色政权形象，需要从体制机制着手形成反腐肃风环境。1931 年 5 月，中共鄂豫皖中央分局建立起工农监察委员会，明确其目的是“专一和一切苏维埃机关中的官僚腐化倾向斗争”〔2〕。长征到达陕北后，中国共产党继续发扬廉洁奉公的优良作风。但是，由于封建主义和资产阶级腐朽思想侵袭，且党员成分复杂、素质参差不齐、斗争经验不足，根据地党政机关尤其是基层政权的经济领域，不同程度地出现贪污腐化现象。为清除这种恶劣现象，党中央高度重视惩治腐败的法规制度建设，陕甘宁边区政府制定了《陕甘宁边区政府惩治贪污暂行条例》，并在《陕甘宁边区政府组织条例》《陕甘宁边区各级政府干部管理暂行通则》《陕甘宁边区各级政

---

〔1〕《建党以来重要文献选编（1921—1949）》第 3 册，中央文献出版社 2011 年版，第 348—349 页。

〔2〕《鄂豫皖革命根据地》第 1 册，河南人民出版社 1990 年版，第 223 页。

府干部任免暂行条例》《陕甘宁边区政务人员公约》《陕甘宁边区各级政府干部奖惩暂行条例草案》等多个法规文件中，对惩治贪污分子和腐败行为作出了专门规定。在陕甘宁边区政府的带动影响下，其他各根据地也依据自身特点制定了适合当地反腐工作情况的条例，如《晋察冀边区惩治贪污条例》《琼崖解放区惩治贪污条例》对犯贪污罪的不同情形作出了明确定义，对不同贪污数目的量刑年限作出了规定，并区分了各级政府对贪污罪犯罪人员的审判管辖权限，使得党的反腐倡廉工作有法可依、有章可循，这些专门法规为中国共产党反腐败体制机制和制度法规建设积累了宝贵的历史经验。

党中央在西柏坡时期反腐败斗争的重点，一方面是进一步完善制度建设，另一方面是在思想上、作风上为掌握全国政权做准备。在制度方面，党中央在西柏坡建立起请示报告制度，健全党委制，规范各部门工作制度，这些制度加强了党的集中统一领导，改善了革命战争年代党和军队由于被敌人分割包围而滋生的地方主义、山头主义和独立王国现象，以及一些同志出现的骄傲自满、无组织无纪律等现象，为反腐败奠定了制度基础。在思想作风方面，毛泽东在党的七届二中全会上深刻分析了胜利有可能带来的诸如骄傲、以功臣自居、停顿不求进步等情绪，认为党内存在着资产阶级用“糖衣炮弹”腐蚀队伍中意志薄弱者的严重危险，提出了“两个务必”，要求全党保持谦虚、谨慎、不骄、不躁以及艰苦奋斗的优良作风[1]。这是毛泽东立足于跳出“人亡政息”历史周期率的历史高度，对即将掌握政权的中国共产党作出的宏观指引，深刻表明了中国共产党在任何时候都能够保持清醒头脑，警惕腐朽思想侵蚀，同贪污腐败现象坚决斗争的决心。

---

〔1〕参见《毛泽东选集》第4卷，人民出版社1991年版，第1438—1439页。

二、社会主义革命和建设时期在探索中不断前进

在社会主义革命和建设时期，中国共产党的反腐败斗争在探索中不断前进，重点有以下三方面。

一是大力惩治贪污腐败行为。20 世纪 50 年代初期，从国内建设和抗美援朝大局出发，东北地区率先掀起了增产节约运动。随着运动深入开展，东北各地相继揭露出触目惊心的贪污问题。1951 年 11 月，东北局提交中央的书面报告使毛泽东认识到解决各级干部贪污腐化问题，已经成为一个相当迫切的任务。此后，党中央将增产节约运动同“三反”运动结合起来，将反对贪污、反对浪费和反对官僚主义视为实现增产节约的重要保证。刘青山和张子善案件使党中央和毛泽东深感贪污问题的严重程度，毛泽东指出：“这件事给中央、中央局、分局、省市区党委提出了警告。必须严重地注意干部被资产阶级腐蚀发生严重贪污行为这一事实，注意发现、揭露和惩处，并须当作一场大斗争来处理。”[1]此时党中央和毛泽东的关注点从增产节约逐渐向开展“三反”运动转变。这场轰轰烈烈的反贪污运动取得了重大胜利，国家机关中的大贪污分子和社会上的大盗窃分子完全陷于孤立，受到严重的打击和制裁。

二是构建新中国反腐败体制机制和法律法规。党和国家监察体制和以《中华人民共和国惩治贪污条例》为代表的法律法规是在新中国成立初期党领导反贪污腐败斗争的过程中逐步确立和出台的。1952 年 4 月，《惩治贪污条例》的出台，就是为了巩固“三反”运动胜利成果。彭真在《关于惩治贪污条例草案的说明》中指出，“为了对贪污分子和

---

〔1〕《毛泽东文集》第 6 卷，人民出版社 1999 年版，第 190—191 页。

盗窃分子分别予以惩治，为了巩固‘三反’和‘五反’运动已经取得的胜利，并继续和一切贪污与盗窃行为进行坚持不懈的斗争，制定一个法律是完全必要的”[1]。党和国家监察机关也在反贪污腐败斗争锤炼中不断完善。1952年，政务院人民监察委员会发布的《关于反贪污、反浪费、反官僚主义斗争的指示》，明确要求监察机关要在反腐败斗争中“把监察机构健全起来……广泛地建立监察通讯网”[2]。政务院人民监察委员会是新生人民政权的第一个监察机构，是1954年成立的中华人民共和国监察部的前身。中央监察委员会是20世纪五六十年代中国共产党的最高监察机关。1955年3月，根据中国共产党全国代表会议通过的《关于成立党的中央和地方监察委员会的决议》，成立党的中央和地方各级监察委员会，代替各级纪律检查委员会。1962年9月，党的八届十中全会通过《关于加强党的监察机关的决定》，规定中央监察委员会可以派出监察组常驻国务院所属各部门，以加强对同级国家机关的党员的监督工作。至此，覆盖全体党员、各级机关及其工作人员的党和国家监察体制基本确立。

三是持续深入整顿思想作风。贪污腐败行为的发生，其根本在于一些党员领导干部在思想作风方面出了问题。毛泽东指出：“反贪污斗争和反浪费斗争的开展和深入，必将接触到各方面存在着的各种程度的官僚主义和自由主义的工作作风。这种作风，是贪污和浪费现象所以存在和发展的根本原因。”[3]为此，党中央在惩治贪污腐败分子的过程中，也非常注重对违反马克思列宁主义的观点和作风进行纠正和引导。1957年，党中央发出《关于整风运动的指示》，决定以党内思想

---

〔1〕《彭真文选（1941—1990年）》，人民出版社1991年版，第232页。
〔2〕《中央人民政府法令汇编（1952）》，人民出版社1954年版，第7页。
〔3〕《毛泽东文集》第6卷，人民出版社1999年版，第209页。

教育的方式，在全党进行一次以正确处理人民内部矛盾为主题，以反对官僚主义、宗派主义和主观主义为内容的整风运动，发动群众向党提出批评建议。整风运动使绝大多数党员干部在思想上受到了一次极好的教育，使党员干部与群众打成一片，发扬了党的优良传统。运动也让极少数党员丧失革命意志，甚至腐化堕落、违法乱纪的现象得以发现，混入党内的各种坏分子，严重的违法乱纪分子，不可救药的腐化堕落分子，有严重的资产阶级个人主义思想和行为、屡教不改的分子被清除出党。

三、改革开放和社会主义现代化建设新时期继承创新

在改革开放和社会主义现代化建设新时期，党的反腐败斗争不仅注重恢复原有政治生态，重建党和国家纪检监察体制，还在此基础上积极探索新形势下党的反腐败斗争的新特点、新举措。

一是恢复党内政治生态，重建党和国家纪检监察体制。为了更好地恢复此前被严重破坏的党内政治生态，1980 年 2 月党的十一届五中全会通过的《关于党内政治生活的若干准则》，为全党在政治上思想上组织上作风上全面拨乱反正奠定了坚实的制度基础。同时，为了更好地处理积压案件，平反冤假错案，恢复党的优良传统和生动活泼的政治局面，以党内安定团结推动党和国家的工作中心转移到经济建设上来，党中央决定重建纪律检查委员会。1982 年 9 月，党的十二大通过的党章中对于中央和地方各级纪委如何产生及如何展开工作作出了规定，党的纪律检查机构在改革开放新时期得以正式恢复和确立。1986 年底至 1987 年，经由全国人大常委会决定恢复设立的国家监察部正式挂牌办公。1993 年 1 月，党中央、国务院决定中央纪律检查委员会与监察部合署办公，履行党的纪律检查和政府行政监察两项职能，形成

了纪检监察一体化体制的雏形。

二是积极探索新形势下反腐败斗争的新特点和新举措，严厉打击经济犯罪。进入20世纪80年代中期，随着经济体制改革不断深入，在改革中如何加强党风廉政建设、开展反腐败斗争，成为现实又崭新的问题。针对部分党政机关和领导干部在各种名目下以权谋私、损公肥私，套购紧俏物资，利用职权倒买倒卖等现象，陈云在1984年强调："纪检工作应当研究新情况，适应新情况。党性原则和党的纪律不存在'松绑'的问题。没有好的党风，改革是搞不好的。共产党不论在地下党时期或执政时期，任何时候都必须坚持党的纪律。"[1]1984年底至1985年初，党中央和中央纪委先后对干部经商办企业问题进行规范。1984年12月，中共中央、国务院作出《关于严禁党政机关和党政干部经商、办企业的决定》。1985年1月，中央纪委以一号文件形式发出《关于贯彻中共中央、国务院〈关于严禁党政机关和党政干部经商、办企业的决定〉的通知》。

在市场经济条件下，社会上拜金主义、个人主义等不良风气渗透进党内，不断攻破党员干部心理上的防线，从而导致严重的贪污腐化现象，是改革开放后中国共产党反腐败斗争所面临的最大难题。从改革开放后到党的十八大前这段时期内，中国共产党反腐败斗争始终注重标本兼治，既对贪腐大案高压震慑，又高度重视制度建设。党中央始终对严重贪腐大案采取高压震慑，严查大案要案。仅2007年至2012年间，全国纪检监察机关查办的商业贿赂案件涉案金额就高达222.03亿元[2]。同时，党中央也高度重视反腐败法律法规体系建设，制定或修订了《建立健全教育、制度、监督并重的惩治和预防腐败体系

[1]《陈云年谱（1905—1995）》（下），中央文献出版社2000年版，第364页。
[2] 参见《十八大以来重要文献选编》（上），中央文献出版社2014年版，第52页。

实施纲要》《关于实行党风廉政建设责任制的规定》等党内法规。国家立法机关制定《刑法修正案（七）》和《刑法修正案（八）》，并修改《中华人民共和国刑事诉讼法》《中华人民共和国行政监察法》等反腐败斗争的有关法律，党和国家反腐败制度体系和法律体系初步形成〔1〕。

四、新时代反腐败斗争取得压倒性胜利并全面巩固

党的二十大报告作出重大判断——“我们开展了史无前例的反腐败斗争，……反腐败斗争取得压倒性胜利并全面巩固，消除了党、国家、军队内部存在的严重隐患，确保党和人民赋予的权力始终用来为人民谋幸福。”〔2〕新时代十年，反腐败斗争取得压倒性胜利并全面巩固，主要体现在以下几方面。

一是强化不敢腐的震慑。（1）“打虎”“拍蝇”“猎狐”多管齐下，既严肃查处高级领导干部政治腐败和经济腐败相互交织形成的利益集团，又惩治群众身边的腐败。党中央一方面坚决铲除周永康、孙政才、令计划等严重违反党的政治纪律和政治规矩的野心家、阴谋家，另一方面对乱作为、不作为的基层党员干部严肃追责，处分村党支部书记、村委会主任数十万人。（2）织密国际追逃“天网”，深化反腐败国际合作，一体构建追逃防逃追赃机制。2014 年至 2017 年，共从 90 多个国家和地区追回外逃人员 3453 名、追赃 95.1 亿元，“百名红通人员”中

〔1〕参见吴建雄:《党的反腐倡廉建设：百年回望及经验启示》,《新疆师范大学学报（哲学社会科学版）》2021 年第 2 期。

〔2〕习近平:《高举中国特色社会主义伟大旗帜 为全面建设社会主义现代化国家而团结奋斗——在中国共产党第二十次全国代表大会上的报告》，人民出版社 2022 年版，第 13—14 页。

已有 48 人落网，新增外逃人员从 2014 年至今逐年下降至个位数[1]。2017 年至 2022 年，“天网行动”追回外逃人员 7089 人，其中党员和国家工作人员 1992 人，追回赃款 352.4 亿元，“百名红通人员”已有 61 人归案[2]。（3）持之以恒整肃党风、政风和社会风气。2012 年至 2017 年，各级纪检监察机关以党的群众路线教育实践活动为抓手，共查处违反中央八项规定精神问题 18.9 万起，处理党员干部 25.6 万人[3]。2017 年至 2022 年，全国纪检监察机关共查处享乐主义、奢靡之风问题 28.6 万个，批评教育帮助和处理 39.8 万人，其中给予党纪政务处分 28.5 万人[4]。

二是扎牢不能腐的笼子。（1）完善党内法规制度体系。党的十八大以来，党中央先后两次对新中国成立以来党内法规和规范性文件进行集中清理，一大批法规和文件废止、宣布失效或进行修改。破旧是为了更好地立新。在清理的同时，党中央也将党的建设实践中的成功经验及时上升为党内法规，逐步形成了以党章为根本、若干配套党内法规为支撑的党内法规体系，切实做到依规治党。（2）深化国家监察体制改革。中国共产党作为执政党，代表人民组织和行使国家公权力，这就要求中国共产党的反腐败斗争不仅要对党员全覆盖，还要对行使公权力的公职人员全覆盖。过去的国家行政监察体制一方面存在行政

---

〔1〕参见《中国共产党第十九次全国代表大会文件汇编》，人民出版社 2017 年版，第 138—139 页。

〔2〕参见《中国共产党第二十次全国代表大会文件汇编》，人民出版社 2022 年版，第 140 页。

〔3〕参见《中国共产党第十九次全国代表大会文件汇编》，人民出版社 2017 年版，第 129 页。

〔4〕参见《中国共产党第二十次全国代表大会文件汇编》，人民出版社 2022 年版，第 141 页。

监察范围过窄的问题，只能覆盖行政机关公务员，对于事业单位、群众自治组织等非行政机关的非党员领导干部存在一定真空地带；另一方面又存在反腐败力量分散的问题，党的纪检机构、行政机关监察部门、检察机关反贪部门分别行使职权，造成职能交叉，资源浪费。设立监察委员会，作为同国家行政机关、检察机关、审判机关等并列存在的国家监察机关，实现对行使公权力的国家公职人员监察全覆盖。（3）严防“灯下黑”。党的十八大以来，习近平总书记先后提出解决“谁来监督纪委”问题、“清理好门户”、防止“灯下黑”等要求，指出监督别人的人首先要监管好自己，执纪者要做遵守纪律的标杆。党中央给中央纪委立规矩、定制度，对纪检监察机关监督执纪工作作出详细规定。

三是增强不想腐的自觉。思想建党是中国共产党长期一贯的优良传统，以坚定的理想信念破除一些党员领导干部的“心中之贼”，可以为反腐败斗争取得决定性胜利筑牢思想堤坝。党的十八大以来，党中央在全党先后开展党的群众路线教育实践活动、“三严三实”专题教育、“两学一做”学习教育、“不忘初心、牢记使命”主题教育以及党史学习教育活动，引导广大党员干部通过学习党的基本理论和党的奋斗历程，坚定理想信念，牢记初心使命，营造不想腐的良好政治氛围。

五、中国共产党反腐败斗争的当代启示

中国共产党百余年反腐败斗争的历史进程，给中国共产党人继续开展反腐败斗争提供了丰富启迪。

一是深刻认识到贪污腐败与马克思主义政党性质水火不容。旗帜鲜明反对腐败是中国共产党一贯的政治立场，从根本上来说，这是由党的性质、宗旨和奋斗目标所决定的。中国共产党是真正的马克思主

义政党，是先进、纯洁的政党，同贪污腐败坚决斗争，是中国共产党对马克思主义政党性质的永恒坚守。

马克思、恩格斯在《共产党宣言》中对马克思主义政党性质尤其是共产党人应当具备的先进性特征作了经典概括："在实践方面，共产党人是各国工人政党中最坚决的、始终起推动作用的部分；在理论方面，他们胜过其余无产阶级群众的地方在于他们了解无产阶级运动的条件、进程和一般结果。"〔1〕马克思主义政党及其骨干分子应当是无产阶级中最先进、拥有最高觉悟、理论最深刻、斗争最坚决、战斗最顽强的群体，而贪污腐败、蜕化变质则会严重损害共产党的先进性、纯洁性。

贪污腐败行为会严重损害马克思主义政党的先进性。在19世纪欧洲共产主义运动中，由于忌惮无产阶级及其革命政党，资产阶级往往会对其骨干成员采取收买政策。马克思主义政党的骨干成员，毫无疑问是领导工人运动的领袖。而恰恰就是这些在战斗中不曾被枪炮所击倒的工人领袖，却在资产阶级糖衣炮弹下丧失了先进性，蜕化为工人贵族，"无产阶级运动的规律显然是，到处都有一部分工人领袖必然要蜕化"〔2〕。因此，马克思主义政党及其骨干成员必须时时刻刻注意保持先进的无产阶级世界观。当革命形势和任务所需而必须同一些小资产者或其他非无产者进行合作并结成联盟时，则"首先就要求他们不要把资产阶级、小资产阶级等等的偏见的任何残余带进来，而要无条件地掌握无产阶级世界观"，一旦"连党的领导也或多或少地落到了这些人的手中，那党简直就是受了阉割，而不再有无产阶级的锐气了"。〔3〕

〔1〕《马克思恩格斯文集》第2卷，人民出版社2009年版，第44页。
〔2〕《马克思恩格斯全集》第32卷，人民出版社1974年版，第334页。
〔3〕《马克思恩格斯文集》第3卷，人民出版社2009年版，第484页。

对贪污腐败放任自流会严重损害马克思主义政党的纯洁性。在无产阶级运动中出现工人贵族现象，是无法完全避免的。对待这种现象采取什么样的态度和措施，是检验一个政党能否称得上是马克思主义政党的重要判断标准。马克思主义政党必须要同贪污腐败这种蜕化变质现象进行坚决的、彻底的、不留情面的斗争，才能保持党的纯洁性不受到侵犯。“当各种腐朽分子和好虚荣的分子可以毫无阻碍地大出风头的时候，就该抛弃掩饰和调和的政策，只要有必要，即使发生争论和吵闹也不怕。一个政党宁愿容忍任何一个蠢货在党内肆意地作威作福，而不敢公开拒绝承认他，这样的党是没有前途的。”[1]

二是深刻认识到贪污腐败严重动摇党的阶级基础和群众基础。贪污腐败行为对于党员干部来说，是将个人利益置于人民群众公共利益之上，将为人民服务异化为为自己服务、为家人朋友等“小团体”服务，将讲正气矮化为讲“江湖义气”，严重违背了党的根本宗旨。马克思主义政党“没有任何同整个无产阶级的利益不同的利益”，“在无产阶级和资产阶级的斗争所经历的各个发展阶段上，共产党人始终代表整个运动的利益”。[2]全心全意为人民服务是中国共产党从诞生之日起，无论处于革命还是建设时期，都始终坚持的根本宗旨。人民群众痛恨腐败、痛恨贪官的主要原因就是一些党员干部的贪污腐败行为严重损害了人民群众的直接利益、切身利益。例如，在脱贫攻坚、扫黑除恶中的腐败行为。这种发生在基层、发生在群众身边的腐败行为，严重影响了党中央重大决策部署在基层的执行，使其在基层“走样”“变形”，从而大大降低了人民群众对党的信任和支持，也损害了党群、干群鱼水情。人心向背，是决定一个政党、一个政权盛衰的根本因素。

---

〔1〕《马克思恩格斯全集》第 34 卷，人民出版社 1972 年版，第 90 页。

〔2〕《马克思恩格斯文集》第 2 卷，人民出版社 2009 年版，第 44 页。

从更深层次看，贪污腐败行为源于一些党员干部在思想上颠倒了政党与群众的关系。在经济社会高度发达的当下，贪污腐败行为却愈演愈烈，有的党员干部贪污数额高达几千万甚至上亿，这已经远远超出了现实物质需要的范畴，而是一种扭曲的思想在作祟，这就是干部特殊化、特权思想。列宁深刻分析了群众、阶级、政党、领袖的关系，指出："群众是划分为阶级的"，"阶级是由政党来领导的"，政党通常是由称为领袖的人们所组成的比较稳定的集团来主持的。〔1〕由此可知，政党、领袖是群众、阶级的属概念，是从群众、阶级中产生并从属于他们的。毛泽东在 1960 年同山东省委负责人谈话时也曾有过精辟论述："我们这些人原来不都是老百姓吗？要当群众代表，不要脱离他们，贪污、盖大礼堂就脱离他们。"〔2〕革命胜利后，一些党员干部以功臣自居，看不起群众，认为自己理应得到更好的待遇，俨然已经演化成了一个超越于无产阶级和人民群众的特殊阶层。为解决这类问题，毛泽东在 1957 年倡议干部参加体力劳动，认为"这样一来，党和群众就打成一片了，主观主义，官僚主义，老爷作风，就可以大为减少，面目一新"〔3〕。改革开放后，邓小平敏锐捕捉到人民群众对干部特殊化的不满，认为"这不单是一个党风问题，而且形成了一种社会风气，成了一个社会问题"〔4〕。1979 年 11 月，他亲自推动出台了《关于高级干部生活待遇的若干规定》。群众看党员，党员看干部。一些党员干部的贪污腐败行为暴露了其深层次的思想根源，事实上就是在思想上首先抛弃了群众，最终也必然为群众所抛弃，动摇党的阶级基础和群众基础。

---

〔1〕参见《列宁选集》第 4 卷，人民出版社 1995 年版，第 151 页。

〔2〕《毛泽东年谱（1949—1976）》第 4 卷，中央文献出版社 2013 年版，第 352 页。

〔3〕《毛泽东文集》第 7 卷，人民出版社 1999 年版，第 294 页。

〔4〕《邓小平文选》第 2 卷，人民出版社 1994 年版，第 216 页。

没有人民群众的信任与支持，中国共产党无法取得革命斗争的最终胜利。革命胜利后，作为领导人民掌握全国政权的党，更应当从巩固党的阶级基础和群众基础出发理解反腐败斗争的紧迫性，尊重人民群众在反腐败工作中的主体地位。一方面，要在反腐败工作上将党的领导、人民当家作主和依法治国有机结合起来。另一方面，要充分尊重群众，信任群众，发挥群众力量揭露腐败行为。新时代，应坚持把党对反腐败工作的全面领导和尊重人民群众在反腐败工作中的主体地位充分结合起来，运用巡视巡察等制度安排，形成全社会共同有序反对贪污腐败的优良政治局面。

三是深刻认识到贪污腐败严重阻碍甚至可能葬送党的事业。贪污腐败，究其本质，是用金钱购买权力，是金钱政治、“钱主”政治，是私有制和剥削制度的产物。资本主义的腐败是制度性腐败。资产阶级民主革命推翻了封建主的政治统治，虽然前进了一大步，但并不是彻底的人类解放。在资本主义私有制以及在此基础上形成的社会经济关系的作用下，国家与社会的根本对立仍然存在。资本家由于其经济上的垄断地位，可以通过以政治献金干预选举等方式直接或间接垄断政治权力，形成金融垄断集团对整个社会的稳定的统治。在这种统治面前，所谓“分权制衡”不过是看似美丽的政治骗术。而无产阶级革命的最终目的，就是要击碎这种政治关系和经济关系赖以生存的基础——私有制，从而实现人的真正解放。

“在资本主义社会和共产主义社会之间，有一个从前者变为后者的革命转变时期。同这个时期相适应的也有一个政治上的过渡时期，这个时期的国家只能是无产阶级的革命专政”[1]，当仍然处于资本主义和

---

〔1〕《马克思恩格斯选集》第3卷，人民出版社2012年版，第373页。

社会主义两种社会制度激烈竞争的时代，无产阶级专政的国家就仍然有存在的必要。毛泽东指出："国家消亡，需要有一个国际条件。人家有国家机器，你没有，很危险。"[1]无产阶级专政的国家相比资本主义国家而言，其特殊性在于它没有同社会割裂，不凌驾于社会之上，而是从属于社会的，是真正的廉洁政治。马克思对巴黎公社的无产阶级专政形式进行了详尽分析，认为它是"可以使劳动在经济上获得解放的政治形式"[2]，既是维护工人阶级权力的工具也是镇压反革命的工具。巴黎公社的实践也成为中国共产党建立人民民主专政国家政权的制度遵循，毛泽东在与黄炎培"窑洞对"中提出的"让人民来监督政府"[3]，就是新生人民政权要把国家权力交还给社会的政治宣示。而贪污腐败，则是已经从属于社会的国家权力企图再次超越于社会的表现，这与马克思主义政党进行无产阶级革命以最终达到实现共产主义的远大理想背道而驰，阻碍了党的事业。更加严重的是，这有可能导致党和国家政权走向变质乃至灭亡。从世界社会主义运动的全局来看，这种担忧并不是没有道理的。苏联解体、东欧剧变，是多种因素共同作用的结果，其中腐败现象的滋生蔓延是一个重要方面，严重的贪污腐败加剧了国内社会矛盾，最终造成了分崩离析的结果，这不能不引起我们的警醒和反思。

贪污腐败行为必然同权钱交易、以权谋私等谋取经济利益的行为相结合，甚至还有可能和团团伙伙等谋取不当政治利益的非组织行为相结合。而中国共产党始终代表最广大人民的根本利益，"从来不代表

[1]《毛泽东年谱（1949—1976）》第 4 卷，中央文献出版社 2013 年版，第 316 页。
[2]《马克思恩格斯文集》第 3 卷，人民出版社 2009 年版，第 158 页。
[3]《毛泽东思想年编（1921—1975）》，中央文献出版社 2011 年版，第 439 页。

任何利益集团、任何权势团体、任何特权阶层的利益”[1]，因此必须坚持和加强党对反腐败斗争的全面领导，充分调动各方面力量，调配政治资源，产生合力，最终形成反腐败斗争的压倒性优势。

四是深刻认识到中国共产党勇于自我革命的品格是一以贯之的。作为马克思主义理论的哲学方法论基础，“辩证法不崇拜任何东西，按其本质来说，它是批判的和革命的”[2]，它对现存事物肯定的理解中带有对现存事物否定的理解。批判性与革命性内在地要求马克思主义政党应当具有自我革命的政治勇气。中国共产党作为马克思主义政党，其自我革命的品格是一以贯之的。在新民主主义革命时期，从八七会议纠正陈独秀右倾机会主义错误到遵义会议纠正博古、王明等人“左”倾错误，从延安整风到西柏坡进京“赶考”，中国共产党以自我革命确保党的革命路线不偏航，革命队伍不变质。在社会主义革命和建设时期、改革开放和社会主义现代化建设新时期，从反对官僚主义、主观主义和宗派主义到七千人大会上的批评和自我批评，从拨乱反正到改革开放的伟大社会革命，中国共产党以新的自我革命实现党的革命精神不松懈，革命目标不动摇。党的十八大以来，在以习近平同志为核心的党中央坚强领导下，中国共产党以刀刃向内、刮骨疗毒的自我革命精神大刀阔斧地祛除影响党的肌体健康的顽疾，实现党的面貌焕然一新。2022 年 1 月 11 日，习近平总书记在省部级主要领导干部学习贯彻党的十九届六中全会精神专题研讨班上的讲话中指出，我们党给出了跳出治乱兴衰历史周期率的第二个答案，这就是自我革命。[3]同年

---

〔1〕习近平:《在庆祝中国共产党成立 100 周年大会上的讲话》，人民出版社 2021 年版，第 12 页。

〔2〕《马克思恩格斯文集》第 5 卷，人民出版社 2009 年版，第 22 页。

〔3〕参见习近平:《更好把握和运用党的百年奋斗历史经验》,《求是》2022 年第 13 期。

10 月 16 日，习近平总书记在党的二十大报告中再次强调："党找到了自我革命这一跳出治乱兴衰历史周期率的第二个答案，……确保党永远不变质、不变色、不变味。"[1]由此可见，中国共产党在自成立以来的百余年历史中始终坚持着勇于自我革命的鲜明品格，正是这一品格为党的反腐败斗争提供了有力武器，捍卫了党的纯洁性和先进性，使党永葆生命力与战斗力。

党的自我革命永远在路上。中国共产党要领导人民以中国式现代化全面推进中华民族伟大复兴，就要继续坚持勇于自我革命这一鲜明品格，以正视问题的自觉和刀刃向内的勇气自查自纠、狠抓问题整改，从而永葆革命政党的政治本色，以党的自我革命引领社会革命。

---

〔1〕习近平：《高举中国特色社会主义伟大旗帜 为全面建设社会主义现代化国家而团结奋斗——在中国共产党第二十次全国代表大会上的报告》，人民出版社 2022 年版，第 14 页。

实现中华民族伟大复兴的正确道路*

习近平总书记强调，“中国特色社会主义是党和人民历经千辛万苦、付出巨大代价取得的根本成就，是实现中华民族伟大复兴的正确道路”。《中共中央关于党的百年奋斗重大成就和历史经验的决议》（以下简称《决议》）指出，“党的百年奋斗开辟了实现中华民族伟大复兴的正确道路”，“中国特色社会主义道路是指引中国发展繁荣的正确道路”。历史和现实充分证明，“实现中国梦必须走中国道路。这就是中国特色社会主义道路”。

历史和人民选择的正确道路

实现中华民族伟大复兴是中华民族近代以来最伟大的梦想，也是中国共产党百年奋斗的主题。寻梦必先寻路，实现中华民族伟大复兴的中国梦必须找到一条正确道路。中国特色社会主义道路是历史和人民的选择，它立足中国基本国情，体现了中国共产党人的奋斗目标，是“科学社会主义理论逻辑和中国社会发展历史逻辑的辩证统一”。中国特色社会主义道路来之不易，它是党在深刻总结历史经验的基础上

---

* 本文曾发表于《红旗文稿》2022 年第 2 期。

成功开辟的，是在改革开放 40 多年、新中国成立 70 多年、中国共产党成立 100 周年、中国近代以来 180 多年的接续探索中走出来的。

一个国家走什么样的道路，是由其现实国情决定的。习近平总书记指出："一个国家实行什么样的主义，关键要看这个主义能否解决这个国家面临的历史课题。"古老中国曾"独领风骚"。但 1840 年鸦片战争之后，中国国门被强行打开，逐步沦为半殖民地半封建社会。在此后的 105 年间，"全世界几乎一切大中小帝国主义国家都侵略过我国，都打过我们"。帝国主义列强对中国的野蛮侵略，致使国家蒙辱、人民蒙难、文明蒙尘，中华民族遭遇了前所未有的劫难，面临着亡国灭种的危险。基于民族濒临危亡的国情，寻求一条救亡图存并能走向伟大复兴的正确道路成为中国社会各个阶级必须面对的时代课题。太平天国运动、洋务运动、戊戌变法、义和团运动接连而起，各种救国方案轮番出台，但都以失败告终。1911 年辛亥革命，成功废除了在中国延续了两千多年的封建帝制，但由于没有找到正确的革命理论、救国道路和依靠力量等而最终失败。辛亥革命后，中国政坛上先后出现了数百个政党，他们提出的各种救国方案和主义，都没有能够解决中国的问题，反而导致军阀混战、民不聊生。

在中国迫切需要新的思想引领救亡运动、迫切需要新的组织凝聚革命力量之时，俄国十月革命的胜利，给中国送来了马克思列宁主义，它与中国工人运动相结合，中国共产党应运而生。正如毛泽东指出的，"俄式系诸路皆走不通了新发明的一条路"。早在 1921 年元旦举行的新民学会长沙会员大会上，毛泽东就明确表示，改造中国和世界的方法，"启民主用俄式，我极赞成"。20 世纪 20 年代前后，中国的先进分子在接受马克思主义的那一刻起，就树立了为社会主义和共产主义而奋斗的崇高理想。中共一大通过的中国共产党第一个纲领明确指出，"党的根本政治目的是实行社会革命”，“承认无产阶级专政”。中共二大通过的大会宣言指出，党的最高纲领是实现社会主义、共产主义。中国共产党从诞生之日起就选择了以共产主义和社会主义为指引的中国道路，并为之不懈奋斗。历史证明，以共产主义和社会主义为指引的中国道路不是凭空产生的，是在其他诸路不通的情况下被历史和人民选择的，是在社会历史的发展实践中被历史和人民认可的。正如《决议》指出的，“中国共产党自一九二一年成立以来，始终把为中国人民谋幸福、为中华民族谋复兴作为自己的初心使命，始终坚持共产主义理想和社会主义信念”。这是历史赋予中国共产党人的庄严使命。

中国共产党成立后，基于对近代中国社会性质的深刻认识，基于对中国社会主要矛盾的准确把握，认识到在进行社会主义革命之前须先进行民主主义革命，为中华民族伟大复兴创造根本社会条件。但对如何取得新民主主义革命的胜利，党在幼年时期曾产生过“道路依赖”，以为只要复制俄国革命道路，革命就能成功，并为此付出了巨大代价。1927 年大革命失败后，残酷的斗争使党逐渐走向成熟，一条符合中国实际的革命道路被开创出来，这就是“农村包围城市、武装夺取政权”。党正是依靠这条正确道路，以“敢教日月换新天”的英雄气概，带领人民经过 28 年浴血奋战，推翻了压在中国人民身上的“三座大山”，建立了人民当家作主的中华人民共和国，为实现中华民族伟大复兴创造了根本社会条件。

中华人民共和国成立后，社会主义革命提上了历史日程。1953 年 6 月，毛泽东提出了党在过渡时期的总路线，其主要内容就是“一化三改”。这是一条革命和建设并举的路线，不同于苏联进入社会主义的道路。它的独创性在于，通过实行公私合营等国家资本主义形式实现对资本主义工商业的和平赎买，把马克思主义经典作家的设想变为现实，通过组织生产合作社等形式实现了对农业和手工业的社会主义改造。1956 年，我国基本上完成“三大改造”，确立了社会主义基本制度，实现了中华民族有史以来最为广泛而深刻的社会变革，实现了一穷二白、人口众多的东方大国大步迈进社会主义社会的伟大飞跃。1956 年党的八大确定了发展社会生产力的主要任务，我国由此进入了社会主义建设时期，并逐步提出了“四个现代化”的战略目标。随着苏联模式弊端的暴露，毛泽东提出要“以苏为鉴”，实现马克思列宁主义基本原理同中国具体实际的“第二次结合”，“找到中国建设社会主义的具体道路”。在探索过程中，虽然经历了严重曲折，但党在社会主义革命和建设中取得的独创性理论成果和巨大成就，为在新的历史时期开创中国特色社会主义提供了宝贵经验、理论准备、物质基础。进行社会主义革命，推进社会主义建设，为实现中华民族伟大复兴奠定了根本政治前提和制度基础。

党的十一届三中全会以后，以邓小平同志为主要代表的中国共产党人，明确提出走自己的路、建设中国特色社会主义，科学回答了建设中国特色社会主义的一系列基本问题，制定了到 21 世纪中叶分三步走、基本实现社会主义现代化的发展战略，成功开创了中国特色社会主义。党的十二大、十三大、十四大、十五大、十六大、十七大，根据国际国内形势发展变化，从我国发展新要求出发，一以贯之对推进改革开放和社会主义现代化建设作出全面部署。改革开放和社会主义现代化建设的伟大成就举世瞩目，我国实现了从生产力相对落后的状况到经济总量跃居世界第二的历史性突破，实现了人民生活从温饱不足到总体小康、奔向全面小康的历史性跨越，推进了中华民族从站起来到富起来的伟大飞跃，为实现中华民族伟大复兴提供了充满新的活力的体制保证和快速发展的物质条件。“改革开放是决定当代中国前途命运的关键一招，中国特色社会主义道路是指引中国发展繁荣的正确道路，中国大踏步赶上了时代。”

党的十八大以来，中国特色社会主义进入新时代。我们实现了第一个百年奋斗目标，开启实现第二个百年奋斗目标新征程，朝着实现中华民族伟大复兴的宏伟目标继续前进。以习近平同志为核心的党中央，团结带领全国各族人民，紧紧围绕新时代坚持和发展什么样的中国特色社会主义、怎样坚持和发展中国特色社会主义，建设什么样的社会主义现代化强国、怎样建设社会主义现代化强国，建设什么样的长期执政的马克思主义政党、怎样建设长期执政的马克思主义政党等重大时代课题，统筹国内国际两个大局，贯彻党的基本理论、基本路线、基本方略，统揽伟大斗争、伟大工程、伟大事业、伟大梦想，坚持稳中求进工作总基调，出台一系列重大方针政策，推出一系列重大举措，推进一系列重大工作，战胜一系列重大风险挑战，解决了许多长期想解决而没有解决的难题，办成了许多过去想办而没有办成的大事，推动党和国家事业取得历史性成就、发生历史性变革。特别是在坚持党的全面领导、全面从严治党、经济建设、全面深化改革开放、政治建设、全面依法治国、文化建设、社会建设、生态文明建设、国防和军队建设、维护国家安全、坚持“一国两制”和推进祖国统一、外交工作等方面取得历史性成就，彰显了中国特色社会主义的强大生机活力，为实现中华民族伟大复兴提供了更为完善的制度保证、更为坚实的物质基础、更为主动的精神力量。中国共产党和中国人民以英勇顽强的奋斗向世界庄严宣告，中华民族迎来了从站起来、富起来到强起来的伟大飞跃。在这一伟大历史进程中，习近平总书记对关系新时代党和国家事业发展的一系列重大理论和实践问题进行了深邃思考和科学判断，提出一系列原创性的治国理政新理念新思想新战略，是习近平新时代中国特色社会主义思想的主要创立者。习近平新时代中国特色社会主义思想是当代中国马克思主义、二十一世纪马克思主义，是中华文化和中国精神的时代精华，实现了马克思主义中国化新的飞跃，为走好中国道路提供了科学的指导思想。

中国特色社会主义为什么好

为什么历史和人民选择了中国特色社会主义道路？作为实现中华民族伟大复兴的正确道路，中国特色社会主义为什么好？这是我们理解中国特色社会主义道路是实现中华民族伟大复兴的正确道路的关键。

从理论维度看：占据真理的制高点。一个民族要走在时代前列，就一刻不能没有理论思维，一刻不能没有正确思想指引。一条成功的社会发展道路必须要有自己的灵魂，这个灵魂就是作为指导思想的科学理论。中国特色社会主义作为实现中华民族伟大复兴的正确道路，具有自己的科学的灵魂，占据着真理的制高点，那就是对科学社会主义基本原则的继承与发展。习近平总书记指出，“中国特色社会主义是社会主义而不是其他什么主义，科学社会主义基本原则不能丢，丢了就不是社会主义”，但“科学社会主义也绝不是一成不变的教条”。科学社会主义的科学性在于，它不仅为人类社会的发展指明了方向，还提供了理论依据，指明了依靠力量，明确了人类社会发展的最高目标。中国共产党人在探索中国道路的奋斗征程中，坚持以科学社会主义的基本原则为指导，又根据中国国情和时代特点有所创造、有所发展，毛泽东思想、中国特色社会主义理论体系、习近平新时代中国特色社会主义思想，都是对科学社会主义理论的丰富和发展。这从理论维度上体现了中国道路的内在真理性品质。

从价值维度看：占据道义的制高点。一个政党选择了一条道路，能否走向成功，还要看后面是否有人跟随，有多少人跟随。中国道路之所以在今天能取得辉煌的伟大成就，党之所以坚信它是实现中华民族伟大复兴的正确道路，自信的底气不但来自党自身的队伍日益壮大，更是来自亿万人民群众的衷心拥护和支持。革命战争年代是如此，和平建设年代也是如此。根据皮尤研究中心、哈佛大学等国际知名机构在全球范围内多次独立民意调查显示，中国人民对中国共产党和中国政府的支持率一直高居全球榜首，平均在 90% 以上。中国道路为什么能够赢得广大人民的衷心拥护和支持？其密码就在于它占据了道义的制高点，在于它坚持以人民为中心。这在价值维度上彰显了中国道路为什么好。

从实践维度看：拥有主动发展的内生动力。美国学者弗朗西斯·福山在《历史的终结》中曾预言，历史将终结于西方道路。然而 21 世纪以来，中国特色社会主义道路“风景这边独好”，导致“历史终结论”的终结。中国道路能够焕发出勃勃生机的密码是什么？其中很重要的一点就在于它拥有主动发展的内生动力。中国道路是科学社会主义理论逻辑和中国社会发展历史逻辑的辩证统一。革命、建设、改革的伟大实践，特别是党的十八大以来的实践，推动中国特色社会主义从发端、开创走向发展和完善。虽然中国特色社会主义道路直接源于改革开放实践，但改革开放前后两个历史时期的探索实践不能割裂和相互否定。改革开放是社会主义制度的自我完善和发展，正如邓小平指出的，对的就坚持，不足的加把劲，不对的赶快改，新问题出来就抓紧解决。正是这种自我完善的机制使中国道路拥有了强劲的内生动力。在实践维度上，改革开放只有进行时，没有完成时，中国道路的内生动力定会奔涌不息。

走好实现民族复兴的必由之路

百年奋斗，党向人民和历史交出了一份优异答卷，同时又开启了全面建成社会主义现代化强国的新征程。如何交上下一份优异的答卷，《决议》总结了“十个坚持”的基本经验。这十条经验是实现中华民族伟大复兴的根本之道。新的征程上，我们要坚持、运用和发扬好这些宝贵经验，继续走好实现中华民族复兴的必由之路。

立足基本国情。走好中国道路，必须立足我国基本国情，这是基础性要求。只有“走符合中国国情的正确道路”，党和人民才能“具有无比强大的前进定力”。准确把握我国基本国情，是我们党积累的宝贵经验，同时也有着科学的理论依据和有力的现实依据。首先，在中国道路的探索、开创、坚持和发展过程中，我们党始终高度重视准确把握基本国情，并在此基础上推进中国道路在接续奋斗中向前发展。习近平总书记指出，“中国的发展，关键在于中国人民在中国共产党领导下，走出了一条适合中国国情的发展道路”，中国道路的基本立足点就是立足中国国情。准确把握基本国情，离不开调查研究这一科学方法。坚持深入调查研究是我们党在百年奋斗中形成的优良传统。毛泽东指出：“没有调查，没有发言权。”为了解中国社会实际，探寻适合中国国情的道路，毛泽东始终高度重视调查研究。党的十八大以来，以习近平同志为核心的党中央同意高度重视调查研究工作，习近平总书记调查研究的足迹遍布全国各地，真正做到了“民之所忧，我必念之；民之所盼，我必行之”。新的征程上，要继续用好调查研究这一传家宝，做到调查研究经常化深入化，到群众中、到实践中去发现问题、研究问题、寻策问道、解决问题，及时回答人民之问、时代之问。

坚持“两个结合”。走好中国道路，必须坚持把马克思主义基本原理同中国具体实际相结合、同中华优秀传统文化相结合，走自己的路，探索具有中国特色的现实路径。这是党在百年奋斗中总结历史经验感悟到的深刻哲理。新的征程上，我们要坚持问题导向，用鲜活的当代中国理论、中国实践和中华优秀传统文化来丰富和发展马克思主义，续写马克思主义中国化时代化新篇章，创造中国新辉煌。正如习近平总书记指出的，要“更好把坚持马克思主义和发展马克思主义统一起来，坚持用马克思主义之‘矢’去射新时代中国之‘的’，继续推进马克思主义基本原理同中国具体实际相结合、同中华优秀传统文化相结合，续写马克思主义中国化时代化新篇章”。

坚持党的集中统一领导。走好中国道路，最根本的保证是坚持党的集中统一领导。历史和现实都证明，没有中国共产党，就没有新中国，就没有中华民族伟大复兴。坚持党的领导是党在百年奋斗中总结出来的一条重要历史经验。列宁曾指出，无产阶级政党的领导是“社会主义胜利的唯一保证”。遗憾的是苏共最后放弃了领导地位，苏联解体、苏共垮台。中国共产党人始终强调加强党的领导，不断深化拓展对共产党执政规律、社会主义建设规律和人类社会发展规律的认识。毛泽东指出，“党是领导一切的”。邓小平指出：“坚持四项基本原则的核心，是坚持党的领导。”党的十八大以来，习近平总书记进一步揭示了党的领导和中国特色社会主义之间的内在统一关系，指出党的领导是中国特色社会主义最本质的特征，是中国特色社会主义制度的最大优势。新的征程上，坚持党的集中统一领导，就要增强“四个意识”、坚定“四个自信”、做到“两个维护”，充分发挥党总揽全局、协调各方的领导核心作用，把党的领导落实到党和国家事业各方面各环节，确保全党全军全国各族人民团结一致向前进。

中华民族伟大复兴的前进步伐不可阻挡*

习近平总书记在庆祝中华人民共和国成立70周年大会上的重要讲话高度肯定了新中国成立的重大意义，高度肯定了70年来新中国取得的伟大成就，同时向全国人民发出了创造更加美好的明天的伟大号召。讲话庄严宣示："今天，社会主义中国巍然屹立在世界东方，没有任何力量能够撼动我们伟大祖国的地位，没有任何力量能够阻挡中国人民和中华民族的前进步伐。"这一自信、豪迈的宣示，不是应景性质的豪言壮语，而是总结近代以来特别是新中国成立以来历史发展规律得出的科学判断。

一、没有共产党就没有新中国，没有中国共产党的正确领导就没有中国取得的巨大成就，这是总结新中国成立70年历史得出的最为深刻的启示

新中国的70年，是中国共产党把马克思主义基本原理同中国实际相结合，领导和团结全国各族人民进行社会主义革命、建设、改革的70年。新中国成立后，以毛泽东同志为主要代表的中国共产党人领

* 本文曾发表于《当代中国史研究》2019年第6期。

导全国人民，建立了工人阶级领导的、以工农联盟为基础的人民民主专政的国家政权，实现了国家空前的团结统一；制定了《中华人民共和国宪法》，确定了人民代表大会制度、中国共产党领导的多党合作和政治协商制度、民族区域自治制度三大政治制度；成功实现了对农业、手工业和资本主义工商业生产资料私有制的社会主义改造。新中国的成立、社会主义基本制度的确立，其伟大意义在于："完成了中华民族有史以来最为广泛而深刻的社会变革，为当代中国一切发展进步奠定了根本政治前提和制度基础，为中国发展富强、中国人民生活富裕奠定了坚实基础，实现了中华民族由不断衰落到根本扭转命运、持续走向繁荣富强的伟大飞跃。"〔1〕从中共十一届三中全会开始，以邓小平同志为主要代表的中国共产党人，总结新中国成立以来正反两方面的经验，解放思想、实事求是，实现全党工作中心向经济建设转移，做出了实行改革开放的历史性决策。从中共十三届四中全会开始，以江泽民同志为主要代表的中国共产党人，在政治风波、经济风险等严峻考验面前，坚持党的基本理论、基本路线，确立了社会主义市场经济体制的改革目标和基本框架，确立了社会主义初级阶段基本经济制度和分配制度，开创了改革开放新局面，引领改革开放的航船驶向 21 世纪。中共十六大后，以胡锦涛同志为主要代表的中国共产党人，顺应国内外形势的发展变化，在推动社会主义制度自我完善和发展上迈出新的重大步伐。中共十八大后，以习近平同志为核心的党中央，统筹推进"五位一体"总体布局，协调推进"四个全面"战略布局，确定了全面深化改革的总目标是坚持和完善中国特色社会主义制度，推进国家治理体系和治理能力现代化，开启了中国特色社会主义新时代。

---

〔1〕习近平:《在庆祝中国共产党成立 95 周年大会上的讲话》,《人民日报》2016 年 7 月 2 日。

新中国 70 年，是中国共产党上下求索、为中国人民谋幸福、为中华民族谋复兴不懈奋斗的 70 年。中国人民在中国共产党领导下，经过 28 年的前仆后继、顽强奋斗，取得了新民主主义革命的胜利，建立了新中国，开辟了中华民族伟大复兴的历史新纪元。1949 年新中国成立后，中国人民的命运才真正掌握在了自己手中，中国人民才真正得以展开近代以来一代又一代杰出的中华儿女矢志追求的现代化目标及其恢宏图景。在中国共产党领导下，全体中国人民汇聚起建设国家的磅礴伟力，经过 70 年的接续奋斗，中国的国内生产总值由 1952 年的 679.1 亿元增长到 2018 年的 90 多万亿元，[1]中国从初步建成独立的比较完整的工业体系和国民经济体系到成为世界第二大经济体，从低收入国家成功地跨入了中等偏上收入国家的行列，取得了令世界瞩目的伟大成就。曾经"一穷二白"的国家，如今成为世界经济增长的主要动力源，人民生活即将迈向全面小康；曾经贫穷落后的国家，如今日益走近世界舞台中央。中国社会的面貌、中国人民的面貌发生了前所未有的变化，中华民族以崭新姿态屹立于世界的东方，迎来了从站起来、富起来到强起来的伟大飞跃。

在领导中国革命、建设和改革开放的伟大历史进程中，中国共产党始终不忘为中国人民谋幸福、为中华民族谋复兴的初心和使命，始终作为中国人民的主心骨和中华民族的中流砥柱，站在时代前列，推动中国伟大社会革命向前发展。新中国能够取得一系列重大成就，战胜各种困难，靠的就是党的坚强领导。

---

〔1〕1952 年数据参见国家统计局网相关统计，http://www.stats.gov.cn/，2019 年 9 月 19 日；2018 年数据参见《中华人民共和国 2018 年国民经济和社会发展统计公报》，《人民日报》2019 年 3 月 1 日。下文中凡涉及 1952 年、2018 年数据均出自上述文献，不再一一注明。

70 年前，毛泽东在中共七届二中全会上郑重宣告："我们不但善于破坏一个旧世界，我们还将善于建设一个新世界。"[1]新中国成立 70 年的历史证明了这一科学预见。中国共产党能够团结带领中国人民把贫穷落后的旧中国建设成日益走向繁荣富强的新中国，也一定能够团结带领中国人民不断开拓中华民族伟大复兴的光明前景。

二、只有社会主义才能救中国，只有中国特色社会主义才能发展中国，这是近代以来特别是新中国成立 70 年以来中国社会发展的必然结论和必然趋势

道路决定命运。新中国成立 70 年来，中国共产党带领中国人民坚定不移走社会主义道路，与时俱进探索和拓展中国特色社会主义道路，从根本上改变了中国、中国人民和中华民族的前途命运，推动中华民族伟大复兴日益展现出光明前景，书写了中华民族走向伟大复兴的壮丽史诗。

"中国特色社会主义不是从天上掉下来的，是党和人民历尽千辛万苦、付出各种代价取得的根本成就。"[2]在探索中国革命、建设和改革开放的道路过程中，中国共产党历尽艰辛，坚持把科学社会主义的理论逻辑与中国社会发展的历史逻辑相统一，领导中国人民"坚持从我国国情出发，探索并形成了符合中国实际的新民主主义革命道路、社会主义改造和社会主义建设道路、中国特色社会主义道路"[3]，开创和

---

[1]《毛泽东选集》第 4 卷，人民出版社 1991 年版，第 1439 页。

[2] 习近平:《在纪念毛泽东同志诞辰 120 周年座谈会上的讲话》,《人民日报》2013 年 12 月 27 日。

[3]《习近平关于实现中华民族伟大复兴的中国梦论述摘编》，中央文献出版社 2013 年版，第 25 页。

发展了中国特色社会主义伟大事业。改革开放以来，中国特色社会主义的开创、发展和日益完善，使具有170多年历史的科学社会主义在近14亿人口的东方大国找到了切实可行的实现路径，使古老的中国焕发出蓬勃的生机与活力，稳步向着社会主义现代化强国的目标迈进。中国社会主义现代化建设的成就，不但使中国人民走上了富裕安康的广阔道路，有效破解了实现社会主义现代化和中华民族伟大复兴面临的一系列问题，而且为世界经济发展和人类文明进步做出了重大贡献。

中国共产党成功开辟出的科学社会主义的正确道路，既是70年来新中国取得的巨大成就，又是中国人民创造人类社会发展史上惊天动地发展奇迹的根本原因。新中国成立70年之所以能够取得如此伟大的成就，最为关键的一条就是中国人民找到了实现中华民族伟大复兴的正确道路。在中国这样一个经济文化十分落后的国家探索民族复兴的现代化道路，是极为艰巨的任务。正是在科学社会主义的指引下，新中国迅速改变了旧中国"一穷二白"的面貌，开创和拓展中国特色社会主义道路，写下了中国历史上最壮丽、最华彩的篇章，卓有成效地解决了在中国这样一个经济文化相对落后的国家实现民族复兴的历史性课题。

"新中国成立70年来，我国城乡面貌发生了翻天覆地的变化，老百姓生活芝麻开花节节高，充分证明我们走中国特色社会主义这条道路是对的。"[1]中国特色社会主义道路之所以完全正确、之所以能够引领中国发展进步，关键在于它既坚持了科学社会主义的基本原则，又根据中国实际和时代特征赋予其鲜明的中国特色。中国特色社会主义是根植于中国大地、反映中国人民意愿、适应中国和时代发展进步要

〔1〕《牢记初心使命贯彻以人民为中心发展思想 把祖国北部边疆风景线打造得更加亮丽》，《人民日报》2019年7月17日。

求的科学社会主义。70年来，中国共产党既坚持科学社会主义的基本原则，又坚持将马克思主义与中国实际相结合，不断在实践创新的基础上实现理论创新，丰富和发展了毛泽东思想，先后产生了邓小平理论、“三个代表”重要思想、科学发展观和习近平新时代中国特色社会主义思想等重大理论成果，回答了什么是社会主义、怎样建设社会主义，建设什么样的党、怎样建设党，实现什么样的发展、怎样发展，坚持和发展什么样的中国特色社会主义、怎样坚持和发展中国特色社会主义这一系列重大时代课题，形成了中国特色社会主义理论体系，开辟了中国特色社会主义道路，坚持和完善了中国特色社会主义制度，发展了中国特色社会主义文化，推动了中国社会发生历史性的最深刻的变革，创造了中国特色社会主义事业的辉煌。

“历史和现实都告诉我们，只有社会主义才能救中国，只有中国特色社会主义才能发展中国，这是历史的结论、人民的选择。”〔1〕中国特色社会主义发展道路科学指明了中国社会主义现代化和中华民族伟大复兴的实现路径，是适合中国国情、符合最广大人民的利益和要求的，是全面建成小康社会、加快推进社会主义现代化、实现中华民族伟大复兴的必由之路。在当代中国，只有中国特色社会主义这条道路，而没有别的什么道路能够引领中华民族实现伟大复兴。“尽管世界社会主义在发展中也会出现曲折，但人类社会发展的总趋势没有改变，也不会改变。”〔2〕中国特色社会主义以其独特优势成为“当代中国发展进步的根本方向”〔3〕。

随着中国特色社会主义不断发展，中国特色社会主义制度必将越来

〔1〕《十八大以来重要文献选编》(上)，中央文献出版社2014年版，第110页。
〔2〕习近平:《在纪念马克思诞辰200周年大会上的讲话》,《人民日报》2018年5月5日。
〔3〕《习近平总书记系列重要讲话读本》，学习出版社、人民出版社2014年版，第4页。

越成熟、优越性必将进一步显现，中国特色社会主义发展道路必将越走越宽广。只要我们坚持独立自主走自己的路，毫不动摇地坚持和发展中国特色社会主义，我们就一定能在中国共产党成立100年时全面建成小康社会，就一定能在新中国成立100年时建成富强民主文明和谐美丽的社会主义现代化强国。

三、人民是真正的英雄，人民是历史的创造者，符合人民群众的根本利益的正义事业是不可战胜的

中国自信的底气，不仅在于已经发展成为世界第二大经济体、第一大工业产品制造国、第一大货物贸易国、第一大外汇储备国，不仅因为拥有近14亿人的广阔市场、全世界最完整的工业体系，而且在于中国的发展既符合中国人民的根本利益，也符合世界人民的根本利益。近14亿中国人民对美好生活的向往、对国家繁荣富强的渴望是中国战胜挑战的最大底气；经济全球化的浩荡潮流、世界人民求发展求合作求繁荣的需要是中国勇毅前行的不竭动力。[1]

“人民是历史的创造者，群众是真正的英雄。”[2]新中国成立后，人民当家做了主人，彻底结束了旧中国半殖民地半封建社会的历史，实现了中国从几千年封建专制政治向人民民主的伟大飞跃，开启了中国人民掌握自己命运、建设自己国家的伟大进程。新中国的70年，既是中国人民当家作主的70年，也是中国人民奋斗拼搏、创造奇迹的70年。70年来，中国人民在中国共产党领导下，自力更生，艰苦奋斗，奋发图强，不断克服前进中的艰难险阻，取得了旧中国和西方发达资

〔1〕国纪平：《正义的事业是任何人都攻不破的》，《人民日报》2019年6月21日。
〔2〕《习近平谈治国理政》，外文出版社2014年版，第5页。

本主义国家无法比拟的经济发展和社会进步。中国的发展壮大，不靠殖民掠夺，不靠依附他国，不靠在全球收取铸币税，更不靠发“战争财”，而是中国人民自力更生、艰苦奋斗的结果，是中国人民依靠勤劳和智慧苦干实干出来的。

“人民民主是社会主义的生命”。[1]新中国的一切权力属于人民，决定党和国家前途命运的根本力量在于人民。新中国坚持和完善人民民主专政的国体和人民代表大会制度的政体，“最广泛地动员和组织人民依法管理国家事务和社会事务、管理经济和文化事业、积极投身社会主义现代化建设，更好保障人民权益，更好保证人民当家作主”[2]，不断实现好、维护好和发展好最广大人民的根本利益；坚持和完善人民民主，坚持人民立场，尊重人民主体地位和首创精神，充分发挥社会主义制度的优势和特点，正确处理人民内部矛盾和各类社会矛盾，保证人民当家作主落实到国家政治生活和社会生活之中，体现到人民对自身利益的实现和发展上来，不断满足人民对美好生活的需要和向往。人民群众的主动性、积极性和创新性得到极大的调动和充分的发挥。70 年来，中国从农业国跨入工业国，从“一穷二白”迈向全面小康，建成了覆盖十几亿人的世界最大社会保障体系，经济快速发展，社会保持和谐稳定，人均国内生产总值由 1952 年的 119 元增至 2018 年的 64644 元，成就之大，世所罕见。中国不仅在经济建设上创造了令世界瞩目的中国奇迹，而且在政治建设、文化建设、社会建设以及生态文明建设和党的建设上也取得了巨大进步，综合国力大幅提升，人民生活显著改善，政治和社会保持长期稳定，国际地位空前提升，中国人民的面貌、社会主义中国的面貌、中国共产党的面貌都发生了天

〔1〕《习近平总书记系列重要讲话读本》，学习出版社、人民出版社 2014 年版，第 76 页。
〔2〕《中国共产党第十八次全国代表大会文件汇编》，人民出版社 2012 年版，第 13 页。

翻地覆的变化，一个约占世界人口五分之一的社会主义中国以前所未有的雄姿屹立在世界东方，正以前所未有的自信走近世界舞台的中央，社会主义和马克思主义在中国焕发出勃勃生机。

新中国用 70 年的时间，以超乎想象的努力不仅创造了人类发展奇迹，而且让发展成果惠及全球。70 年来，中国改天换地的发展变化，不仅为中国全面建成小康社会打下了坚实的基础，而且也是对世界的巨大贡献。中国在发展道路上不仰仗他国，在发展成果上与世界共享。2013—2018 年，中国对世界经济增长的年均贡献率 28.1%，居世界第一位。[1]中国经济发展成为带动世界经济复苏的重要引擎，成为世界经济增长的主要稳定器和动力源。中国以全人类福祉为目标，彰显了国际主义情怀，团结一切平等待我之民族，超越意识形态分歧、价值观念差异、文明模式冲突、社会制度矛盾，摒弃丛林法则，不搞强权独霸，从首倡和平共处五项原则到构建人类命运共同体，从提出“一国两制”、“搁置争议共同开发”到倡议“一带一路”，等等，在处理国际关系、国家统一、区域发展等重大问题上向世界贡献了中国智慧和中国方案。“中国由新民主主义走向社会主义，开创和拓展中国特色社会主义道路，使社会主义这一人类社会的美好理想在古老的中国大地上变成了具有强大生命力的成功道路和制度体系。这不仅为中华民族实现伟大复兴提供了重要制度保障，而且为人类社会走向美好未来提供了具有充分说服力的道路和制度选择。”[2]

---

〔1〕《国际地位显著提高 国际影响力持续增强——新中国成立 70 周年经济社会发展成就系列报告之二十三》，中华人民共和国中央人民政府网，2019 年 8 月 30 日，https://www.gov.cn/xinwen/2019-08/30/content_5425839.htm。

〔2〕习近平：《在庆祝中华人民共和国成立 65 周年招待会上的讲话》，《人民日报》2014 年 10 月 1 日。

中国的发展为拓展发展中国家的现代化路径提供了中国经验，为优化全球治理体系贡献了中国方案，为绘制包容共生的世界文明图景做出了中国贡献，为振兴世界社会主义注入了中国力量，为改写“国强必霸”的西方逻辑提供了中国样本，为世界经济发展和人类文明进步做出了重大贡献。中国成为世界和平建设者、全球发展贡献者、国际秩序维护者。中国向世界提供了应对发展困局、破解治理难题、探索更好社会制度的中国智慧和中国方案，促进了世界和平与稳定，受到国际社会的普遍赞誉。

习近平总书记在庆祝中华人民共和国成立 70 周年大会上的重要讲话中指出：“中国的昨天已经写在人类的史册上，中国的今天正在亿万人民手中创造，中国的明天必将更加美好。”一切伟大成就都是接续奋斗的结果，一切伟大事业都需要在继往开来中推进。从 70 年的新中国发展史中，中国人民读出了自己的结论——只有中国共产党才能领导中国，只有社会主义才能救中国，只有改革开放才能发展中国、发展社会主义、发展马克思主义，只有坚持中国特色社会主义道路不动摇，才能引领中国走向繁荣富强。今天的中国与新中国成立前比有天壤之别。今天的中国发展与欧美一些国家受困于金融危机、债务危机相比，与一些发展中国家陷入发展陷阱相比，与西亚、北非一些国家政治动荡和社会混乱相比，可以说是“风景这边独好”。中国人民比历史上任何时期都更接近、更有信心和能力实现中华民族伟大复兴的目标。但是，一代人有一代人的长征路，一代人有一代人的“娄山关”“腊子口”。中华民族伟大复兴绝不是轻轻松松、敲锣打鼓就能实现的，只要我们始终坚持中国共产党领导，坚持人民主体地位，坚持中国特色社会主义道路，始终保持永不懈怠的精神状态和一往无前的奋斗姿态接续奋斗，中华民族伟大复兴的前进步伐就不可阻挡，中国人民就一定能够实现“两个一百年”奋斗目标和中华民族伟大复兴的中国梦。

“我们的事业是正义的。正义的事业是任何敌人也攻不破的。”[1]人心是最大的政治，正义是最强的力量。中国的蓬勃发展、中华民族的伟大复兴，是合乎逻辑、顺应潮流的正义事业。历史和现实已经证明并将继续证明，任何人都无权剥夺中国人民追求美好生活的权利，任何力量都不能阻挡中华民族实现伟大梦想的前进步伐。

---

〔1〕《毛泽东文集》第6卷，人民出版社1999年版，第350页。

在总结经验中开启新征程

——认真学习党的十九届六中全会精神*

党的十九届六中全会是在我们党成立一百周年的重要历史时刻，在党和人民胜利实现第一个百年奋斗目标、全面建成小康社会，正在向着全面建成社会主义现代化强国的第二个百年奋斗目标迈进的重大历史关头召开的。全会回顾总结党的百年奋斗历程和重大成就，概括了具有根本性和长远指导意义的历史经验，生动呈现了中国特色社会主义进入新时代的历史性成就和历史性变革。我们要认真学习全会精神，勿忘昨天的苦难辉煌，无愧今天的使命担当，不负明天的伟大梦想，以史为鉴、开创未来。

第一，全会深刻总结党百年来团结带领人民从胜利走向胜利的伟大历程、巨大成就，有利于教育引导全党深刻认识红色政权来之不易、新中国来之不易、中国特色社会主义来之不易，增强继续前进的勇气和力量

实现中华民族伟大复兴是党的百年奋斗的主题。中国共产党成立一百年来，无论是弱小还是强大，无论是顺境还是逆境，都初心不改、矢志不渝。党领导人民浴血奋战、百折不挠，完成了新民主主义革命，实现了民

---

* 本文曾发表于《光明日报》2021 年 11 月 18 日，第 6 版。

族独立和人民解放，创造了新民主主义革命的伟大成就，为实现中华民族伟大复兴创造了根本社会条件；自力更生、发愤图强，完成了社会主义革命，确立了社会主义基本制度，进行了社会主义建设，创造了社会主义革命和建设的伟大成就，为实现中华民族伟大复兴奠定了根本政治前提和制度基础；解放思想、锐意进取，进行了改革开放新的伟大革命，开创、坚持、捍卫、发展了中国特色社会主义，创造了改革开放和社会主义现代化建设的伟大成就，为实现中华民族伟大复兴提供了充满新的活力的体制保证和快速发展的物质条件；自信自强、守正创新，统揽伟大斗争、伟大工程、伟大事业、伟大梦想，创造了新时代中国特色社会主义的伟大成就，为实现中华民族伟大复兴提供了更为完善的制度保证、更为坚实的物质基础、更为主动的精神力量。一百年来，党团结带领全国各族人民进行的伟大实践，使中华民族迎来了从站起来、富起来到强起来的伟大飞跃，实现中华民族伟大复兴进入了不可逆转的历史进程，创造了中华民族发展史、世界社会主义发展史、人类社会进步史上令人刮目相看的奇迹。

全会将百年党史明确划分为四个历史时期，全面论述了党在这四个历史时期面临的历史任务、取得的重大成就、发挥的历史作用和积累的历史经验，特别着重阐释了党的十八大以来党和国家事业取得的历史性成就、发生的历史性变革，彰显了党高超的政治智慧和责任担当、高度的历史自觉和历史自信。一切向前走，都不能忘记走过的路。在新的征程上，面对难得的发展机遇和许多严峻复杂的风险、挑战，我们必须用党的重大成就来鼓舞斗志、明确方向、凝聚力量、坚定信心，以一往无前的奋斗姿态继续坚持和发展中国特色社会主义，奋力夺取全面建设社会主义现代化国家新胜利。

第二，全会深刻总结党百年奋斗的重大意义、历史经验，有利于教育引导全党深刻认识党百年奋斗的历史贡献，对党和人民共同创造的精神财富倍加珍惜、长期坚持，并在新时代实践中不断丰富和发展

全会指出，党的百年奋斗从根本上改变了中国人民的前途命运，中国人民彻底摆脱了被欺负、被压迫、被奴役的命运，成为国家、社会和自己命运的主人，中国人民对美好生活的向往不断变为现实；开辟了实现中华民族伟大复兴的正确道路，中国仅用几十年时间就走完发达国家几百年走过的工业化历程，创造了经济快速发展和社会长期稳定两大奇迹；展示了马克思主义的强大生命力，马克思主义的科学性和真理性在中国得到充分检验，马克思主义的人民性和实践性在中国得到充分贯彻，马克思主义的开放性和时代性在中国得到充分彰显；深刻影响了世界历史进程，党领导人民成功走出中国式现代化道路，创造了人类文明新形态，拓展了发展中国家走向现代化的途径；锻造了走在时代前列的中国共产党，形成了以伟大建党精神为源头的精神谱系，保持了党的先进性和纯洁性，党的执政能力和领导水平不断提高，中国共产党无愧为伟大光荣正确的党。全会以宏阔的历史视角和深厚的历史智慧总结的五条历史意义，贯通党百年奋斗的历史逻辑、理论逻辑、实践逻辑，概括了中国共产党对中国人民、中华民族、马克思主义、人类进步事业、马克思主义政党建设作出的巨大历史贡献，有助于人们进一步把握党百年奋斗取得的伟大成就、发挥的历史作用，进一步增强全党开启新征程的信心和力量。

百年来，党团结带领人民进行伟大奋斗，书写了中华民族几千年历史上最恢宏的史诗，积累了十分宝贵的历史经验。全会将这些经验精辟概括为“十个坚持”：坚持党的领导，坚持人民至上，坚持理论创新，坚持独立自主，坚持中国道路，坚持胸怀天下，坚持开拓创新，坚持敢于斗争，坚持统一战线，坚持自我革命。这“十个坚持”是系统完整、相互贯通的统一体，它深刻揭示了党和人民事业不断成功的根本保证，揭示了党始终立于不败之地的力量源泉，揭示了党始终掌握历史主动的根本原因，揭示了党永葆先进性和纯洁性、始终走在时代前列的根本途径，是党百年奋斗的成功密码。这些宝贵经验不是从天上掉下来的，不是从书本中抄下来的，不是从别的国家照搬过来的，而是一百年来党团结带领人民，历经千辛万苦、付出巨大代价得到的。这些经验饱含着成功和失败，凝结着鲜血和汗水，充满着智慧和勇毅，是历史发展的结果、历史实践的产物、历史奋斗的结晶、历史规律的昭示，是党弥足珍贵的精神财富，更是我们党引领中国未来的科学指引，必将激励全党在新时代新征程上争取更大荣光。

第三，全会深刻总结党百年来从小到大、从弱到强的成长历程，有助于教育引导全党深刻认识党加强自身建设、推进自我革命的伟大实践，增强全党团结统一的自觉性和坚定性，确保党始终成为中国特色社会主义事业的坚强领导核心

中国共产党从一个只有 50 多名党员的小党发展成为 9500 多万名党员的世界上最大的执政党，一个重要原因就是始终重视自身建设。百年来，党为了实现共产主义远大理想上下求索，不懈奋斗，坚持将马克思主义基本原理同中国具体实际相结合、同中华优秀传统文化相结合，先后形成了毛泽东思想、邓小平理论、“三个代表”重要思想、科学发展观、习近平新时代中国特色社会主义思想等马克思主义中国化的重大理论成果，坚持用马克思主义的立场、观点、方法观察时代、把握时代、引领时代，不断深化对共产党执政规律、社会主义建设规律、人类社会发展规律的认识，注意加强和改正党的各方面建设，领导中国人民取得了一个又一个伟大胜利。

全会全面总结了党不断加强和改进自身建设取得的成就，重点论述了党的十八大以来，习近平总书记深刻总结并充分运用党的历史经验，从新的实际出发，系统回答新时代坚持和发展什么样的中国特色社会主义、怎样坚持和发展中国特色社会主义，建设什么样的社会主义现代化强国、怎样建设社会主义现代化强国，建设什么样的长期执政的马克思主义政党、怎样建设长期执政的马克思主义政党等重大的时代课题，创立了习近平新时代中国特色社会主义思想。全会用“十个明确”对习近平新时代中国特色社会主义思想的核心内容作了进一步概括，科学阐明了这一思想的理论内涵和重大意义，明确指出，这一思想是党的十八大以来历史性成就和历史性变革的重要理论结晶，是当代中国马克思主义、二十一世纪马克思主义，是中华文化和中国精神的时代精华，实现了马克思主义中国化新的飞跃。全会强调，党确立习近平同志党中央的核心、全党的核心地位，确立习近平新时代中国特色社会主义思想的指导地位，对新时代党和国家事业发展、对推进中华民族伟大复兴历史进程具有决定性意义。全会强调坚持党的全面领导的必要性和重要性，强调把党的政治建设摆在首位的必要性和重要性，对于激励全党在危机中育先机，于变局中开新局，在中国特色社会主义事业中更好地发挥领导核心作用，带领中国人民为建设社会主义现代化强国而努力奋斗，具有重要意义。

第四，全会立足以史为鉴、开创未来总结历史经验，有助于教育引导全党牢牢记住中国共产党是什么、要干什么这个根本问题，更好把握历史发展大势，坚定理想信念，牢记初心使命，以行百里者半九十的清醒不懈推进中华民族伟大复兴

我们党是一个高度重视总结历史经验、也善于总结历史经验的马克思主义执政党。善于在历史的关键时刻和转折关头科学地总结经验，是党历经磨难却始终显示出旺盛的生命力、巨大凝聚力和鲜明的先进性的重要原因。百年来，党一直重视在总结历史经验的基础上开拓前进，曾经先后在 1945 年党的六届七中全会通过了《关于若干历史问题的决议》，在 1981 年党的十一届六中全会通过了《关于建国以来党的若干历史问题的决议》。这两个决议都对推进和引领党的事业发展起了重要作用。

党的十九届六中全会审议通过的《中共中央关于党的百年奋斗重大成就和历史经验的决议》(以下简称《决议》)，是党的历史上第三个历史决议。《决议》同党作出的前两个历史决议既一脉相承，又与时俱进。《决议》通篇融汇了百年来党践行为中国人民谋幸福、为中华民族谋复兴的初心使命所进行的奋斗、牺牲和创造，重点总结新时代党和国家事业取得的历史性成就、发生的历史性变革和积累的新鲜经验，用较大篇幅总结党的十八大以来的原创性思想、变革性实践、突破性进展和标志性成果。深刻总结了中华民族伟大复兴战略全局和世界百年未有之大变局辩证互动关系和规律，深刻总结了进入新发展阶段、贯彻新发展理念、构建新发展格局的历史大逻辑，深刻总结了新的形势下统筹推进“五位一体”总体布局，协调推进“四个全面”战略布局的历史新要求，深刻总结了实现中华民族伟大复兴的历史必然性，充分揭示了过去我们党为什么能够成功、未来我们怎样才能继续成功的科学道理，有利于教育引导全党抓住历史机遇，聚焦我们正在做的事情，以更加昂扬的姿态迈进新征程、建功新时代。

党的百年历史，积累了极其宝贵的历史经验，蕴含着极其深刻的历史启示。在新的征程上，“赶考”远未结束，党要领导中国人民实现第二个百年奋斗目标，就必须从历史中汲取继续前进的智慧和力量，推动全党形成崭新的精神风貌、空前的团结统一、高度的政治自觉，团结带领全国各族人民奋力夺取新时代中国特色社会主义的新胜利。

第二部分

新时代中国政治史研究

具有里程碑意义的新时代十年*

党的二十大报告基于大历史观，对新时代做出了全新的定位。报告指出：“新时代十年的伟大变革，在党史、新中国史、改革开放史、社会主义发展史、中华民族发展史上具有里程碑意义。”〔1〕深刻认识、准确把握新时代十年伟大变革的里程碑意义，既有助于深化新中国史研究，更有助于我们坚定历史自信，增强历史主动，全面建设社会主义现代化强国、实现中华民族伟大复兴。

马克思主义中国化时代化实现了新的飞跃，中国共产党在革命性锻造中更加坚强

新时代十年的伟大变革，是中国共产党继取得新民主主义革命、社会主义革命和建设、改革开放历史性胜利之后取得的又一次历史性胜利，在党的历史上树立起的又一座里程碑。

取得了“两个确立”这一重大政治成果。党的十八大以来，在具

---

* 本文曾发表于《当代中国史研究》2022 年第 11 期。

〔1〕习近平：《高举中国特色社会主义伟大旗帜 为全面建设社会主义现代化国家而团结奋斗——在中国共产党第二十次全国代表大会上的报告》，人民出版社 2022 年版，第 15 页。以下有关党的二十大报告引述均出自该书，不再一一注明。

有许多新的历史特点的伟大斗争实践中，形成了以习近平同志为核心的党中央，创立了习近平新时代中国特色社会主义思想，实现了马克思主义中国化时代化新的飞跃。党的十九大、二十大把确立习近平同志党中央的核心、全党的核心地位，确立习近平新时代中国特色社会主义思想的指导地位写入党章。正是由于有习近平总书记掌舵领航，有习近平新时代中国特色社会主义思想科学指引，新时代党的面貌、国家的面貌、人民的面貌、军队的面貌、中华民族的面貌才发生了前所未有的变化。“两个确立”是新时代最大的政治成果、最重要的历史经验、最客观的实践结论，“反映了全党全军全国各族人民共同心愿，对新时代党和国家事业发展、对推进中华民族伟大复兴历史进程具有决定性意义”[1]。

如期实现第一个百年奋斗目标。改革开放之初，邓小平明确提出到 20 世纪末“在中国建立一个小康社会”的奋斗目标。[2]经过全党全国各族人民共同努力，20 世纪末人民生活总体上达到小康水平。在此基础上，党的十六大提出在 21 世纪头 20 年全面建设惠及十几亿人口的更高水平的小康社会的目标；党的十七大提出了全面建设小康社会的新要求；党的十八大进一步提出，在中国共产党成立一百年时全面建成小康社会，在新中国成立一百年时建成富强民主文明和谐的社会主义现代化国家；党的十九大又对“两个一百年”奋斗目标进行了充实和完善。为了实现这个奋斗目标，党的十八大以来，中国共产党科学把握中国发展新的历史方位，做出中国特色社会主义进入新时代的重大政治判断，全面贯彻党的基本理论、基本路线、基本方略，把脱

〔1〕《中共中央关于党的百年奋斗重大成就和历史经验的决议》，《人民日报》2021 年 11 月 17 日。

〔2〕《邓小平文选》第 3 卷，人民出版社 1993 年版，第 54 页。

贫攻坚摆在治国理政的突出位置，举全国之力组织实施了人类历史上规模最大、力度最强的脱贫攻坚战，近 1 亿农村贫困人口实现脱贫，如期全面建成小康社会，实现了第一个百年奋斗目标和中华民族的千年梦想，为实现第二个百年奋斗目标、实现中华民族伟大复兴奠定了更为坚实的基础。

中国共产党在革命性锻造中更加坚强。中国共产党顺应时代发展要求，坚持以伟大自我革命引领伟大社会革命、以伟大社会革命促进伟大自我革命，深入推进新时代党的建设新的伟大工程，提出和落实新时代党的建设总要求。全面推进党的政治建设、思想建设、组织建设、作风建设、纪律建设，把制度建设贯穿其中，以党的政治建设统领党的建设各项工作：把保证全党服从中央、维护党中央权威和集中统一领导作为党的政治建设的首要任务，采取了一系列重大战略举措，严明党的政治纪律和政治规矩，确保党的领导更加坚强有力。坚持思想建党和制度治党同向发力，先后开展党的群众路线教育实践活动、“三严三实”专题教育、“两学一做”学习教育、“不忘初心、牢记使命”主题教育、党史学习教育等，教育引导广大党员干部树牢理想信念、补足精神之钙。把全面从严治党纳入“四个全面”战略布局，制定和落实中央八项规定，以钉钉子精神纠治“四风”，十年间共查处违反中央八项规定精神问题 76.1 万多件，全国纪检监察机关共立案 464.8 万余件。[1]刹住了一些过去被认为不可能刹住的歪风，纠治了一些多年未除的顽瘴痼疾，党风政风和社会风气为之一新。把腐败看作党长期执政的最大威胁，坚持把权力关进制度的笼子里，不断完善党和国家监督体系，开展史无前例的反腐败斗争，以“得罪千百人、不负十四亿”的使命担当祛疴治

〔1〕《党在革命性锻造中更加坚强有力》，《人民日报》2022 年 10 月 18 日，第 4 版。

乱，坚定不移“打虎”“拍蝇”“猎狐”，一体推进不敢腐、不能腐、不想腐，消除了党、国家、军队内部存在的严重隐患，反腐败斗争取得压倒性胜利并全面巩固，从根本上扭转了管党治党宽松软状况。中国共产党找到了自我革命这一跳出治乱兴衰历史周期率的第二个答案，在革命性锻造中更加坚强有力，党的政治领导力、思想引领力、群众组织力、社会号召力显著增强，拥有 9600 多万名党员的马克思主义政党更加团结统一，显示出强大的生命力。

中国综合国力实现历史性跃升，开启了从“富国”到“强国”的新征程

新时代十年是中国发展迈上新的大台阶伟大变革的十年，综合国力和国际影响力空前提高，开启了从“富国”到“强国”的新征程，“中国人民的前进动力更加强大、奋斗精神更加昂扬、必胜信念更加坚定”。

综合国力实现历史性跃升。新时代十年，党和国家事业取得历史性成就、发生历史性变革，中国“经济实力实现历史性跃升”，经济发展平衡性、协调性、可持续性明显增强，国家经济实力、科技实力、综合国力跃上新台阶：国内生产总值由 54 万亿元上升到 114 万亿元，经济总量占世界经济的比重达 18.5%，提高 7.2 个百分点，稳居世界第二位；人均国内生产总值从 3.98 万元增长到 8.1 万元。谷物总产量稳居世界首位，14 亿多人的粮食安全、能源安全得到有效保障。制造业规模、外汇储备稳居世界第一。建成世界最大的高速铁路网、高速公路网，机场港口、水利、能源、信息等基础设施建设取得重大成就。基础研究和原始创新不断加强，一些关键核心技术实现突破，战略性新兴产业发展壮大，载人航天、探月探火、深海深地探测、超级计算机、卫星导航、量子信息、核电技术、新能源技术、大飞机制造、生物医药等取得重大成果，进入创新型国家行列。国家安全得到全面加强，有效应对了外部势力在台湾、香港、新疆、西藏、南海等的挑衅破坏。推动构建人类命运共同体，积极参与全球治理体系改革和建设，国际影响力、感召力、塑造力显著提升。

人民群众的生活水平得到极大提高。新时代十年，中国共产党贯彻以人民为中心的发展思想，攻克一系列难题，战胜一系列挑战，既极大地解放了生产力，又努力实现社会公平正义，人民生活得到全方位改善，生活品质不断提高：把脱贫攻坚作为全面建成小康社会的底线任务，历史性地解决了困扰中华民族几千年的绝对贫困问题。居民人均可支配收入从 1.65 万元增长到 3.51 万元。城镇化率提高 11.6 个百分点，达到 64.7%，中等收入群体比重明显提高。城镇新增就业年均 1300 万人以上。建成了世界上规模最大的教育体系、社会保障体系、医疗卫生体系，教育普及水平实现历史性跨越，基本养老保险覆盖 10.4 亿人，基本医疗保险参保率稳定在 95%。人均预期寿命增加到 78.2 岁。面对突如其来的新冠疫情，坚持人民至上、生命至上，最大程度保护了人民生命安全和身体健康，最大限度减少了疫情对经济社会发展的影响，统筹经济发展和疫情防控取得世界上最好的成果，广大人民获得感、幸福感、安全感不断增强，日益增长的美好生活需要不断得到满足。

掀开了中国特色社会主义现代化建设史新的一页。新中国成立后，中国共产党领导人民在旧中国一穷二白的基础上建立起独立的比较完整的工业体系和国民经济体系，社会主义现代化建设迈出坚实步伐。改革开放后，邓小平构思中国整个现代化的蓝图，明确提出“中国式的现代化”概念，把实现“小康社会”作为阶段性目标，阐述了我国现代化建设“三步走”发展战略。[1]在人民生活总体上达到小康水平之后，中国共产党对实现第三步战略目标做了进一步规划，提出“新三步走”发展目标。[2]在新中国成立后特别是改革开放以来的长期探索和实践基础上，党的十八大以来，中国共产党对建设社会主义现代化国家在认识上更加深入、在战略上更加成熟、在实践上更加丰富，做出分两步走[3]全面建设社会主义现代化强国的战略部署，深化拓展建设社会主义现代化强国的科学内涵，明确实现这一目标的战略安排、路径选择、重要原则，“成功推进和拓展了中国式现代化”[4]。中国式现代化理论和实践上实现新突破，推动我国迈上全面建设社会主义现代化国家新征程，掀开了中国特色社会主义现代化建设史新的一页。

---

〔1〕1987 年 4 月，邓小平在会见西班牙工人社会党副总书记、政府副首相格拉时阐述了我国现代化建设分三步走的发展战略：第一步是“在八十年代翻一番。以一九八〇年为基数，当时国民生产总值人均只有二百五十美元，翻一番，达到五百美元”；第二步是“到本世纪末，再翻一番，人均达到一千美元。实现这个目标意味着我们进入小康社会，把贫困的中国变成小康的中国”；第三步是“在下世纪用三十年到五十年再翻两番，大体上达到人均四千美元。做到这一步，中国就达到中等发达的水平”。参见《邓小平文选》第 3 卷，人民出版社 1993 年版，第 226 页。

〔2〕1997 年 9 月，党的十五大明确的“新三步走”发展目标包括：“第一个十年实现国民生产总值比二〇〇〇年翻一番，使人民的小康生活更加宽裕，形成比较完善的社会主义市场经济体制；再经过十年的努力，到建党一百年时，使国民经济更加发展，各项制度更加完善；到世纪中叶建国一百年时，基本实现现代化，建成富强民主文明的社会主义国家。”参见《十五大以来重要文献选编》(上)，中央文献出版社 2000 年版，第 4 页。

〔3〕即从 2020 年到 2035 年基本实现社会主义现代化，从 2035 年到 21 世纪中叶把我国建成社会主义现代化强国。参见《中共中央关于党的百年奋斗重大成就和历史经验的决议》，《人民日报》2021 年 11 月 17 日。

〔4〕《高举中国特色社会主义伟大旗帜 奋力谱写全面建设社会主义现代化国家崭新篇章》，《人民日报》2022 年 7 月 28 日。

改革开放全面深化，实现历史性变革、系统性重塑、整体性重构

新时代的十年是变革图强的十年。十年来，中国共产党以巨大的政治勇气全面深化改革，许多领域都实现了历史性变革、系统性重塑、整体性重构，中国特色社会主义制度也更加成熟更加定型，国家治理体系和治理能力现代化水平明显提高。

改革开放不断深化。面对改革进入攻坚期和深水区带来的深刻变化，中国共产党着力增强对改革开放的规律总结和历史认识，明确提出全面深化改革的总目标是完善和发展中国特色社会主义制度、推进国家治理体系和治理能力现代化。中国共产党坚持改革正确方向，以前所未有的决心和力度冲破思想观念的束缚，突破利益固化的藩篱，坚决破除各方面体制机制弊端，开启了气势如虹、波澜壮阔的改革进程：对内，以促进社会公平正义、增进人民福祉为出发点和落脚点，推动改革全面发力、多点突破、蹄疾步稳、纵深推进，从夯基垒台、立柱架梁到全面推进、积厚成势，再到系统集成、协同高效，各领域基础性制度框架基本确立，许多领域实现历史性变革、系统性重塑、整体性重构；对外，顺应经济全球化的要求，依托国内超大市场规模优势，高举和平、发展、合作、共赢的旗帜，实行更加积极主动的开放战略，提出并推动共建“一带一路”，使之成为深受欢迎的国际公共产品和国际合作平台，构建互利共赢、多元平衡、安全高效的开放型经济体系，中国成为 140 多个国家和地区的主要贸易伙伴，货物贸易总额居世界第一，吸引外资和对外投资居世界前列，形成了更大范围、更宽领域、更深层次对外开放格局。改革的前进方向更加明确、价值取向更加鲜明、方法路径更加成熟、胸怀视野更加开阔，历史主动精

神进一步提升，实现了由局部探索、破冰突围到系统集成、全面深化的历史性转变。

国家治理体系和治理能力现代化水平显著提高。新中国成立后，中国共产党积极运用新民主主义革命时期制度建设的成功经验，大力推进新中国的制度建设。改革开放后，我国的国家制度和国家治理体系建设不断迈出新步伐、取得新进展。1992 年 10 月，党的十四大提出："到建党一百周年的时候，我们将在各方面形成一整套更加成熟更加定型的制度。"〔1〕此后，党的十五大、十六大、十七大都对制度建设提出明确要求。党的十八大后，党中央把制度建设摆到更加突出的位置，强调"坚决破除一切妨碍科学发展的思想观念和体制机制弊端，构建系统完备、科学规范、运行有效的制度体系，使各方面制度更加成熟更加定型"〔2〕。党的十八届三中全会把"完善和发展中国特色社会主义制度，推进国家治理体系和治理能力现代化"确定为全面深化改革的总目标，〔3〕加快了制度建设和治理能力建设的步伐。围绕全面深化改革的总目标，党的十九届四中全会专门通过《中共中央关于坚持和完善中国特色社会主义制度、推进国家治理体系和治理能力现代化若干重大问题的决定》，全面回答了在我国国家制度和国家治理体系上应该"坚持和巩固什么、完善和发展什么"这个重大政治问题，〔4〕第一次系统描绘了中国特色社会主义制度的"图谱"。中国共产党着力筑牢根本制度、完善基本制度、创新重要制度，不断推进国家治理体系和治理能力现代化的探索，构筑起以"党的领导制度"为根本领导制度的

〔1〕《十四大以来重要文献选编》(上)，人民出版社 1996 年版，第 47 页。
〔2〕《十八大以来重要文献选编》(上)，中央文献出版社 2014 年版，第 493 页。
〔3〕《十八大以来重要文献选编》(上)，中央文献出版社 2014 年版，第 512 页。
〔4〕《十九大以来重要文献选编》(中)，中央文献出版社 2021 年版，第 299 页。

包括根本制度、基本制度、重要制度在内的全方位、多层次制度体系，把“治”与“制”结合起来，进一步发挥制度优势，不断把制度优势转化为治理效能，中国特色社会主义制度更加成熟更加定型。全面深化改革开放进一步打牢了中国特色社会主义大厦的制度根基，极大地激发了党和国家各项事业的生机活力，为政治稳定、经济发展、文化繁荣、民族团结、社会安宁、国家统一提供了有力保障。

书写了经济快速发展、社会长期稳定新篇章。新时代十年，在错综复杂的国内外环境中，在发展面临风险挑战空前上升的情况下，中国经济保持住了中高速增长的稳定势头，成为全球经济增长的主要动力：经济平均增长率为 6.6%，居世界主要经济体前列；对世界经济增长的平均贡献率达到 38.6%；稳居世界第二大经济体和第一大贸易国。[1]中国共产党敏锐洞察和科学把握国内外形势发展变化的新特点新趋势，统筹发展和安全，稳经济、促发展、战贫困、建小康、控疫情、应变局，攻克了一个个看似不可攻克的难关险阻、创造了一个个令人刮目相看的人间奇迹：重点产业和关键领域保持平稳运行，大宗商品、原材料保供稳价有力有序，关键核心技术攻关不断取得突破，产业链、供应链自主可控能力不断增强，国家安全得到全面加强，社会稳定有目共睹。全面深化改革取得历史性伟大成就，书写了经济快速发展和社会长期稳定两大奇迹新篇章。

中国特色社会主义不断成功，科学社会主义在中国焕发出新的蓬勃生机

新时代十年是科学社会主义在中国焕发新的蓬勃生机的十年。十

---

〔1〕《在高质量发展的道路上不断书写新篇章》,《人民日报》2022 年 10 月 10 日，第 3 版。

年的伟大变革，迎来了世界社会主义发展的伟大历史契机，是世界社会主义运动从低谷逐步走向振兴的里程碑。

形成了二十一世纪马克思主义的科学理论形态。习近平总书记明确指出："中国共产党为什么能，中国特色社会主义为什么好，归根到底是马克思主义行，是中国化时代化的马克思主义行。拥有马克思主义科学理论指导是我们党坚定信仰信念、把握历史主动的根本所在"。党的十八大以来，中国共产党勇于进行理论探索和创新，以全新的视野深化对共产党执政规律、社会主义建设规律、人类社会发展规律的认识，取得重大理论创新成果，集中体现为习近平新时代中国特色社会主义思想。习近平新时代中国特色社会主义思想深刻回答了新时代坚持和发展什么样的中国特色社会主义、怎样坚持和发展中国特色社会主义，建设什么样的社会主义现代化强国、怎样建设社会主义现代化强国，建设什么样的长期执政的马克思主义政党、怎样建设长期执政的马克思主义政党等重大时代课题。这一科学思想不仅坚持马克思主义基本原理，着眼于解决新时代改革开放和社会主义现代化建设的实际问题，而且从中华 5000 多年文明的积淀中汲取哲学思想、人文精神、道德价值、历史智慧，开辟了马克思主义中国化时代化新境界。这一科学思想坚守党和人民在艰辛探索中走出的中国特色社会主义道路，深刻揭示了中国特色社会主义发展的理论逻辑、历史逻辑、实践逻辑，把中国特色社会主义和实现社会主义现代化、实现中华民族伟大复兴有机贯通起来，彰显了高度自信和强大定力，彰显了新时代中国特色社会主义的蓬勃生机和活力，推动中国特色社会主义成为 21 世纪科学社会主义发展的旗帜。这一科学思想深化了社会主义本质理论，发展了社会主义发展阶段理论，提升了社会主义发展动力理论，完善了社会主义全面发展理论，是 21 世纪马克思主义、当代中国的马克思主义，为世界社会主义的理论发展做出了创新性贡献。

赋予科学社会主义崭新的时代内涵。科学社会主义是人类历史上的伟大创造，也是人类自我解放的伟大觉醒。世界社会主义 500 多年的历史表明，科学社会主义的科学性，在于其始终从人类社会发展实际出发；科学社会主义的生命力，在于其始终随着时代和实践发展而发展，并在新的实践基础上实现开拓和创新。中国特色社会主义是党和人民历经千辛万苦、付出各种代价取得的宝贵成果，“是科学社会主义理论逻辑和中国社会发展历史逻辑的辩证统一，是根植于中国大地、反映中国人民意愿、适应中国和时代发展进步要求的科学社会主义”〔1〕。党的十八大以来，中国共产党坚持把科学社会主义基本原则同中国具体实际、历史文化传统、时代要求相结合，在建党学说、国家学说、人民观、世界历史理论、世界观和方法论等方面都赋予了科学社会主义崭新的时代内涵，对科学社会主义做出一系列重大原创性贡献。这些重大贡献，创造了新时代中国特色社会主义的伟大成就，极大地增强了社会主义制度的感召力和影响力，使社会主义在中国的实践中不断彰显中国特色、中国风格、中国气派。

成为推动世界社会主义发展的中流砥柱。世界社会主义发展经历了从空想到科学、从理论到实践、从一国实践到多国发展的过程，苏联解体、东欧剧变后，世界社会主义发展陷入低谷。党的十八大以来，中国共产党坚定不移走中国特色社会主义道路，既不走封闭僵化的老路，也不走改旗易帜的邪路，对中国特色社会主义进行科学擘画和战略安排，明确提出坚持和发展中国特色社会主义的总任务，提出中国特色社会主义事业“五位一体”总体布局和“四个全面”战略布局，

---

〔1〕《十八大以来重要文献选编》(上)，中央文献出版社 2014 年版，第 118 页。

引领中国特色社会主义道路越走越宽广，中国特色社会主义理论体系不断创新发展，中国特色社会主义制度越来越完善，中国特色社会主义文化更加繁荣兴盛，在社会主义发展史上书写了坚持和发展中国特色社会主义新的篇章。中国特色社会主义彰显强大生机活力，不仅稳住了世界社会主义的基本格局，还为世界社会主义的复苏奠定了基础、积蓄了能量，使世界范围内社会主义和资本主义两种意识形态、两种社会制度的历史演进及其较量，发生了有利于社会主义的重大转变，成为推动世界社会主义发展的中流砥柱。正如习近平总书记所指出的那样：中国特色社会主义进入新时代，“意味着科学社会主义在二十一世纪的中国焕发出强大生机活力，在世界上高高举起了中国特色社会主义伟大旗帜；意味着中国特色社会主义道路、理论、制度、文化不断发展，拓展了发展中国家走向现代化的途径，给世界上那些既希望加快发展又希望保持自身独立性的国家和民族提供了全新选择，为解决人类问题贡献了中国智慧和中国方案”〔1〕。

中华民族迎来了从站起来、富起来到强起来的伟大飞跃，中华民族伟大复兴进入不可逆转的历史进程

新时代十年是中华民族伟大复兴加速推进的十年。十年的伟大变革，为实现中华民族伟大复兴提供了更为完善的制度保证、更为坚实的物质基础、更为主动的精神力量，中华民族伟大复兴进入了不可逆转的历史进程。

中华民族复兴伟业提升到一个全新高度。实现中华民族伟大复兴是近代以来中国人民的历史夙愿和伟大梦想。为拯救民族危亡应运而

〔1〕《十九大以来重要文献选编》(上)，中央文献出版社 2019 年版，第 7—8 页。

生的中国共产党，将为中国人民谋幸福、为中华民族谋复兴作为自己的初心使命，带领中国人民接续奋斗，建立了人民当家作主的新中国，确立了社会主义制度，为当代中国一切发展进步创造了根本政治前提和制度基础；进行了社会主义建设和改革开放伟大事业，用几十年时间将一个曾经四分五裂、战乱频仍的国家，从饥饿、混乱、贫弱，走向了独立、自由、民主、统一和富强，取得了旧中国几百年、几千年所没有取得过的进步，彻底扭转了近代以来中华民族的历史进程。党的十八大以来，中国共产党顺应全体中华儿女期盼，实现了第一个百年奋斗目标，在中华大地上全面建成了小康社会，将自古以来人民遥不可及的奢望变成现实。党和国家各项事业取得了历史性成就、发生了历史性变革，开创了中华民族前所未有的经济社会全面进步、全体人民共同受惠的好时代。中华民族迎来了从站起来、富起来到强起来的伟大飞跃，比历史上任何时期都更接近民族复兴的目标，更有信心和能力实现这个目标。

凝聚起全体中华儿女团结奋进的磅礴力量。党的十八大以来，中国共产党带领全国各族人民“经历了对党和人民事业具有重大现实意义和深远历史意义的三件大事：一是迎来中国共产党成立一百周年，二是中国特色社会主义进入新时代，三是完成脱贫攻坚、全面建成小康社会的历史任务，实现第一个百年奋斗目标”。全国各族人民在脱贫奔小康的奋斗征程中，在抗击新冠疫情取得的重大战略成果中，在隆重庆祝中国共产党成立 100 周年的亲身体验中，切身感受到党和国家的面貌、中华民族的面貌发生前所未有的变化，党心军心民心空前凝聚振奋，各族人民对伟大祖国、中华民族、中华文化、中国共产党、中国特色社会主义的认同达到了前所未有的高度。全党全国人民的历史主动精神不断增强，精神力量不断增强，民族自豪感、全社会凝聚力和向心力极大提升，汇聚成实现中华民族伟大复兴的磅礴力量。

创造了人类文明新形态。中国共产党科学统筹世界百年未有之大变局和中华民族伟大复兴战略全局，既为中国人民谋幸福、为中华民族谋复兴，也为人类谋进步、为世界谋大同，坚持以中国式现代化推进中华民族伟大复兴。中国共产党领导人民成功走出中国式现代化道路，打破了“现代化等于西方化”的思维定式，创造了人类文明新形态。这一文明新形态新就新在，它以世界眼光关注人类前途命运，从人类发展大潮流、世界变化大格局、中国发展大历史中正确认识和处理同外部世界的关系；它以中国共产党的领导为根本保证，以社会主义为根本方向，是一条不同于西方主要资本主义国家走的那种把本国的富裕建立在别国贫困基础上的崛起之路；它将自身发展进步的命运牢牢掌握在自己手中，拓展了发展中国家走向现代化的途径，为解决世界现代化难题贡献了中国方案。中国式现代化，是对中国现代化建设长期探索和实践的科学总结，是对世界现代化理论的重大丰富和发展，是实现中华民族伟大复兴的光明大道。

新时代十年的伟大变革，是中国共产党团结带领全国各族人民坚定信心、迎难而上，战胜接踵而至的风险挑战取得的。十年的伟大变革深刻表明，“坚持党的全面领导是坚持和发展中国特色社会主义的必由之路，中国特色社会主义是实现中华民族伟大复兴的必由之路，团结奋斗是中国人民创造历史伟业的必由之路，贯彻新发展理念是新时代我国发展壮大的必由之路，全面从严治党是党永葆生机活力、走好新的赶考之路的必由之路。这是我们在长期实践中得出的至关紧要的规律性认识，必须倍加珍惜、始终坚持”。十年的伟大变革给予了中国人民为实现中华民族伟大复兴无比宝贵的智慧和力量、无比坚定的底气和自信。

十八大以来中国共产党对历史经验的科学总结*

中国共产党的百年历史积累了极其宝贵的历史经验，蕴含着极其深刻的历史启示。中国共产党是在总结成功经验同时也汲取失败教训的过程中，不断把革命、建设和改革事业推向前进的。党的十八大以来，以习近平同志为核心的党中央高度重视总结党的历史经验，在中国共产党成立 95 周年、党的十九大、改革开放 40 周年、新中国成立 70 周年、抗美援朝出国作战 70 周年、中国共产党成立 100 周年等重要历史节点，都结合新时代的新特点新要求，从不同角度对党的历史经验进行了深入的总结和新的概括，在总结历史经验过程中汲取智慧和力量，带领全党全国各族人民，推动党和国家事业不断取得新的成就。

一、特别强调了总结历史经验的重要意义，进一步明确以史为鉴开辟未来的目标要求

注意总结历史经验，是中国共产党的光荣传统。重视对历史的学

---

* 本文曾发表于《世界社会主义研究》2021 年第 9 期。

习和对历史经验的总结与运用，善于从不断认识和把握历史规律中找到前进的正确方向和正确道路，是中国共产党能够领导中国革命、建设、改革不断取得胜利，历经磨难却始终显示出旺盛的生命力、巨大凝聚力和鲜明的先进性的重要原因。中国共产党自成立以来，一直重视在总结历史经验的基础上开拓前进。其中最重要的、系统的总结有两次：一次是在新民主主义革命时期，党总结历史经验形成的重要成果是 1945 年 4 月党的六届七中全会通过的《关于若干历史问题的决议》，它系统总结了党成立以来特别是党的六大以来的历史经验，为统一全党思想、夺取新民主主义革命的胜利提供了重要保证；另一次是改革开放新时期，党总结历史经验形成的重要成果是 1981 年 6 月党的十一届六中全会通过的《关于建国以来党的若干历史问题的决议》，它深刻总结了社会主义革命和建设正反两方面经验，果断作出把党和国家工作重心转移到经济建设上来、实行改革开放的历史性决策，为顺利推进改革开放伟大事业奠定了重要基础。十八大以来，中国共产党根据面临的新形势新任务，特别强调总结历史经验对推进中国特色社会主义伟大事业、实现中华民族伟大复兴的重要意义，进一步明确以史为鉴、开辟未来的目标要求，为新时代总结党的历史经验、发挥党史的教育作用指明了方向。

历史是最好的教科书。中国共产党已走过 100 年，“很重要的一条就是不断总结经验、提高本领，不断提高应对风险、迎接挑战、化险为夷的能力水平”[1]。习近平总书记多次提出和论述了历史是最好的教科书，他指出：“要了解我们党和国家事业的来龙去脉，汲取我们党和国家的历史经验，正确了解党和国家历史上的重大事件和重要人物。

〔1〕习近平：《在党史学习教育动员大会上的讲话》，《求是》2021 年第 7 期。

这对正确认识党情、国情十分必要，对开创未来也十分必要，因为历史是最好的教科书。”[1]“历史是人类最好的老师”。[2]

历史是最好的教科书，因为历史记述了前人的成功和失败。重视研究、借鉴历史，了解历史上治乱兴衰的规律，可以给我们带来很多了解昨天、把握今天、开创明天的启示。因为中国共产党在百年接续奋斗中，团结带领人民开辟了伟大道路，建立了伟大功业，铸就了伟大精神，积累了宝贵经验。这些宝贵经验“不是从天上掉下来的，也不是从书本上抄来的，而是我们党在历经艰辛、饱经风雨的长期摸索中积累下来的，饱含着成败和得失，凝结着鲜血和汗水，充满着智慧和勇毅”[3]，是推动党和事业不断向前发展的巨大精神财富。因为进行伟大斗争、建设伟大工程、推进伟大事业、实现伟大梦想，更需要借鉴历史来丰富头脑、开阔眼界、提高修养、增强本领。因为只有认真总结好历史经验，才能更好地抓住历史机遇，明确发展方向，努力开创中华民族伟大复兴的光明未来。为此，党中央明确要求在全党开展党史学习教育，同时在全社会开展党史、新中国史、改革开放史、社会主义发展史宣传教育。

总结经验，提高本领。“我们回顾历史，不是为了从成功中寻求慰藉，更不是为了躺在功劳簿上、为回避今天面临的困难和问题寻找借口，而是为了总结历史经验、把握历史规律，增强开拓前进的勇气和力量。”[4]总结经验，就是要从历史中获得启迪，从历史经验中提炼出

---

〔1〕《习近平在中央党校建校80周年庆祝大会暨2013年春季学期开学典礼上的讲话》，《人民日报》2013年3月3日。

〔2〕《习近平致第二十二届国际历史科学大会的贺信》，《人民日报》2015年8月24日。

〔3〕习近平：《在党史学习教育动员大会上的讲话》，《求是》2021年第7期。

〔4〕习近平：《在庆祝中国共产党成立95周年大会上的讲话》，《求是》2021年第8期。

克敌制胜的法宝，有效地化解矛盾、应对挑战，把握历史规律，不断增强治国理政能力，担好历史责任。

在世界正经历百年未有之大变局、中国正日益走近世界舞台中央的重要历史关头，只有全面了解中国共产党矢志践行初心使命、筚路蓝缕奠基立业、创造辉煌开辟未来的历程，取得的成就与进步，经历的困难与风险，才能深刻认识新中国来之不易、中国特色社会主义来之不易，才能明白为什么“共和国是红色的，不能淡化这个颜色”〔1〕。只有深刻认识中国从站起来、富起来到强起来的艰辛探索和历史必然，才能深刻体会到，中华民族伟大复兴不是轻轻松松、敲锣打鼓就能实现的；才能明白建成社会主义现代化强国、实现中华民族伟大复兴，是一场需要许多代人努力的接力跑，需要以功成不必在我的精神境界、功成必定有我的历史担当，一步一个脚印向着美好未来和最高理想前进。只有准确把握中国共产党的发展进程，才能了解党和人民在革命、建设和改革进程中，是怎样根据中国的国情历经艰辛探索、开创和发展中国特色社会主义的；才能准确判断中国所处的历史方位，作出科学决策；才能真正理解“中国共产党和中国人民不仅善于打破一个旧世界，而且善于建设一个新世界”〔2〕；才能明白历史都是人民书写的，历史总是向前发展的；才能坚信中国特色社会主义道路是实现社会主义现代化和中华民族伟大复兴中国梦的必由之路；才能不断深化对人类社会发展规律、社会主义建设规律和共产党执政规律的认识，自觉按照历史规律办事。

以史为鉴，开创未来。历史是过去的现实，现实是未来的历史。

---

〔1〕《“共和国是红色的”“心里要透亮透亮的”》，《人民日报》2019年3月5日。

〔2〕《不忘初心牢记使命锐意进取 满怀信心继续把新中国巩固好发展好》，《人民日报》2019年9月13日。

总结历史经验，吸取历史教训，目的是以史为鉴、更好地前进。中国共产党的历史责任就是带领中国人民实现“两个一百年”奋斗目标，实现中华民族伟大复兴。习近平总书记在庆祝中国共产党成立 100 周年大会上的讲话中提出，以史为鉴、开创未来，要做到“九个必须”：必须坚持中国共产党坚强领导，必须团结带领中国人民不断为美好生活而奋斗，必须继续推进马克思主义中国化，必须坚持和发展中国特色社会主义，必须加快国防和军队现代化，必须不断推动构建人类命运共同体，必须进行具有许多新的历史特点的伟大斗争，必须加强中华儿女大团结，必须不断推进党的建设新的伟大工程。这“九个必须”科学总结了党的历史经验，深刻阐述了以史为鉴、开创未来的根本要求。

二、明确论述了党的百年历史主题、四个发展阶段和取得的巨大成就，确保对党的历史的科学把握

实现中华民族伟大复兴是近代以来中国人民的伟大梦想。十八大以来，中国共产党对自己的历史主题、历史进程与巨大成就进行了进一步总结和新概括。

实现中华民族伟大复兴是党的百年历史的主题。2012 年 11 月 29 日，习近平总书记在中国国家博物馆参观《复兴之路》展览时提出：实现中华民族伟大复兴，就是中华民族近代以来最伟大的梦想。党的十九大同意在党章中明确载入实现“两个一百年”奋斗目标、实现中华民族伟大复兴的中国梦的宏伟目标[1]。习近平总书记在庆祝中国共产党成立 100 周年大会上对党的百年历史主题进行了新概括，明确指出：

〔1〕参见《十九大以来重要文献选编》(上)，中央文献出版社 2019 年版，第 52 页。

"一百年来，中国共产党团结带领中国人民进行的一切奋斗、一切牺牲、一切创造，归结起来就是一个主题：实现中华民族伟大复兴。"[1]

中国共产党成立 100 年来，先后领导中国人民完成了新民主主义革命，实现了民族独立和人民解放，完成了社会主义革命，确立了社会主义基本制度，推进了社会主义建设，进行了改革开放新的伟大革命，开创、坚持、捍卫、发展了中国特色社会主义，创造了新时代中国特色社会主义。100 年来，中国共产党团结带领全国各族人民进行的革命、建设、改革的伟大实践，为实现中华民族伟大复兴提供了更为完善的制度保证、更为坚实的物质基础、更为主动的精神力量，使中华民族迎来了从站起来、富起来到强起来的伟大飞跃，实现中华民族伟大复兴进入了不可逆转的历史进程。

实现中华民族伟大复兴经历了四个阶段。党的十八大以来，中国共产党对中华民族伟大复兴的历史进程和阶段性特征进行过多次论述，习近平总书记在庆祝中国共产党成立 100 周年的讲话中，更是明确地将党为实现中华民族伟大复兴的历史分为前后相连、各具特点的四个发展阶段。

第一个阶段，从中国共产党的诞生到中华人民共和国的成立共 28 年。1921 年 7 月，在中华民族内忧外患、社会危机空前深重的背景下，中国共产党诞生了。中国共产党成立后，团结带领中国人民浴血奋战、百折不挠，经过北伐战争、土地革命战争、抗日战争、解放战争，推翻了帝国主义、封建主义、官僚资本主义"三座大山"，建立了人民当家作主的中华人民共和国，实现了民族独立、人民解放。"彻底结束了旧中国半殖民地半封建社会的历史，彻底结束了旧中国一盘散

---

〔1〕习近平：《在庆祝中国共产党成立 100 周年大会上的讲话》，人民出版社 2021 年版，第 3 页。

沙的局面，彻底废除了列强强加给中国的不平等条约和帝国主义在中国的一切特权，实现了中国从几千年封建专制政治向人民民主的伟大飞跃。”〔1〕

第二个阶段，从新中国的成立到改革开放开启前共 29 年。1949 年 10 月中华人民共和国成立以后，中国共产党团结带领人民“进行社会主义革命，消灭在中国延续几千年的封建剥削压迫制度，确立社会主义基本制度，推进社会主义建设，战胜帝国主义、霸权主义的颠覆破坏和武装挑衅，实现了中华民族有史以来最为广泛而深刻的社会变革，实现了一穷二白、人口众多的东方大国大步迈进社会主义社会的伟大飞跃”〔2〕。

第三个阶段，从改革开放到党的十八大前共 34 年。1978 年 12 月党的十一届三中全会以来，中国共产党“实现新中国成立以来党的历史上具有深远意义的伟大转折，确立党在社会主义初级阶段的基本路线，坚定不移推进改革开放，战胜来自各方面的风险挑战，开创、坚持、捍卫、发展中国特色社会主义，实现了从高度集中的计划经济体制到充满活力的社会主义市场经济体制、从封闭半封闭到全方位开放的历史性转变，实现了从生产力相对落后的状况到经济总量跃居世界第二的历史性突破，实现了人民生活从温饱不足到总体小康、奔向全面小康的历史性跨越”〔3〕。中国大踏步赶上了时代。

第四个阶段，从党的十八大到中国共产党成立 100 周年近 9 年。

---

〔1〕《十八大以来重要文献选编》(下)，中央文献出版社 2018 年版，第 342 页。

〔2〕习近平:《在庆祝中国共产党成立 100 周年大会上的讲话》，人民出版社 2021 年版，第 5 页。

〔3〕习近平:《在庆祝中国共产党成立 100 周年大会上的讲话》，人民出版社 2021 年版，第 5—6 页。

2012年党的十八大以来，中国特色社会主义进入新时代，以习近平同志为核心的党中央坚持和加强党的全面领导，统筹推进“五位一体”总体布局、协调推进“四个全面”战略布局，坚持和完善中国特色社会主义制度、推进国家治理体系和治理能力现代化，战胜一系列重大风险挑战，实现了第一个百年奋斗目标，全面建成了小康社会，并正在朝着实现第二个百年目标努力奋进。

三、进一步总结了“没有共产党，就没有新中国，就没有新中国的繁荣富强”这一重要经验，确保党始终成为领导中国人民实现中华民族伟大复兴的“主心骨”，确保党长期执政的地位不动摇

2014年，习近平总书记在庆祝全国人民代表大会成立60周年大会上指出：“没有共产党，就没有新中国，就没有新中国的繁荣富强。坚持中国共产党这一坚强领导核心，是中华民族的命运所系。”[1]中国革命、建设、改革取得一系列重大成就，战胜各种困难，靠的都是中国共产党的坚强领导。坚持党的领导，是我国各项事业取得胜利的根本政治保证，是中华民族迎来从站起来富起来到强起来的伟大飞跃、迎来实现中华民族伟大复兴的光明前景的根本原因。

中国共产党的领导是实现民族独立、人民解放的政治保证。中国共产党成立后，带领中国人民经过28年前赴后继的顽强奋斗，彻底推翻了帝国主义、封建主义、官僚资本主义“三座大山”，取得了新民主主义革命的胜利，成立了新中国，中国人民从此成为国家、社会和自己命运的主人，实现了中国向人民民主制度的伟大跨越，实现了中国高度统一和各民族空前团结，开辟了中华民族伟大复兴的历史新纪元。

---

〔1〕习近平：《在庆祝全国人民代表大会成立六十周年大会上的讲话》，《求是》2019年第18期。

正是有了中国共产党的领导，中国才实现了民族独立、人民解放，中华民族才走上了实现伟大复兴的壮阔道路。“中华人民共和国的成立，不仅是中华民族发展史上的一个伟大事件，也是人类发展史上的一个伟大事件”[1]，“极大壮大了世界社会主义力量”[2]。

中国共产党带领中国人民大踏步赶上时代。中国共产党立志于实现中华民族伟大复兴千秋伟业，团结带领全国各族人民取得了新民主主义革命的伟大胜利，建立了新中国。团结带领全国各族人民进行社会主义革命，建立社会主义基本制度，进行社会主义建设，建立起独立的比较完整的工业体系和国民经济体系。团结带领全国各族人民进行改革开放新的伟大革命，开辟中国特色社会主义道路，使中国经济实力、科技实力、综合国力大幅提升，人民生活显著改善。团结带领全国各族人民全面建成小康社会，开启全面建设社会主义现代化强国新征程。从建党的“开天辟地”，到新中国成立的“改天换地”，到改革开放的“翻天覆地”，再到十八大以来取得的举世瞩目的伟大成就，中国共产党汇聚全国人民的磅礴伟力，将一穷二白的中国建设成为世界第二大经济体，中国的国内生产总值由 1952 年的 679.1 亿元增长到 2020 年的 101.5986 万亿元，首次突破 100 万亿元[3]。中国从低收入国家成功地跨入了中等偏上收入国家的行列，从贫穷落后的国家发展成为世界经济增长的主要动力源。中国社会的面貌、中国人民的面貌发生了前所未有的变化。这是中国共产党领导中国人民顽强奋斗的结果。

---

〔1〕《十八大以来重要文献选编》(中)，中央文献出版社 2016 年版，第 80 页。

〔2〕习近平:《在纪念马克思诞辰 200 周年大会上的讲话》,《求是》2018 年第 10 期。

〔3〕1952 年数据为国家统计局网站公布，参见 https://data.stats.gov.cn/easyquery.htm?cn=C01&zb=A0201&sj=1952；2020 年数据为国家统计局网站公布，参见 https://data.stats.gov.cn/easyquery.htm?cn=C01。

中国共产党是中华民族伟大复兴的坚强领导核心。中国共产党成为中华民族伟大复兴的坚强领导核心，不是外力扶持的，不是上天恩赐的，更不是自封的，而是历史的选择、人民的选择。中国共产党因革命而生，由革命而兴，从1921年成立时的50多名党员，不断发展壮大到今天已经有9500多万名党员、480多万个基层党组织，成长为世界上具有强大政治领导能力的成熟政党。百年来，中国共产党始终作为中国人民的主心骨和中华民族的中流砥柱站在时代前列，成为中华民族伟大复兴当之无愧的最高政治领导力量。历史证明：办好中国的事情，关键在党。“中国共产党领导是中国特色社会主义最本质的特征，是中国特色社会主义制度的最大优势，是党和国家的根本所在、命脉所在，是全国各族人民的利益所系、命运所系。”[1]

中国共产党在总结新民主主义革命胜利的经验时就得出“没有共产党就没有新中国”的结论，并在全党全国人民中产生强烈共鸣。党的十八大以来，根据取得的巨大成就和面临的巨大挑战，在世界经历百年未有之大变局、中华民族走向伟大复兴的关键时期，习近平总书记进一步深刻论述了这一重要经验，特别强调中国共产党兴则国家兴、中国共产党强则国家强，强调坚持党的全面领导、把党的政治建设摆在首位的必要性和重要性。

四、进一步总结了“只有社会主义才能救中国，只有中国特色社会主义才能发展中国”这一重要经验，确保中国这艘巨轮始终沿着正确的方向前进不迷航

理论上清醒，政治上才能坚定。“中国共产党为什么能，中国特色

---

〔1〕习近平：《在庆祝中国共产党成立100周年大会上的讲话》，人民出版社2021年版，第11页。

社会主义为什么好，归根到底是因为马克思主义行！”[1]中国共产党之所以能够不断发展壮大，历经千锤百炼而朝气蓬勃，就是因为始终保持对真理的追求和对理想的坚守，勇于和善于把马克思主义基本原理同中国具体实际相结合、同中华优秀传统文化相结合，不断推进马克思主义中国化。习近平总书记指出：“走自己的路，是党的全部理论和实践立足点，更是党百年奋斗得出的历史结论。中国特色社会主义是党和人民历经千辛万苦、付出巨大代价取得的根本成就，是实现中华民族伟大复兴的正确道路。”[2]“历史和现实都告诉我们，只有社会主义才能救中国，只有中国特色社会主义才能发展中国，这是历史的结论、人民的选择。”[3]

只有社会主义才能救中国，只有中国特色社会主义才能发展中国，这是近代以来中国社会发展的必然结论和必然趋势。中国共产党自成立以来，为了实现共产主义远大理想上下求索、不懈奋斗。以毛泽东同志为主要代表的中国共产党人，带领中国人民完成了新民主主义革命，成立了中华人民共和国，完成了社会主义革命，确立了社会主义根本制度。党的十一届三中全会以后，中国共产党开辟了改革开放新时期，确立党在社会主义初级阶段的基本路线，成功开创了中国特色社会主义。在建设中国特色社会主义的伟大实践中，中国共产党加深了对什么是社会主义、怎样建设社会主义，建设什么样的党、怎样建设党，实现什么样的发展、怎样发展等一系列重大问题的认识。党的

---

〔1〕习近平：《在庆祝中国共产党成立 100 周年大会上的讲话》，人民出版社 2021 年版，第 13 页。

〔2〕习近平：《在庆祝中国共产党成立 100 周年大会上的讲话》，人民出版社 2021 年版，第 13 页。

〔3〕《十八大以来重要文献选编》（上），中央文献出版社 2014 年版，第 110 页。

十八大以来，中国共产党深刻回答了新时代坚持和发展什么样的中国特色社会主义、怎样坚持和发展中国特色社会主义这个重大时代课题，创立了习近平新时代中国特色社会主义思想这一马克思主义中国化的最新成果，推动中国特色社会主义进入了新时代。中国革命、建设、改革的伟大实践以及取得的伟大成就充分证明，只有社会主义才能救中国，只有中国特色社会主义才能发展中国。

中国共产党成功开辟出的科学社会主义的正确道路，既是新中国取得的巨大成就，又是中国人民创造人类社会发展史上惊天动地发展奇迹的根本原因。中国共产党历尽艰辛，领导中国人民“坚持从我国国情出发，探索并形成了符合中国实际的新民主主义革命道路、社会主义改造和社会主义建设道路、中国特色社会主义道路”[1]，开创和发展了中国特色社会主义伟大事业。中国共产党之所以能够取得如此伟大的成就，最为关键的一条就是中国共产党带领中国人民找到了实现中华民族伟大复兴的正确道路。正是在科学社会主义的指引下，中国共产党卓有成效地解决了在中国这样一个经济文化相对落后的国家实现民族复兴的历史性课题。中国特色社会主义的开创、坚持、捍卫、发展，使科学社会主义在拥有 14 亿多人口的东方大国找到了切实可行的实现路径，使古老的中国焕发出蓬勃的生机与活力，从根本上扭转了近代以来积贫积弱的命运，稳步向着社会主义现代化强国的目标迈进。“中国由新民主主义走向社会主义，开创和拓展中国特色社会主义道路，使社会主义这一人类社会的美好理想在古老的中国大地上变成了具有强大生命力的成功道路和制度体系。这不仅为中华民族实现伟大复兴提供了重要制度保障，而且为人类社会走向美好未来提供了具

[1]《习近平关于实现中华民族伟大复兴的中国梦论述摘编》，中央文献出版社 2013 年版，第 25 页。

有充分说服力的道路和制度选择。”[1]

“中国特色社会主义在改革开放中产生，也必将在改革开放中发展壮大。”[2]中国特色社会主义是在改革开放中产生的，也是在改革开放中完善和发展的。党的十一届三中全会后，以邓小平同志为主要代表的中国共产党人，总结新中国成立以来正反两方面的经验，解放思想、实事求是，实现全党工作重心向经济建设转移，作出了实行改革开放的历史性决策，确立了党在社会主义初级阶段的基本路线。以江泽民同志为主要代表的中国共产党人，在政治风波、经济风险等严峻考验面前，确立了社会主义市场经济体制的改革目标和基本框架，确立了社会主义初级阶段基本经济制度和分配制度，开创了改革开放新局面。以胡锦涛同志为主要代表的中国共产党人，顺应国内外形势的发展变化，强调坚持以人为本、全面协调可持续发展，形成了中国特色社会主义事业总体布局，在推动社会主义制度自我完善和发展上迈出新的重大步伐。党的十八大以来，以习近平同志为核心的党中央着力推进实现全面建成小康社会的奋斗目标，正确判断新时代我国社会主要矛盾，统筹推进“五位一体”总体布局、协调推进“四个全面”战略布局，确定了全面深化改革的总目标是坚持和完善中国特色社会主义制度、推进国家治理体系和治理能力现代化，开启了全面深化改革、系统整体设计推进改革的新时代，中国特色社会主义制度日趋成熟定型。

社会主义500多年来从无到有、从空想到科学、从理论到实践、从外国到中国的历史，尤其是中国特色社会主义从艰辛探索到破浪前进的

---

〔1〕习近平：《在庆祝中华人民共和国成立65周年招待会上的讲话》，《人民日报》2014年10月1日。

〔2〕习近平：《全面贯彻落实党的十八大精神要突出抓好六个方面的工作》，《求是》2013年第1期。

伟大进程，有力地证明了开创、坚持、捍卫、发展中国特色社会主义的历史必然性。2004 年党的十六届四中全会通过的《中共中央关于加强党的执政能力建设的决定》在总结党执政 55 年的历史经验时就曾明确指出："只有社会主义才能救中国，只有中国特色社会主义才能发展中国。"[1]这是中国人民近代以来从事革命斗争得出的历史结论，是党成立以来探求救国救民之路和强国富民之路得出的必然结论和重要历史经验，是实践已经证明并将继续证明的科学真理。党的十八大以来，中国共产党根据新世纪新阶段中国特色社会主义发展的实际，根据世界社会主义发展变化的实际，更加深刻地论述了"只有社会主义才能救中国、只有中国特色社会主义才能发展中国"这一探索正确道路的重要历史经验。

五、深刻论述了"江山就是人民，人民就是江山，人心向背关系党的生死存亡"这一重要经验，确保党始终保持与人民的血肉联系不变质

人心是最大的政治。在历史的长河中，那些帝国的崩溃、王朝的覆灭、执政党的下台，无不与背离人心、丧失人心密切相关。100 年来，不管形势和任务如何变化，不管遇到什么样的惊涛骇浪，中国共产党始终坚持全心全意为人民服务的根本宗旨。党的百年奋斗史是一部党与人民心连心、同呼吸、共命运的历史。党的十八大以来，党深刻论述了党的根基在人民、血脉在人民、力量在人民这一重要历史经验。

"人民是历史的创造者，群众是真正的英雄。"[2]中国共产党在推进中国革命、建设和改革的历史进程中之所以能取得一个又一个伟大胜

[1]《十六大以来重要文献选编》(中)，中央文献出版社 2006 年版，第 274 页。
[2]《习近平谈治国理政》，外文出版社 2014 年版，第 5 页。

对于提高党应对风险挑战的能力水平，统筹中华民族伟大复兴战略全局和世界百年未有之大变局，推进新时代中国特色社会主义伟大事业进入新的历史阶段具有重要意义，对于实现党的第二个百年奋斗目标、把中国建设成为社会主义现代化强国具有重要意义。

十八大以来党的领导制度体系建设的重要成就和主要经验*

党的领导制度是我国的根本领导制度。党的十八大以来，以习近平同志为核心的党中央着眼于党长期执政和国家长治久安，着眼于全党在思想上政治上行动上同党中央保持高度一致，着眼于推进国家治理体系现代化，围绕党的领导制度体系建设作出一系列重要论述、重大决策和部署举措，取得了重要成就。深入学习习近平总书记关于坚持和完善党的领导制度体系的重要论述，科学总结党的十八大以来党的领导制度体系建设取得的历史性成就和主要经验，对于深刻把握习近平新时代中国特色社会主义思想，提升党的领导制度化、规范化、科学化水平，具有重要意义。

一、党的领导制度体系建设的重大举措

党的领导制度，是指由党内领导制度与党领导国家、社会和人民群众等的各项制度有机组成的制度体系，党的十九届四中全会通过的《中共中央关于坚持和完善中国特色社会主义制度、推进国家治理体系

---

* 本文曾发表于《国家现代化建设研究》2022 年第 3 期。

和治理能力现代化若干重大问题的决定》（以下简称《决定》）将其概括为六个方面的制度。[1]党的十八大以来，以习近平同志为核心的党中央以空前的力度，着力于党的领导制度体系建设的顶层设计、统筹规划和部署实施，出台了一系列重大举措。

（一）将党的领导制度体系建设置于根本制度建设地位

党的领导制度是中国共产党经过革命、建设、改革长期实践探索形成的重要制度成果，是坚持和加强党对一切工作领导的根本制度保障。坚持和完善党的领导制度体系，关乎党对一切工作的领导，关乎党和国家的长治久安。党的十八大以来，以习近平同志为核心的党中央坚持和完善党的领导制度体系，将党的领导制度体系建设置于推进国家治理体系现代化的突出位置积极深入展开。

1. 将党的领导制度确定为我国的根本领导制度。习近平总书记明确指出："中国特色社会主义最本质的特征是中国共产党领导，中国特色社会主义制度的最大优势是中国共产党领导。"[2]在党的十九届四中全会上，习近平总书记从推进国家治理现代化的战略高度，阐述了党的领导制度作为我国根本领导制度的统领地位。他指出，《决定》"准确把握我国国家制度和国家治理体系的演进方向和规律，突出坚持和完善党的领导制度，抓住了国家治理的关键和根本"[3]。在我国国家制度体系中，"具有统领地位的是党的领导制度。党的领导制度是我国的

---

〔1〕六个方面的制度是：建立不忘初心、牢记使命的制度；完善坚定维护党中央权威和集中统一领导的各项制度；健全党的全面领导制度；健全为人民执政、靠人民执政各项制度；健全提高党的执政能力和领导水平制度；完善全面从严治党制度。参见《十九大以来重要文献选编》（中），中央文献出版社 2021 年版，第 272—275 页。

〔2〕《十八大以来重要文献选编》（下），中央文献出版社 2018 年版，第 355 页。

〔3〕《十九大以来重要文献选编》（中），中央文献出版社 2021 年版，第 266 页。

根本领导制度”[1]。党的领导制度是我国的根本领导制度，这是由党的领导在我国政治生活中的地位和作用决定的。在中国特色社会主义制度体系中，根本制度、基本制度、重要制度起着四梁八柱的作用，其中具有统领地位的是党的领导制度。

2. 将坚持和完善党的领导制度体系设定为推进国家治理现代化的第一要务。习近平总书记强调指出，在推进国家治理现代化进程中，坚持和完善党的领导制度体系具有决定性的重要意义，“党是最高政治领导力量。必须坚持党政军民学、东西南北中，党是领导一切的，坚决维护党中央权威，健全总揽全局、协调各方的党的领导制度体系，把党的领导落实到国家治理各领域各方面各环节。”[2]因此，坚持和完善党的领导制度体系是推进国家治理现代化的第一要务，“要坚持以实践基础上的理论创新推动制度创新，坚持和完善现有制度，从实际出发，及时制定一些新的制度，构建系统完备、科学规范、运行有效的制度体系，使各方面制度更加成熟更加定型”[3]，“要继续推进党的领导制度化、法治化，不断完善党的领导体制和工作机制，把党的领导贯彻到全面依法治国全过程和各方面”[4]。

3. 将推进党的领导制度建设与完善党内法规制度有机结合起来。习近平总书记高度重视党团结带领人民进行社会革命与党的自我革命有机结合。为此，他多次强调，把党的领导制度建设与党内法规制度建设有机结合起来，要“增强依法执政本领，加快形成覆盖党的领导和党的建设各方面的党内法规制度体系，加强和改善对国家政权机关

[1]《十九大以来重要文献选编》(中)，中央文献出版社 2021 年版，第 305 页。
[2]《十九大以来重要文献选编》(中)，中央文献出版社 2021 年版，第 272 页。
[3]《十八大以来重要文献选编》(上)，中央文献出版社 2014 年版，第 76 页。
[4] 习近平:《加强党对全面依法治国的领导》，《求是》2019 年第 4 期。

的领导”[1]。2021年12月，习近平总书记对全国党内法规工作会议专门作出重要指示，强调要紧紧围绕党和国家工作大局继续推进党内法规制度建设，发挥好党内法规在维护党中央集中统一领导、保障党长期执政和国家长治久安方面的重大作用，在推进新时代党的建设新的伟大工程、落实全面从严治党方面的重大作用。

（二）全面规划和周密部署党的领导制度体系建设

2013年11月，党的十八届三中全会把完善和发展中国特色社会主义制度，推进国家治理体系和治理能力现代化确立为全面深化改革的总目标，明确国家治理体系是在党领导下管理国家的制度体系。这一国家制度体系的核心是坚持党的领导，要紧紧围绕提高科学执政、民主执政、依法执政水平来深化党的建设制度改革，完善党的领导体制和执政方式。

2014年10月，党的十八届四中全会把形成完善的党内法规体系纳入全面推进依法治国总目标，确立为建设中国特色社会主义法治体系的重要内容，对加强党内法规制度建设作出明确部署。

2015年10月，党的十八届五中全会强调，要运用法治思维和法治方式推动发展，全面提高党依据宪法法律治国理政、依据党内法规管党治党的能力和水平。

2017年10月，党的十九大将“坚持依法治国与依规治党有机统一”纳入“新时代坚持和发展中国特色社会主义的基本方略”，明确提出要加快形成覆盖党的领导和党的建设各方面的党内法规制度体系，突出强调“坚持和加强党的全面领导”的内容要求。党的十九大把“中国共产党的领导是中国特色社会主义最本质的特征，是中国特色社会

---

〔1〕《十九大以来重要文献选编》（上），中央文献出版社2019年版，第48页。

主义制度的最大优势。党政军民学，东西南北中，党是领导一切的”〔1〕这一重大政治原则写入党章总纲，充实了党章关于党的领导的相关规定。

2018年2月，依据党的十九大报告“完善坚持党的领导的体制机制”的新要求，党的十九届三中全会作出深化党和国家机构改革的决定，通过了《深化党和国家机构改革方案》，提出“完善坚持党的全面领导的制度”，“建立健全党对重大工作的领导体制机制”。为此，党中央采取了一系列重要举措，积极完善党的全面领导的制度安排，努力构建党总揽全局、协调各方的党和国家机构职能体系。

2019年10月，党的十九届四中全会就新时代坚持和完善党的领导制度体系专门作出重要部署。全会通过的《决定》，创造性地提出了“党的领导制度体系”概念，明确党的领导制度体系的基本框架和六方面制度的具体内容〔2〕。《决定》把“坚持和完善党的领导制度体系”作为坚持和完善中国特色社会主义制度、推进国家治理体系和治理能力现代化重大战略任务的第一条，突出强调“坚持和完善党的领导制度体系，提高党科学执政、民主执政、依法执政水平”；把坚持党的集中统一领导、确保国家始终沿着社会主义方向前进的显著优势放在我国国家制度和国家治理体系的显著优势的首位。《决定》对落实党的全面领导提出明晰的制度建构取向和更高的制度建设标准，强调“必须坚持党政军民学、东西南北中，党是领导一切的，坚决维护党中央权威，健全总揽全局、协调各方的党的领导制度体系，把党的领导落实到国家治理各领域各方面各环节”〔3〕。《决定》将党的领导制度拓展为党的全面领导

〔1〕《十九大以来重要文献选编》(上)，中央文献出版社2019年版，第55页。
〔2〕参见《十九大以来重要文献选编》(中)，中央文献出版社2021年版，第272—275页。
〔3〕《十九大以来重要文献选编》(中)，中央文献出版社2021年版，第272页。

制度体系，强调坚持和完善党的领导制度的突出特点是领导制度的全面性、系统性、整体性，对党的领导制度体系的认识达到了新的高度。

（三）统筹推进和深入实施党的领导制度建设

为了贯彻落实相关决策部署，以习近平同志为核心的党中央先后制定了两个党内法规制定工作五年规划、召开专门的工作会议，推进以“规范党的领导和党的建设活动”“坚持和加强党的全面领导，坚持党要管党、全面从严治党”为重点的党内法规建设。

2013 年 11 月，党中央发布《中央党内法规制定工作五年规划纲要（2013—2017 年）》，这在党的历史上是第一次。《纲要》强调，要抓紧建立健全党的领导制度的具体制度，着力构建党的领导制度体系，切实推动民主集中制具体化、程序化。同年，党中央发布《中国共产党党内法规制定条例》和《中国共产党党内法规和规范性文件备案规定》，党首次拥有了党内法规建设意义上的“立法法”。

2016 年 12 月，党中央召开全国党内法规工作会议，这在党的历史上也是第一次。会议出台了《中共中央关于加强党内法规制度建设的意见》，确定了党内法规制度体系“1+4”基本框架，即党章加党的组织法规制度、党的领导法规制度、党的自身建设法规制度、党的监督保障法规制度四大板块。《意见》还明确提出到建党 100 周年时所要实现的目标，即形成比较完善的党内法规制度体系、高效的党内法规制度实施体系、有力的党内法规制度建设保障体系，党依据党内法规管党治党的能力和水平显著提高。

2018 年 2 月，党中央发布《中央党内法规制定工作第二个五年规划（2018—2022 年）》，进一步明确了健全完善党内法规制度体系的任务书、路线图和时间表。

为了统筹推进党内法规制度建设各项工作，2015 年 8 月，中央层面首次建立了党内法规工作联席会议机制。各省、自治区、直辖市也普遍建立联席会议机制，各省、自治区、直辖市和中央部门普遍设立党内法规工作机构，市、县两级党委均组织专门机构或力量承担党内法规工作。

党内法规制度立破并举，建构日益规范。2012 年，中共中央印发了《中共中央办公厅关于开展党内法规和规范性文件清理工作的意见》，在中央办公厅牵头组织下，中央纪委等 50 多个中央和国家机关共同参与，集中开展清理工作。党内法规制度的清理工作有力地推动了既有制度的“瘦身”和“健身”。根据 2019 年修订的《中国共产党党内法规制定条例》规定，党内法规的名称完善规范为党章、准则、条例、规定、办法、规则、细则。

二、党的领导制度体系建设的历史性成就

党的十八大以来，党中央严格贯彻民主集中制、完善“两个维护”保障机制、健全党的全面领导和集中统一，推动党的领导制度体系建设取得了历史性成就。“党中央权威和集中统一领导得到有力保证，党的领导制度体系不断完善，党的领导方式更加科学，全党思想上更加统一、政治上更加团结、行动上更加一致，党的政治领导力、思想引领力、群众组织力、社会号召力显著增强。”〔1〕

（一）党的领导制度的根本制度地位得以确立

党的领导制度在国家宪法上被确认为国家根本领导制度。2018 年 3 月 11 日，第十三届全国人民代表大会第一次会议通过《中华人民共和国宪法修正案》，在宪法总纲第一条第二款“社会主义制度是中华人

〔1〕《中共中央关于党的百年奋斗重大成就和历史经验的决议》，人民出版社 2021 年版，第 29 页。

民共和国的根本制度”后增写“中国共产党领导是中国特色社会主义最本质的特征”。在我国国家根本制度的条款中明确载入党的领导的相关内容，这就在宪法意义上确立了党的领导在中国特色社会主义制度体系中的核心地位，确认了党在国家政权结构中总揽全局、协调各方的领导地位，实现了党的领导制度与国家根本制度的有机衔接。这一举措是党依宪执政的重要体现，具有深远而重大的意义。

2019 年 10 月，党的十九届四中全会明确提出坚持和完善党的领导制度体系，将党的领导制度作为国家根本领导制度，强调其统领地位，深刻揭示其科学含义、基本要求，全面论述了所包含的党的领导的六项具体制度，在党的领导制度化建设上具有重大历史意义。

（二）党的全面领导制度体系得以形成

1. 拓展构建了横向到边的党的领导制度体系。党的十八大以来，以加强党的全面领导为统领，党完善了党领导人大、政府、政协、监察机关、审判机关、检察机关、武装力量、人民团体、企事业单位、基层群众自治组织、社会组织等制度，健全了各级党委（党组）工作制度，确保了党在各种组织中发挥领导作用；完善党和国家机构职能体系；坚持把党的领导贯彻到党和国家所有机构履行职责全过程，推动各方面协调行动、增强合力；坚持以国家治理体系和治理能力现代化为导向，以推进党和国家机构职能优化协同高效为着力点，改革机构设置，优化职能配置，深化转职能、转方式、转作风，提高效率效能，逐步构建系统完备、科学规范、运行高效的党和国家机构职能体系；完善了党领导各项事业的具体制度，形成了涵盖党的领导各个方面的党内法规制度体系，确保党的领导真正落实到统筹推进“五位一体”总体布局、协调推进“四个全面”战略布局各方面。

2. 健全完善了纵向到底的党的领导制度体系。党的十八大以来，党深入贯彻党的民主集中制，健全了党中央集中统一领导的体制机制，通过对中央书记处和中央纪律检查委员会以及全国人民代表大会常委会党组、国务院党组、全国政协党组、最高人民法院党组、最高人民检察院党组每年向中央政治局常委会、中央政治局报告工作，对中央政治局全体同志每年向党中央和习近平总书记书面述职等作出明确规定，构建起党的最高领导层领导制度和工作制度；通过修订地方党委工作条例、党组工作条例等，完善地方党委、党组的领导制度和工作制度；通过修订和完善企业、农村、高校、社区等领域基层党组织的工作法规，完善各类基层党组织的领导制度和工作制度。这一系列重大制度性安排，建立健全了从中央到基层的党的领导制度体系，有力地保证了党在各级各类组织中领导作用的发挥。

（三）强化发展了党的集中统一领导的结构体制

党的十八大以来，党中央制定、修订了《关于新形势下党内政治生活的若干准则》《中共中央政治局关于加强和维护党中央集中统一领导的若干规定》等制度规定，为坚持和加强党中央权威和集中统一领导提供了体制保证。一是健全了党中央对重大工作的领导体制，强化党中央决策议事协调机构职能作用，完善推动党中央重大决策落实机制，严格执行向党中央请示报告制度，确保令行禁止。二是健全维护党的集中统一的组织制度，形成了党的中央组织、地方组织、基层组织上下贯通、执行有力的严密体系，实现了党的组织和党的工作全覆盖。三是制定出台了《中国共产党组织工作条例》《中国共产党宣传工作条例》《中国共产党统一战线工作条例》《中国共产党政法工作条例》《中国共产党领导国家安全工作条例》《中国共产党军队党的建设条例》《中央生态环境保护督察工作规定》《中国共产党机关工作条例（试行）》《中国共产党高等学校基层组织工作条例》等条例、规定，深化党和国家职能机构改革，完善了党领导经济、政治、文化、社会、生态文明建设和军队建设等方面的领导体制，使得党的集中统一领导更加具体、更加深入、更加全面覆盖党和国家运行的各个领域、各个方面和各项事业。

（四）创新优化了党的规范高效领导的运行机制

党的十八大以来，党中央基于治党治国的实践，从党的指导思想、组织运行、干部选拔、领导班子建设、议事决策、重大决策落实、严格执行请示报告制度、强化政治监督、深化政治巡视等方面入手，持续开拓创新发展，深化、细化、实化、优化党的领导制度的运行机制。一是建立党的不忘初心、牢记使命的制度；二是通过筑牢党的全面领导的坚实组织基础，实现党的组织和党的工作全覆盖，形成了党中央集中统一领导下，遵循党章要求，按照民主集中制原则，由党的中央组织、党的地方组织、党的基层组织、党组、党的纪律检查机关、党的工作机关等分别履职的，层级分明、职责明确、统一完备、科学有效的领导运行机制；三是通过制定、修订《中国共产党重大事项请示报告条例》《中国共产党党组工作条例》《中国共产党中央委员会工作条例》《中国共产党地方委员会工作条例》《中国共产党巡视工作条例》《中国共产党廉洁自律准则》《中国共产党纪律处分条例》《中国共产党问责条例》《中国共产党党内监督条例》等制度法规，通过制定中央政治局、中央政治局常委会的工作规则，建立完善巡视制度，将维护党中央权威、贯彻执行党的路线方针政策情况作为党内监督的首要任务，完善了党中央重大决策落实机制与督查问责机制。

（五）构建了以党章为根本的党内法规制度体系

党的十八大以来，以党章为根本、以准则条例为主干，覆盖党的领导和党的建设各方面，内容科学、程序严密、配套完备、运行有效的党内法规制度体系得以形成。据不完全统计，截至 2021 年 7 月 1 日，“全党现行有效党内法规共 3615 部。其中，党中央制定的中央党内法规 211 部，中央纪律检查委员会以及党中央工作机关制定的部委党内法规 163 部，省、自治区、直辖市党委制定的地方党内法规 3241 部。党内法规使用党章、准则、条例、规定、办法、规则、细则 7 类名称，现行有效党内法规中，党章 1 部，准则 3 部，条例 43 部，规定 850 部，办法 2034 部，规则 75 部，细则 609 部”[1]。

2021 年 7 月 1 日，习近平总书记在庆祝中国共产党成立 100 周年大会上郑重宣布，我们党已经形成比较完善的党内法规体系。“这一制度建设重大成果来之不易，是我们党 100 年来持续推进建章立制特别是党的十八大以来全面深化党的建设制度改革的结果；这一党的建设重要成就彪炳史册，是党的建设史特别是党内法规制度建设史上的一个重要里程碑，标志着党内法规制度建设由此迈入高质量发展新阶段，全面从严治党、依规治党站在新的历史起点上；这一基础性制度支撑事关根本，为保证全党团结统一、行动一致，为党统揽‘四个伟大’提供了坚强有力制度保障，对于党以史为鉴、开创未来，团结带领全国人民实现中华民族伟大复兴具有重要意义。”[2]

三、党的领导制度体系建设的主要经验

坚持和完善党的领导制度体系是中国共产党长期执政的一条重要经验，是中国共产党不断从胜利走向胜利的根本制度保障。党的十八大以来，党直面重大风险考验和治党治国的突出问题，坚持全面深化改革、全面依法治国、全面从严治党，在推进党的领导制度体系建设

[1]《中国共产党党内法规体系》，《人民日报》2021 年 8 月 4 日，第 1 版。
[2]《中国共产党党内法规体系》，《人民日报》2021 年 8 月 4 日，第 1 版。

实践中积累了新的重要经验。

（一）必须坚持以习近平新时代中国特色社会主义思想为指导

马克思主义是党领导人民进行革命、建设、改革和治理，推进社会主义现代化建设，实现中华民族伟大复兴的指南。习近平新时代中国特色社会主义思想是对马克思列宁主义、毛泽东思想、邓小平理论、“三个代表”重要思想、科学发展观的继承和发展，是马克思主义中国化的最新理论成果，是党和人民实践经验和集体智慧的结晶，“是当代中国马克思主义、二十一世纪马克思主义，是中华文化和中国精神的时代精华”〔1〕，是全党全国人民为实现中华民族伟大复兴而奋斗的行动指南，必须长期坚持并不断发展。

思想引领制度建设，制度推动思想落实。习近平总书记着眼党和国家事业全局，立足于坚持和发展中国特色社会主义的战略高度形成的关于依法治国、制度治党、依规治党的深邃思想，是健全党的领导制度体系的重大战略创新。因此，坚持和完善党的领导制度体系，必须坚持以习近平新时代中国特色社会主义思想为指导，把党的创新理论贯彻到党的领导制度体系建设中，充分发挥党的指导思想对坚持和完善党的领导制度体系的根本指导作用。

（二）必须坚持和贯彻党的领导的政治原则

党的领导是党和国家的根本所在、命脉所在。习近平总书记深刻阐述了党的领导的历史依据、理论依据和现实依据，强调“党是最高政治领导力量，党的领导是我们的最大制度优势”〔2〕，“要顺利推进新时

---

〔1〕《中共中央关于党的百年奋斗重大成就和历史经验的决议》，人民出版社 2021 年版，第 26 页。

〔2〕习近平：《中国共产党领导是中国特色社会主义最本质的特征》，《求是》2020 年第 14 期。

代中国特色社会主义各项事业，必须完善坚持党的领导的体制机制，更好发挥党的领导这一最大优势，担负好进行伟大斗争、建设伟大工程、推进伟大事业、实现伟大梦想的重大职责”[1]。他在总结改革开放40周年和中国共产党成立100周年经验时，都将坚持党的领导放在首位，阐述了坚持党的领导的极端重要性。因此，健全党的领导制度体系，必须把党的领导这个中国特色社会主义最本质的特征坚持住、坚守好，把党的领导这个中国特色社会主义制度的最大优势凸显好、发挥好。

“坚持党的领导，最根本的是坚持党中央权威和集中统一领导。”[2]要在充分发扬民主的基础上进行集中，坚持党中央权威和集中统一领导。民主集中制是党重要的领导制度和根本的组织原则，党的领导制度体系是在民主集中制的基础上建构起来的。健全党的领导制度体系，必须以党章为根本、以民主集中制为基础。坚持把党章作为管党治党总依据，把党的领导制度体系的研究、规划、部署、实施，都建立在坚持民主集中制的基础之上，在实践中完善和落实民主集中制的各项制度，不断推进党的领导科学化、民主化和法治化。

（三）必须充分发挥党的领导制度体系对国家治理体系的统领作用

国家治理体系是党领导人民依法有效治理国家的制度体系，推进国家治理体系现代化的根本前提和核心任务是坚持和完善党的全面领导。党的十八大以来，党的领导制度建设立足实际、着眼长远，逐步构建了系统完备、科学规范、运行高效的党和国家机构职能体系，形成总揽全局、协调各方的党的领导体系，职责明确、依法行政的政府治理体系，中国特色、世界一流的武装力量体系，联系广泛、服务群

[1]《十九大以来重要文献选编》(上)，中央文献出版社2019年版，第240页。
[2]《十九大以来重要文献选编》(中)，中央文献出版社2021年版，第597页。

的七届二中全会上，毛泽东就警示全党在革命胜利和掌握政权后要谨防敌人“糖衣炮弹”的攻击。改革开放后，邓小平反复强调，要一手抓改革开放，一手抓惩治腐败，否则“确实有失败的危险”。[1]党的十八大以来，习近平再次警示全党，“腐败问题越演越烈，最终必然会亡党亡国！”[2]基于这种深切的忧患意识，党中央以猛药去疴的决心、壮士断腕的勇气作出坚决打赢反腐败斗争的战略决断。坚持惩治从严，“打虎”“灭蝇”“猎狐”一体推进。[3]五年间，共立案审查中管干部 280 多人，处分乡科级及以下党员干部 134.3 万人，追回外逃人员 2566 人。加强制度建设，把权力关进制度的笼子。五年来制定和修订了 80 多部党内法规，基本形成以党章为根本的党内法规制度体系。[4]加强理想信念教育，筑牢反腐倡廉思想防线。五年来先后开展党的群众路线教育实践活动、“三严三实”专题教育和“两学一做”学习教育，补足精神之“钙”。五年来经过全党共同努力，“反腐败斗争压倒性态势已经形成并巩固发展”。[5]这一优异成绩是在党的坚强政治意志支撑下取得的，是在党的正确政治立场指引下取得的，不仅有力推动了党的政治建设发展，也为推进社会主义现代化强国建设和国际社会反腐败作出了巨大贡献。

第四，坚持以人民为中心以夯实政治根基。人民群众的拥护和支

---

[1]《邓小平文选》第 3 卷，人民出版社 1993 年版，第 313—314 页。

[2]《习近平谈治国理政》第 1 卷，外文出版社 2018 年版，第 16 页。

[3] 顾训宝：《反腐败斗争要处理好的几个辩证关系——学习习近平的有关论述》，《党的文献》2018 年第 3 期。

[4]《坚决打赢反腐败这场正义之战——党的十八大以来反腐败斗争成就述评》，《人民日报》2017 年 9 月 18 日。

[5] 习近平：《决胜全面建成小康社会 夺取新时代中国特色社会主义伟大胜利——在中国共产党第十九次全国代表大会上的报告》，人民出版社 2017 年版，第 8 页。

持是党执政的最大底气，也是党最重要的政治根基。中国共产党最大的政治优势是密切联系群众，党执政后的最大危险是脱离群众。习近平指出："失去了人民拥护和支持，党的事业和工作就无从谈起。"[1]坚持以人民为中心，是中国共产党区别于其他一切政党的根本标志。党的十八大以来，党中央不仅把坚持以人民为中心作为重大的认识问题，更是作为重大的实践问题，紧扣民心这个最大政治，把赢得民心民意、汇集民智民力作为党的政治建设的重要着力点。我们党坚持人民立场，由人民群众来检验一切工作的得失成败；保持同人民群众的血肉联系，扎实开展党的群众路线教育实践活动；不断改善人民生活，切实解决群众最关心最直接最现实的利益问题。经过全党五年的共同努力，脱贫攻坚战取得决定性进展，教育事业全面发展，就业状况持续改善，覆盖城乡居民的社会保障体系基本建立。[2]人民群众的获得感、幸福感、安全感极大提升，对党的政治认同、思想认同、理论认同、情感认同持续增强。

二、摆在首位：开启新时代党的政治建设新篇章

党的十九大以来，以习近平同志为核心的党中央谋划党的建设新布局，将党的政治建设摆在首位，开启新时代党的政治建设新篇章。

（一）开辟党的政治建设理论新境界

党的十九大正式提出"党的政治建设"重大命题后，其概念和话语体系逐步完善，定位、目标和任务愈加明确，"两个确立"成为全党共识，开辟了党的政治建设理论新境界。

---

〔1〕《十八大以来重要文献选编》（上），中央文献出版社2014年版，第309页。

〔2〕习近平：《决胜全面建成小康社会 夺取新时代中国特色社会主义伟大胜利——在中国共产党第十九次全国代表大会上的报告》，人民出版社2017年版，第5页。

第一，形成党的政治建设概念和话语体系。党的十九大以来，党中央对政治建设内涵的认识不断深化和拓展，党的政治建设话语体系逐步形成。党的十九大报告主要从党的自身建设视域出发，明确提出要加强党的政治建设，把其作为新时代党的建设的首要重点任务，把“坚持党中央权威和集中统一领导”确定为党的政治建设的首要任务。[1]2018年6月，习近平在中央政治局第六次集体学习的讲话中，将党的政治建设领域进一步拓展到加强党的全面领导，据此对党的政治建设提出了更全面的要求：把准政治方向，坚持党的政治领导，夯实政治根基，涵养政治生态，防范政治风险，永葆政治本色，提高政治能力。[2]2019年1月，新时代党的政治建设纲领性文件《中共中央关于加强党的政治建设的意见》出台，将党的政治建设的领域进一步从党的自身建设、党的领导拓展到治国理政，并提出“坚定政治信仰，强化政治领导，提高政治能力，净化政治生态”[3]4个方面共16条党的政治建设新要求，极大丰富发展了党的政治建设的话语体系。基于党的政治建设话语体系，一系列党的政治建设相关概念构成“概念群”，并进一步形成概念体系。以党的政治建设概念集大成者《中共中央关于加强党的政治建设的意见》为参照，其涉及的70多个政治概念构成了“政治信仰、政治领导、政治能力、政治生态”4个“概念群”。[4]党的政治建设概念和话语体系的形成，极大推动了党的政治建设理论的创

---

〔1〕习近平：《决胜全面建成小康社会 夺取新时代中国特色社会主义伟大胜利——在中国共产党第十九次全国代表大会上的报告》，人民出版社2017年版，第62页。

〔2〕《习近平在中共中央政治局第六次集体学习时强调 把党的政治建设作为党的根本性建设 为党不断从胜利走向胜利提供重要保证》，《党建》2018年第7期。

〔3〕《中共中央关于加强党的政治建设的意见》，《人民日报》2019年2月28日。

〔4〕刘红凛：《新时代党的政治建设的主要场域、概念谱系与内容结构——兼论习近平总书记关于党的政治建设的基本要求》，《理论探讨》2020年第5期。

新发展。

第二，明确党的政治建设新定位。党的十九大报告不仅提出党的政治建设命题，明确其在党的建设中的地位，指出“党的政治建设是党的根本性建设，决定党的建设方向和效果”，[1]这是党的文献首次对之进行定位。这一定位是相对于党的建设这一新的伟大系统工程中其他各项建设而言的。党的建设包含多方面多层次内容，每项建设的内容和任务不同，作用和功能也不同，从而居于不同的地位。党的政治建设在党的各项建设中是最重要的，是统领和核心，是其他建设的着眼点和落脚点。政党是政治组织，讲政治是政党的内在要求。马克思主义政党必须旗帜鲜明讲政治，这是由其本质属性，即作为立党之本的先进性和纯洁性决定的。作为马克思主义政党，中国共产党历来强调讲政治。毛泽东多次强调，“革命的政治工作是革命军队的生命线。”[2]邓小平明确指出,“到什么时候都得讲政治”[3]。党的十九大以来，习近平进一步指出：“如果马克思主义政党政治上的先进性丧失了，党的先进性和纯洁性就无从谈起。”[4]同时，新时代以来党内存在的“四风”问题、腐败问题、“七个有之”等问题，已不是简单的党员干部的个体思想与行为问题，而成为严重的政治生态问题，是党的性质与宗旨的异化问题，必须正本清源，从政治上加以根治。由此可见，这一定位凸显了党的政治建设的极端重要性及其在党的建设系统工程中的重要地位，是马克思主义党建理论的重大创新，意义深远。

---

〔1〕习近平：《决胜全面建成小康社会 夺取新时代中国特色社会主义伟大胜利——在中国共产党第十九次全国代表大会上的报告》，人民出版社 2017 年版，第 62 页。

〔2〕《毛泽东年谱（1893—1949）》(中)，中央文献出版社 2013 年版，第 507 页。

〔3〕《邓小平文选》第 3 卷，人民出版社 1993 年版，第 166 页。

〔4〕《习近平在中共中央政治局第六次集体学习时强调 把党的政治建设作为党的根本性建设 为党不断从胜利走向胜利提供重要保证》,《党建》2018 年第 7 期。

第三，提出党的政治建设新目标和新任务。凡事预则立，不预则废。如果党的政治建设的目标和任务不明确，全党便无从发力。党的十九大正式提出党的政治建设重大命题后，尽快明确这项建设的目标和任务成为推进党的建设新的伟大工程的必然要求。基于此，2019 年 1 月印发的《中共中央关于加强党的政治建设的意见》首次明确提出党的政治建设的目标，即“实现全党团结统一、行动一致”，“确保全党统一意志、统一行动、步调一致向前进”。〔1〕针对党内存在的个人主义、分散主义、自由主义、宗派主义、圈子文化等问题，党的十九大报告首次明确指出，党的政治建设首先亟须完成的任务是“保证全党服从中央，坚持党中央权威和集中统一领导”〔2〕。党的政治建设首要任务确定后，《中共中央关于加强党的政治建设的意见》着眼于总揽全局的顶层设计，首次明确提出这项建设的主要任务，即“坚定政治信仰，强化政治领导，提高政治能力，净化政治生态”。〔3〕党的政治建设首要任务和主要任务的提出，为实现党的政治建设目标奠定了坚实基础。党的十九大以来，党的政治建设新目标和新任务正式提出，丰富发展了马克思主义政党建设理论。

第四，提出“两个确立”。党的十九届六中全会审议通过的《中共中央关于党的百年奋斗重大成就和历史经验的决议》首次明确提出：“党确立习近平同志党中央的核心、全党的核心地位，确立习近平新时代中国特色社会主义思想的指导地位。”〔4〕“两个确立”是党的百年奋斗

〔1〕《中共中央关于加强党的政治建设的意见》，《人民日报》2019 年 2 月 28 日。

〔2〕习近平：《决胜全面建成小康社会 夺取新时代中国特色社会主义伟大胜利——在中国共产党第十九次全国代表大会上的报告》，人民出版社 2017 年版，第 62 页。

〔3〕《中共中央关于加强党的政治建设的意见》，《人民日报》2019 年 2 月 28 日。

〔4〕《中共中央关于党的百年奋斗重大成就和历史经验的决议》，人民出版社 2021 年版，第 26 页。

历程得出的宝贵经验，是新时代党和国家事业发展的需要。马克思主义经典作家始终强调，革命事业要依靠科学的集中领导。中国共产党在重大历史时期和关键时刻始终强调确立领导核心。党的十八大以来，中国特色社会主义在百年未有之大变局下面临一系列新的伟大斗争。正是在这样的历史背景下，党的十八届六中全会明确习近平同志为党中央、全党的核心。党的十九大报告提出习近平新时代中国特色社会主义思想，并将之确定为全党全国人民的行动指南。2019 年 6 月，党中央同意印发的《习近平新时代中国特色社会主义思想学习纲要》，在绪论部分开宗明义阐明了该思想的历史地位和理论贡献，指出其是“当代中国马克思主义、二十一世纪马克思主义”，〔1〕在党的历史上首次以“世纪”为尺度命名马克思主义中国化最新成果。这表明，“两个确立”的提出有着深刻的历史逻辑、理论逻辑和现实逻辑，是时代的呼唤、历史的选择和人民的愿望。

（二）开创党的政治建设实践新阶段

第一，以党的政治建设统领新时代党的建设。党的十九大构建党的建设“5+2”新布局，作出把党的政治建设摆在首位，以党的政治建设统领新时代党的建设的战略部署，提出新时代在新的起点上全面推进党的建设新的伟大工程的纲领性要求。以党的政治建设为统领，就是把政治标准和政治要求贯穿党的各项建设，以政治上的加强推动全面从严治党向纵深发展，统帅引领党的建设质量全面提高。〔2〕党的十九大以来，党中央进一步加强党的政治建设，增强“四个意识”、坚定

---

〔1〕《习近平新时代中国特色社会主义思想学习纲要》，学习出版社、人民出版社 2019 年版，第 1 页。

〔2〕李正华：《党的政治建设是一个永恒课题——党的十八大以来政治建设主要成就》，《中国党政干部论坛》2022 年第 5 期。

不断完善，党的领导方式更加科学，党的领导能力显著增强。[1]

第四，完善党的政治建设规章制度。党的十九大要求推进新时代党的各项建设，要“把制度建设贯穿其中”，[2]内在包含了把制度建设贯穿于党的政治建设的要求。因此，加强党的政治建设，必须把建章立制贯穿于全过程各方面，建立健全长效机制，用政治规范体系来规范和保障党的政治建设，实现党的政治建设有章可循、有据可依。进入新时代以来，在正式提出党的政治建设重大命题之前，党中央就出台了《关于改进工作作风、密切联系群众的八项规定》《关于新形势下党内政治生活的若干准则》等一系列规章制度，严格规范党内政治生活，净化党内政治生态。党的十九大将“全面从严治党”首次写入党章之后，党中央出台《中共中央政治局关于加强和维护中央集中统一领导的若干规定》，加强党的政治领导；修订《中国共产党纪律处分条例》，把党的政治纪律作为最重要、最根本、最关键的纪律挺在前面；印发《中共中央关于加强党的政治建设的意见》《中国共产党重大事项请示报告条例》《中国共产党党组工作条例》，全面部署新形势下党的政治建设，逐步建构起加强党的政治建设的系统化、规范化制度框架。这些规章制度的陆续制定、修订和颁布，明确了党的政治建设标准，既为全党提出了向往践行的政治高线，又为全党划出了防止逾矩失范的政治底线，推动党的政治建设科学化、制度化、规范化水平明显提高。

---

〔1〕《中共中央关于党的百年奋斗重大成就和历史经验的决议》，人民出版社 2021 年版，第 29 页。

〔2〕习近平：《决胜全面建成小康社会 夺取新时代中国特色社会主义伟大胜利——在中国共产党第十九次全国代表大会上的报告》，人民出版社 2017 年版，第 62 页。

三、新时代党的政治建设的基本经验

进入新时代以来，党的政治建设的理论探索和成功实践积累了宝贵经验，为在全面建成社会主义现代化强国的新征程上更好推进党的政治建设，激励全党为实现党的政治使命而不懈奋斗提供了重要启示。

（一）根本保障：加强党内法规制度建设

党内法规因党而生、因党而立、因党而兴。重视党内法规制度建设，为党的建设特别是政治建设提供了重要支撑和根本保障，是中国共产党的优良传统和重要经验。1938 年 10 月，毛泽东在扩大的六届六中全会上指出，为使党内关系走向正轨，“还须制定一种较详细的党内法规，以统一各级领导机关的行动”，[1]从而在党内首次明确提出“党内法规”概念。改革开放后，邓小平进一步强调：“领导制度、组织制度问题更带有根本性、全局性、稳定性和长期性”。[2]进入新时代以来，习近平明确提出要坚持依规治党，强调“加强党内法规制度建设是全面从严治党的长远之策、根本之策”，[3]针对加强党内法规制度建设作出重要部署。《中央党内法规制定工作五年规划纲要（2013—2017 年）》《中央党内法规制定工作第二个五年规划（2018—2022 年）》陆续出台。在党的历史上 2016 年 12 月首次召开全国党内法规工作会议，出台《中共中央关于加强党内法规制度建设的意见》，明确提出到中国共产党成立 100 周年时形成比较完善的党内法规体系目标。党的十九大强调，以党的政治建设为统领全面推进党的各项建设，加快形成覆盖党的领导和党的建设各方面的党内法规体系。党的十九届

[1]《毛泽东选集》第 2 卷，人民出版社 1991 年版，第 528 页。

[2]《邓小平文选》第 2 卷，人民出版社 1994 年版，第 333 页。

[3] 习近平：《论坚持全面依法治国》，中央文献出版社 2020 年版，第 169 页。

四中全会强调，健全总揽全局、协调各方的党的领导制度体系，加快形成完善的党内法规体系。2020 年 11 月，中央全面依法治国工作会议强调，健全党领导全面依法治国的制度和工作机制，形成完善的党内法规体系。

党的十八大以来，适应新形势新任务新要求，党中央及各地区各部门加快党内规范制定步伐。2021 年 7 月 1 日，习近平在庆祝中国共产党成立 100 周年大会上庄严宣告，我们党已经“形成比较完善的党内法规体系”[1]。至此，全党拥有现行有效党内法规多达 3615 件。其中，党的十八大以来出台《中国共产党党组工作条例》等党的组织法 94 部、《中国共产党重大事项请示报告条例》等党的领导法规 554 部、《关于新形势下党内政治生活的若干准则》等党的自身建设法规 866 部、《中国共产党纪律处分条例》等党的监督保障法规 916 部，占现行有效党内法规总数的近三分之二，[2]形成一个比较完善的党内法规体系，并在此基础上形成一套系统完备的党的制度。这彰显了中国共产党的大党气派、大党智慧、大党治理之道，诠释了“中国之治”的独特密码，为世界政党治理贡献了中国智慧和中国方案。这启示全党，新时代新征程加强党的政治建设，要继续坚持依规治党，及时把重大理论成果和实践成果上升为法规制度，推动党内法规制度建设高质量发展，进一步提升党的领导和党的建设制度化规范化科学化水平。

（二）根本方法：抓“关键少数”以带动管“绝大多数”

抓“关键少数”以带动管“绝大多数”的方法已成为新时代推进

---

〔1〕习近平：《在庆祝中国共产党成立 100 周年大会上的讲话》，人民出版社 2021 年版，第 7 页。

〔2〕中共中央办公厅法规局：《中国共产党党内法规体系》，人民出版社 2021 年版，第 2、20 页。

党的政治建设的一条重要经验。《中共中央关于加强党的政治建设的意见》第十八条明确指出："加强党的政治建设，要坚持抓'关键少数'和管'绝大多数'相结合，重点是抓住领导机关和领导干部，发挥其示范引领作用。"[1]这条重要经验蕴含以下几点要求：推进党的政治建设，首先要抓住"关键少数"这个"牛鼻子"，这是重点。领导干部特别是高级干部是党的各项事业的组织者、谋划者和推动者，在党和国家事业中处于关键位置、关键领域和关键环节，只有牢牢抓住领导干部这个"关键少数"，全面提升领导干部的政治觉悟和政治能力，才能不断提高党的政治建设质量。其次要管好"绝大多数"，夯实党的政治建设根基。"基础不牢，地动山摇"，作为"绝大多数"的广大党员、干部是党的政治建设的基础。广大党员、干部与群众的联系最为密切，是党组织系统的"神经末梢"，他们的态度、作风和言行直接影响党在群众中的形象和威望。因此，推进党的政治建设，必须加强对广大党员、干部的管理和教育。最后要正确认识并处理好两者的关系，这也是最重要的。抓"关键少数"和管"绝大多数"不是相互割裂的，而是辩证统一的，具有内在关联性和良好互动性。一方面，"关键少数"对"绝大多数"具有示范和带动作用，起到"上行下效"的效果。这就要求"高级干部特别是中央领导层组成人员必须以身作则，模范遵守党章党规，严守党的政治纪律和政治规矩，坚持不忘初心、继续前进，坚持率先垂范、以上率下，为全党全社会作出示范"。[2]另一方面，管"绝大多数"对抓好"关键少数"具有辅助和督促作用。"绝大多数"参与党的政治建设的积极性和主动性越高，对"关键少数"的政治监督也就越全面和深入，从而督促"关键少数"进一步约束和规范自己

[1]《中共中央关于加强党的政治建设的意见》，《人民日报》2019年2月28日。
[2]《十八大以来重要文献选编》(下)，中央文献出版社2018年版，第416页。

的政治言行。

党的十八大以来，全面从严治党，推进党的政治建设首先从中央政治局立规矩开始，从制定落实中央八项规定破题，从中央领导同志做起，产生了强大号召力。党的十八届六中全会将高级干部必须以上率下遵守政治纪律和政治规矩的要求写入《关于新形势下党内政治生活的若干准则》。2021 年 6 月 1 日，中共中央发布《关于加强对“一把手”和领导班子监督的意见》，进一步完善党和国家监督体系，推动全面从严治党向纵深发展。习近平以行动为号令、以身教为榜样，在出席各种活动中严格执行中央八项规定，为全党树立了榜样。这启示全党，新时代新征程加强党的政治建设，“关键少数”要加强政治历练、积累政治经验、增进政治智慧，增强政治信仰、坚定政治信念，提升政治能力，以上率下，积极带动引领“绝大多数”共同前进。

（三）根本途径：通过党性教育和党性锻炼提高政治觉悟和政治能力

提高党员干部的政治觉悟和政治能力是党的政治建设的重要任务，而党性教育和党性锻炼则是完成这项重要任务的根本途径，这是新时代党的政治建设的一条重要经验。早在 2017 年 2 月中央政治局会议审议《关于推进“两学一做”学习教育常态化的意见》时就指出，开展“两学一做”学习教育，是不断加强党的思想政治建设的有效途径。〔1〕党的十九大更是明确提出，“全党同志特别是高级干部要加强党性锻炼，不断提高政治觉悟和政治能力”〔2〕。党员干部的政治能力是完成所肩负政治使命的重要条件，政治觉悟是不断提升政治能力的内生动力。进入新时代以来，全党肩负着全面深化改革开放的艰巨任务，面临着

〔1〕《中共中央政治局召开会议》，《人民日报》2017 年 2 月 22 日。

〔2〕习近平：《决胜全面建成小康社会 夺取新时代中国特色社会主义伟大胜利——在中国共产党第十九次全国代表大会上的报告》，人民出版社 2017 年版，第 63 页。

完成化解重大风险、精准脱贫、污染防治“三大攻坚战”的重大挑战，面对着错综复杂的国际国内形势的重大考验，必须进行具有新的历史特点的伟大斗争，因此，提高全党尤其是党员干部的政治能力愈加迫切。党员干部的政治能力不是天生的，除了依靠党组织的外在培养，更重要的是依靠自身不断学习和政治历练。党员干部能否通过长期学习和不断历练，把已有知识、理论和群众经验转化为自身的政治能力，把党的外在要求转化为自身的内在追求，提高主体自觉就成为关键。党员干部的主体自觉也就是政治觉悟，是对党的政治性质、政治理想、政治任务、根本宗旨的自主接受、高度认同、自觉践行。[1]习近平强调：“党的领导干部必须讲觉悟、有觉悟。”[2]

党的十八大以来，党中央高度重视通过党性教育和党性锻炼提高党员干部尤其领导干部的政治觉悟和政治能力。一是中央政治局带头开展集体学习，组织基层党组织中心组开展政治理论学习，对党的领导干部进行政治理论学习轮训。二是加强党性教育，尤其是2016年“两学一做”学习教育，将党内教育由“关键少数”扩大到全体党员。2021年，党中央将学习贯彻习近平新时代中国特色社会主义思想与党史学习教育等结合起来，增强向党中央看齐的意识。[3]三是加强党性锻炼。党员干部在严肃党内政治生活中锻炼，在工作实践和斗争中磨砺，特别是年轻干部在基层一线和困难艰苦的地方得到培养锻炼。党的学习力度之大、学习内容之广、锻炼要求之严，在世界政党中鲜见。这

---

〔1〕金民卿：《把握提升政治能力的关键问题》，《紫光阁》2018年第10期。

〔2〕《全面贯彻落实党的十八届六中全会精神 增强全面从严治党系统性创造性实效性》，《人民日报》2017年1月7日。

〔3〕李正华：《党的政治建设是一个永恒课题——党的十八大以来政治建设主要成就》，《中国党政干部论坛》2022年第5期。

启示全党，新时代新征程加强党的政治建设，要继续加强学习型政党建设，加强党员干部政治能力训练和政治实践历练，使自己的政治觉悟和政治能力与工作职责相匹配。

（四）根本目的：为人民谋利益，满足人民日益增长的美好生活需要

习近平强调，共产党人要牢记初心使命，什么时候也不要忘记自己从哪里来，到哪里去。党来自人民、为了人民、依靠人民，党所奋斗的一切最终是促进人的全面发展。这决定了新时代加强党的政治建设，必须坚持以人民为中心的政治立场，秉承全心全意为人民服务的根本宗旨，践行为中国人民谋幸福的根本使命，把为人民谋利益，满足人民日益增长的美好生活需要作为根本目的。重视为人民谋利益是唯物史观的核心思想，是中国共产党的优良传统。马克思指出："人们为之奋斗的一切，都同他们的利益有关。"〔1〕在党的历史上，毛泽东最早论述了共产党为人民谋利益的问题，指出"共产党人的一切言论行动，必须以合乎最广大人民群众的最大利益"〔2〕为最高标准，明确提出党的群众路线是党的根本工作路线，把密切联系群众作为党的三大优良作风之一，首先提出党的全心全意为人民服务的根本宗旨。邓小平指出，共产党"之所以能够领导人民群众，正因为，而且仅仅因为，它是人民群众的全心全意的服务者"〔3〕，揭示了党的领导本质就是服务，从而阐明了党的政治建设的根本目的。进入新时代，随着社会主要矛盾的转变，追求美好生活日益成为人民群众的最大期盼。习近平把紧扣民心作为最大的政治，指出共产党人"打江山、守江山，守的是人

〔1〕《马克思恩格斯全集》第1卷，人民出版社1995年版，第187页。
〔2〕《毛泽东选集》第3卷，人民出版社1991年版，第1096页。
〔3〕《邓小平文选》第1卷，人民出版社1993年版，第218页。

民的心”[1]，进而顺应人民群众的期盼，明确将满足人民日益增长的美好生活需要作为党的奋斗目标。

党的十八大以来，党中央始终坚守以人民为中心的政治立场，践行全心全意为人民服务的根本宗旨，把增进民生福祉、让老百姓过上好日子作为一切工作的出发点和落脚点。“堵漏洞”“补短板”“固底板”，让人民群众充分感受到公平正义；全面建成小康社会，历史性地解决了绝对贫困问题；全力抗击新冠疫情，守护人民群众的生命安全和健康；努力推动乡村振兴，实现全体人民共同富裕；建成世界最大规模社会保障体系，有效保障和改善民生。党的十八大以来，人民生活全方位改善，人民安居乐业、社会安定有序，续写了社会长期稳定的奇迹。这启示全党，新时代新征程加强党的政治建设，必须继续坚守以人民为中心的政治立场，扛起为人民服务的政治担当，提高为人民谋利益的政治能力，坚定不移走实现全体人民共同富裕的正确道路。

[1] 习近平:《在庆祝中国共产党成立 100 周年大会上的讲话》，人民出版社 2021 年版，第 11 页。

党的政治建设是一个永恒课题

——党的十八大以来政治建设主要成就*

党的十八大以来，以习近平同志为核心的党中央在加强和改进党的建设过程中，把党的政治建设摆在更加突出位置，在把准政治方向、坚持党的领导、夯实政治根基、涵养政治生态、防范政治风险、永葆政治本色、提高政治能力等方面，推进党的政治建设取得明显成效。

一、把党的政治建设摆在首要位置，推进党的政治建设更加自觉坚定

党的政治建设决定党的建设方向和效果。旗帜鲜明讲政治，既是马克思主义政党的鲜明特征，也是中国共产党一以贯之的政治优势。党的十八大以来，以习近平同志为核心的党中央在推进党的建设新的伟大工程中，坚持问题导向，把党的政治建设摆在更加突出的位置，推进党的政治建设更加自觉坚定。

将党的政治建设提升到首要位置。党的十八大以来，在推进全面从严治党过程中，面对“四大考验”和“四种危险”，面对中国特色社会主义新时代的新任务新要求，针对政治意识不强、政治立场不稳、

---

* 本文曾发表于《中国党政干部论坛》2022 年第 5 期。

政治能力不足、政治行为不端等突出问题，习近平总书记反复强调，全党要旗帜鲜明讲政治。讲政治关系党的前途命运，是我们党管党治党、避免犯颠覆性错误的根本保证，任何时候都不能含糊和动摇。他指出："我们党作为马克思主义政党，讲政治是突出的特点和优势。没有强有力的政治保证，党的团结统一就是一句空话。"[1]他强调，党要管党必须从党内政治生活管起，从严治党必须从严肃党内政治生活严起。党的十九大报告明确指出，党的政治建设是党的根本性建设，要把党的政治建设摆在首位。2019 年 1 月印发的《中共中央关于加强党的政治建设的意见》，将党的政治建设提升到新的高度。强调以党的政治建设为统领，是马克思主义党建理论的一个重大创新。

党的政治建设的内涵和话语体系进一步丰富发展。十八大以来，党中央提出并强调政治纲领、政治路线、政治理想、政治方向、政治立场、政治定力、政治意识、政治勇气、政治责任、政治任务、政治品质、政治能力、政治纪律、政治规矩、政治底线、政治上合格、政治言论、政治行为、政治清明、党内政治生活、党内政治生态、政治鉴别力、政治敏锐性、政治执行力、做政治上的明白人、对党忠诚等一系列党的政治建设方面的概念，要求党员干部增强"四个意识"、坚定"四个自信"、做到"两个维护"；将坚持党中央权威和集中统一领导作为首要任务，将坚守正确政治方向作为重中之重，将紧扣民心作为最大的政治，将营造良好政治生态作为基础性工程；开展党的群众路线教育实践活动、"两学一做"学习教育、"不忘初心、牢记使命"主题教育和党史学习教育，坚定党员政治理想，提高党员政治素养；出台中央八项规定，开展政治巡视，以强有力的政策措施整治党内存

[1]《习近平关于全面从严治党论述摘编》，中央文献出版社 2016 年版，第 80 页。

在的不良风气，从理论和实践上进一步丰富发展了党的政治建设的内涵和话语体系。

更加重视党的政治建设的党建新格局逐步形成。在推进中国特色社会主义伟大实践中，党中央将全面从严治党纳入“四个全面”战略布局；党的十九大报告明确指出，以党的政治建设为统领，以坚定理想信念宗旨为根基，以调动全党积极性、主动性、创造性为着力点，全面推进党的政治建设、思想建设、组织建设、作风建设、纪律建设，把制度建设贯穿其中，深入推进反腐败斗争，不断提高党的建设质量。把政治标准和政治要求贯穿党的思想建设、组织建设、作风建设、纪律建设以及制度建设、反腐败斗争始终，以政治上的加强推动全面从严治党向纵深发展，引领带动党的建设质量全面提高。确立习近平同志在党中央的核心、全党的核心地位，确立习近平新时代中国特色社会主义思想为党的指导思想，坚持和发展党在社会主义初级阶段的基本路线，等等，逐步形成了政治建设与思想建设、组织建设、作风建设、反腐倡廉建设和制度建设融为一体，“以党的政治建设为统领”的党的建设新格局。

二、着力增强“四个意识”、坚定“四个自信”、做到“两个维护”，党中央权威和集中统一领导得到有力保证

加强党的政治建设，目的就是坚定政治信仰，强化政治领导，提高政治能力，净化政治生态，实现全党团结统一、行动一致。中国共产党是世界最大的执政党，坚定不移维护党中央权威和集中统一领导至关重要。

确立习近平同志在党中央的核心、全党的核心地位。2012 年党的十八大选举习近平同志为中共中央总书记。2016 年十八届六中全会审

议通过《关于新形势下党内政治生活的若干准则》和《中国共产党党内监督条例》，正式提出“以习近平同志为核心的党中央”，2017 年党的十九大把习近平同志在党中央的核心、全党的核心地位写入党章，指出中国特色社会主义进入新时代。拥有一个有能力的中央和全党公认的领袖，是党成熟的重要标志，也是加强党的领导的重要条件。明确习近平同志为党中央的核心、全党的核心，对全党进一步增强“四个意识”特别是核心意识、看齐意识，更加紧密地团结在党中央周围，更加坚定地维护党中央权威和集中统一领导，更加自觉地在思想上政治上行动上同党中央保持高度一致，进一步开创治国理政新局面，保证党和国家兴旺发达、长治久安，意义重大，影响深远。

确立习近平新时代中国特色社会主义思想为党的指导思想。党的政治建设的一项重要任务就是不断推进马克思主义中国化、时代化、大众化。党的十八大以来，形成了习近平新时代中国特色社会主义思想，中国特色社会主义理论体系得到丰富和发展。党的十九大通过的党章把习近平新时代中国特色社会主义思想同马克思列宁主义、毛泽东思想、邓小平理论、“三个代表”重要思想、科学发展观一道确立为党的指导思想。习近平新时代中国特色社会主义思想回答了一系列重大时代课题，是当代中国马克思主义、二十一世纪马克思主义，是中华文化和中国精神的时代精华，实现了马克思主义中国化新的飞跃，是全党全国人民为实现中华民族伟大复兴而奋斗的行动指南。《中共中央关于党的百年奋斗重大成就和历史经验的决议》指出：“党确立习近平同志党中央的核心、全党的核心地位，确立习近平新时代中国特色社会主义思想的指导地位，反映了全党全军全国各族人民共同心愿，对新时代党和国家事业发展、对推进中华民族伟大复兴历史进程具有决定性意义。”

增强“四个意识”、坚定“四个自信”成为共识。党的十八届六中全会通过的《关于新形势下党内政治生活的若干准则》明确强调：“全党必须牢固树立政治意识、大局意识、核心意识、看齐意识，自觉在思想上政治上行动上同党中央保持高度一致。”这是党的文件第一次提出“四个意识”。2016年在庆祝中国共产党成立95周年大会上，习近平总书记将文化自信与道路自信、理论自信、制度自信并列，第一次向全党明确提出坚持“四个自信”的整体战略要求，强调“坚持不忘初心、继续前进，就要坚持中国特色社会主义道路自信、理论自信、制度自信、文化自信”，“文化自信，是更基础、更广泛、更深厚的自信”。“四个意识”“四个自信”是中国共产党理论创新的一个重要成果，是习近平新时代中国特色社会主义思想的重要内容，对于保证全党团结统一、步调一致，带领全国各族人民奋力夺取新时代中国特色社会主义伟大胜利具有重要意义。

保证党中央权威和集中统一领导的制度举措不断完善。为了维护党中央权威，党的十九大报告把“坚持党中央权威和集中统一领导”确立为党的政治建设的首要任务。2017年10月中央政治局会议审议通过的《中共中央政治局关于加强和维护党中央集中统一领导的若干规定》强调，“党中央集中统一领导是党的领导的最高原则”。党中央还作出一系列重大制度性安排，如中央书记处和中央纪律检查委员会、全国人大常委会党组、国务院党组、全国政协党组、最高人民法院党组、最高人民检察院党组每年向中央政治局常委会、中央政治局报告工作，中央政治局同志每年向党中央和习近平总书记书面述职，健全一系列中央决策议事协调机构工作机制等，这些制度举措为全党在思想上政治上行动上同党中央保持高度一致提供了有力保证。

三、严格政治纪律和政治规矩，党的政治领导力、思想引领力、群众组织力、社会号召力不断提高

严明党的政治纪律和政治规矩，充分发挥党总揽全局、协调各方的领导核心作用，有力保证了党中央权威和集中统一领导，有效提高了党的政治领导力、思想引领力、群众组织力、社会号召力。

党的政治纪律和政治规矩得到强化。党的政治建设，根本是要防范化解思想涣散、纪律松弛风险，使全党自觉而紧密地团结在党中央周围。针对一些人无视党的政治纪律和政治规矩的问题，习近平总书记从党的十八届四中全会开始就反复强调要警惕“七个有之”。他指出，“七个有之”本质上是政治问题，概括起来是两个方面：一个是政治问题和经济问题交织形成利益集团，妄图攫取党和国家权力；一个是山头主义和宗派主义作祟，大搞非组织活动，破坏党的集中统一。为了进一步严明党的政治纪律和政治规矩，习近平总书记鲜明提出“五个必须”，强调全党在政治方向、政治路线、政治立场、政治主张上，必须同党中央保持高度一致。每一个党的组织、每一名党员干部，无论处在哪个领域、哪个层级、哪个部门和单位，都要服从党中央集中统一领导，确保党中央令行禁止，决不允许背着党中央另搞一套。要求党员干部必须对党的政治纪律和政治规矩心存敬畏之心，时刻绷紧政治纪律和政治规矩之弦。

党章和党规党纪不断完善并严格执行。“党章是党的总章程，集中体现了党的性质和宗旨、党的理论和路线方针政策、党的重要主张，规定了党的重要制度和体制机制，是全党必须共同遵守的根本行为规范。没有规矩，不成方圆。党章就是党的根本大法，是全党必须遵循

的总规矩。”[1]尊崇党章并不断完善党章，对于建设一个政治上、思想上、组织上集中统一的无产阶级革命政党，意义重大。党的十九大审议通过关于《中国共产党章程（修正案）》的决议，将习近平新时代中国特色社会主义思想确立为党的指导思想写入党章，实现了党的指导思想与时俱进；首次把党的政治建设纳入党的建设总体布局；首次在党章中提出牢牢掌握意识形态工作领导权，不断巩固马克思主义在意识形态领域的指导地位。党规党纪是对党章的延伸和具体化，是规范党员行为的具体遵循。党的十八大以来，陆续制定、修订了《关于新形势下党内政治生活的若干准则》《中国共产党巡视工作条例》《中国共产党廉洁自律准则》《中国共产党纪律处分条例》《中国共产党问责条例》《中国共产党党内监督条例》《中共中央政治局关于加强和维护党中央集中统一领导的若干规定》《中国共产党重大事项请示报告条例》《中国共产党党组工作条例》等党内法规，还制定了中央政治局、中央政治局常委会的工作规则，建立完善巡视制度，并把维护党中央权威、贯彻执行党的路线方针政策情况作为党内监督的首要任务。

开展和加强党性教育成效显著。党的十八大后，开展学习教育成为常态。特别是2016年在全体党员中开展的“两学一做”学习教育，将党内教育由“关键少数”扩大到全体党员，将学党章党规作为学习教育的重要内容。2021年，党中央把学习贯彻习近平新时代中国特色社会主义思想与党史学习教育等结合，教育引导全党从党史中汲取正反两方面历史经验，坚定不移向党中央看齐，自觉在思想上政治上行动上同以习近平同志为核心的党中央保持高度一致，确保全党上下拧

[1] 习近平：《认真学习党章 严格遵守党章》，《人民日报》2012年11月20日。

成一股绳，心往一处想、劲往一处使。通过持续开展党内集中教育，党的领导水平和执政能力不断提高，党的执政基础进一步巩固。

党员领导干部“政治三力”得到重视和提高。党的政治建设落实到干部队伍建设上，就要不断提高各级领导干部特别是高级干部把握方向、把握大势、把握全局的能力，辨别政治是非、保持政治定力、驾驭政治局面、防范政治风险的能力。2020 年 12 月，在中央政治局民主生活会上，习近平总书记提出，我们党要始终做到不忘初心、牢记使命，把党和人民事业长长久久推进下去，必须增强政治意识，善于从政治上看问题，善于把握政治大局，不断提高政治判断力、政治领悟力、政治执行力。“政治三力”既是增强“四个意识”、坚定“四个自信”、做到“两个维护”的应有之义，也是对新形势下党的政治建设提出的明确要求，对于继续推进党的建设新的伟大工程、推进全面从严治党向纵深发展发挥了积极作用。

四、积极营造良好的政治生态，政治生态不断净化

政治生态是党风、政风、社会风气的综合反映。营造良好政治生态，是党的政治建设的重要内容和基础性工程。2013 年 1 月，习近平总书记在十八届中央纪委二次全会上第一次提出政治生态这个概念。随后，他又多次强调，做好各方面工作，必须有一个良好政治生态。党中央采取了一系列重大举措，查处了周永康、薄熙来、郭伯雄、徐才厚、令计划、苏荣等一大批大案要案，净化了党内政治生态，巩固了党的领导地位，提高了党的威望。

选人用人更加突出政治标准。选人用人是风向标，直接影响政治生态走向。十八大以来，党中央把树立正确选人用人导向作为重要着力点，大力整治选人用人上的不正之风，以用人环境的风清气正促进

政治生态的山清水秀。认真贯彻新时代好干部标准，把政治标准放在第一位，强化政治把关，确保选人用人工作的正确方向，注重选拔任用忠诚干净担当的干部，坚决把政治上的“两面人”挡在门外。实施“强基培苗”工程，夯实基层基础人才支撑，加大优秀年轻干部选育力度。加强干部选拔任用全程监督，严肃查处任人唯亲、跑官要官、拉票贿选等行为，坚决防止“带病提拔”“带病上岗”，努力确保干部队伍纯洁。

党内政治生活气象更新。严肃认真的党内政治生活是净化党内政治生态的前提。十八大以来，党中央把严肃党内政治生活摆在突出位置，党的十八届六中全会通过《关于新形势下党内政治生活的若干准则》，从 12 个方面作出规定，既有治标举措，也有治本方略。通过唤醒党章党规党纪意识，把纪律规矩挺在前面，以顽强意志正风肃纪，在“打虎”“拍蝇”“猎狐”中深入推进反腐败斗争。建立健全党内监督体系，压实管党治党责任，积极营造讲政治的良好风气。制定科学严密的制度规范，推动党的组织生活制度化、经常化、规范化。抓住党的领导干部这一党内政治生活的实践主体和党内政治生态的建设主体，在党内生活中磨砺党性。充分利用党的组织生活载体，推进党内政治生活建设，创新党的组织生活方式方法，激发党内政治生活的生机活力。不断完善民主集中制的各项具体制度，充分发挥民主集中制的优势，为营造风清气正、海晏河清的党内政治生态提供坚实制度保障。开展严肃、认真的批评和自我批评，讲党性不讲私情，努力创造生动活泼的政治局面。党内政治生活的政治性、时代性、原则性、战斗性不断增强。

党内政治文化建设不断加强。“党内政治生活、政治生态、政治文化是相辅相成的，政治文化是政治生活的灵魂，对政治生态具有潜移默化的影响。”[1]加强党的政治建设，营造良好的政治生态，必须不断加强党内政治文化建设。党中央积极营造健康洁净的政治文化，构建反腐败协同工作机制，营造“山清水秀”的从政环境。引导广大党员干部弘扬忠诚老实、公道正派、实事求是、清正廉洁等价值观，坚决防止和反对个人主义、分散主义、自由主义、本位主义、好人主义，坚决防止和反对宗派主义、圈子文化、码头文化，坚决反对搞两面派、做两面人。挖掘吸收中华优秀传统文化的有益营养和思想精髓，继承弘扬革命文化，大力发展社会主义先进文化，把弘扬社会主义核心价值观贯穿于党内政治生态建设的全过程，全面加强社会主义意识形态教育，巩固党的意识形态主阵地，增强甄别外来政治文化的能力，自觉抵制外来腐朽政治文化的侵蚀。党的十九大把“发展积极健康的党内政治文化，营造风清气正的良好政治生态”写入新修订的党章。

五、把紧扣民心作为最大的政治，党的执政基础进一步巩固

党的最大政治优势是密切联系群众，党执政后的最大危险是脱离群众。习近平总书记在第十九届中央政治局第六次集体学习时指出，加强党的政治建设，要紧扣民心这个最大的政治，把赢得民心民意、汇集民智民力作为重要着力点。

始终坚持人民立场。中国共产党是没有自己特殊利益的马克思主义政党。习近平总书记强调：“全党同志特别是各级领导干部都要牢记党章中的规定：党除了工人阶级和最广大人民群众的利益，没有自己

〔1〕习近平：《在党的十八届六中全会第二次全体会议上的讲话（节选）》，《求是》2017 年第 1 期。

特殊的利益。如果有了自己的私利，那就什么事情都能干出来。”[1]“坚持不忘初心、继续前进，就要坚信党的根基在人民、党的力量在人民，坚持一切为了人民、一切依靠人民，充分发挥广大人民群众积极性、主动性、创造性，不断把为人民造福事业推向前进。”[2]十八大以来，党中央提出并坚持“以人民为中心”的价值理念，将一切工作的成败得失由人民来检验，生动诠释了党的根本立场、根本宗旨，进一步彰显了马克思主义政党的人民性。

密切联系群众成为推进党的建设的鲜明主线。密切联系群众是中国共产党的政治优势，也是党的政治本色和价值诉求的集中体现。毛泽东指出：“我们共产党人好比种子，人民好比土地。我们到了一个地方，就要同那里的人民结合起来，在人民中间生根、开花。我们的同志不论到什么地方，都要把和群众的关系搞好，要关心群众，帮助他们解决困难。”[3]中国共产党的百年奋斗史就是一部密切联系群众、紧紧依靠群众的历史，也是一部为人民谋幸福的历史。十八大以来，党中央开展党的群众路线教育实践活动、“不忘初心、牢记使命”主题教育，广大党员干部深入基层、深入一线，积极回应群众关切，切实解决群众最关心最直接最现实的利益问题，特别是在脱贫攻坚，在解决群众看病难、上学难、就业难、住房难等操心事、揪心事上，以看得见的变化回应群众期盼，赢得了人民群众的信赖、拥护和支持。

人民群众的愿望要求逐步实现。有效赢得民心，最根本的就是要顺应

---

〔1〕《习近平关于严明党的纪律和规矩论述摘编》，中央文献出版社、中国方正出版社2016年版，第30—31页。

〔2〕习近平：《在庆祝中国共产党成立95周年大会上的讲话》，人民出版社2016年版，第18页。

〔3〕《毛泽东选集》第4卷，人民出版社1991年版，第1162页。

人民群众的愿望要求，始终把人民的期盼变成党的奋斗目标。根据我国社会主要矛盾已经转化为人民日益增长的美好生活需要和不平衡不充分的发展之间的矛盾的实际，党把实现好、维护好、发展好最广大人民根本利益作为一切工作的出发点和落脚点，以人民拥护不拥护、赞成不赞成、高兴不高兴、答应不答应作为最高标准，把党的群众观点、群众路线植根于思想中、落实到行动上、体现在标准里。“堵漏洞”“补短板”“固底板”，让人民群众充分感受到公平正义的阳光。严惩腐败分子，以零容忍态度驰而不息纠治“四风”，以良好作风取信于民。全面建成小康社会，历史性地解决了绝对贫困问题，努力推动乡村振兴，实现全体人民共同富裕。人民获得感、幸福感、安全感更加充实、更有保障、更可持续。

“党的十八大以来，党中央权威和集中统一领导得到有力保证，党的领导制度体系不断完善，党的领导方式更加科学，全党思想上更加统一、政治上更加团结、行动上更加一致，党的政治领导力、思想引领力、群众组织力、社会号召力显著增强”[1]，这是党的政治建设取得巨大成就的重要体现。

〔1〕《中共中央关于党的百年奋斗重大成就和历史经验的决议》，人民出版社2021年版，第29页。

新时代中国特色社会主义民主政治建设的重要成就*

党的十八大以来，以习近平同志为核心的党中央根据新形势新任务的要求，确定全面深化改革的总目标是完善和发展中国特色社会主义制度，推进国家治理体系和治理能力现代化。党的十九届三中全会站在更高起点谋划和推进改革，对深化党和国家机构改革作出全面规划和系统部署，通过《中共中央关于深化党和国家机构改革的决定》和《深化党和国家机构改革方案》，为新时代坚持和发展中国特色社会主义、推动社会主义制度自我完善和发展迈出了重要一步，开辟了中国特色社会主义民主政治发展新境界。

一、坚持党的全面领导，党的领导体制改革向纵深推进

中国共产党领导是中国特色社会主义最本质的特征，是全党全国各族人民共同意志和根本利益的体现，是决胜全面建成小康社会、夺取新时代中国特色社会主义伟大胜利的根本保证。党的十九大报告特别强调："党政军民学，东西南北中，党是领导一切的。""党是最高政

---

* 本文曾发表于《红旗文稿》2018 年第 22 期。

治领导力量。”并提出“坚持和加强党的全面领导”的任务，党的十九届三中全会把“形成总揽全局、协调各方的党的领导体系”纳入改革目标。在我国政治生活中，中国共产党居于领导地位，这既是历史的选择，也是中国人民的选择。加强党的集中统一领导，支持人大、政府、政协和监察机关、审判机关、检察机关、人民团体、企事业单位、社会组织履行职能、开展工作、发挥作用，二者是统一的。

建立健全党对一切工作的领导体制机制。党的十八大以来，党中央成立了多个领导小组（委员会），其中中央国家安全委员会、中央全面深化改革领导小组（2018 年 3 月改为中央全面深化改革委员会）、中央网络安全和信息化领导小组（2018 年 3 月改为中央网络安全和信息化委员会）、中央军委深化国防和军队改革领导小组、中央统战工作领导小组、中央全面依法治国委员会等为新建。党中央决策议事协调机构在中央政治局及其常委会领导下开展工作，对于加强党对事关党和国家事业全局的重大工作的集中统一领导，整合职能部门的资源，顺利推进全面深化改革，意义重大。

强化党的组织在同级组织中的领导地位。统筹设置党政机构，党的相关机构同职能相近、联系紧密的其他部门统筹设置，实行合并设立或合署办公，使党政机构职能分工合理、责任明确、运转协调，形成统一高效的领导体制，保证党的集中统一领导。理顺党的组织同其他组织的关系，更好发挥党总揽全局、协调各方的作用。在国家机关、事业单位、群团组织、社会组织、企业和其他组织中设立的党委（党组），接受批准其成立的党委统一领导，定期汇报工作，确保党的方针政策和决策部署在同级组织中得到贯彻落实。

深化党的建设制度改革。党的十八届三中全会提出了“深化党的建设制度改革”的重大命题和任务。2014 年 8 月，中央政治局会议审议通过《深化党的建设制度改革实施方案》，规定了深化党的组织制度、干部人事制度、党的基层组织建设制度、人才发展体制机制4个方面的改革任务，并分解为26项改革举措，明确了责任单位、改革成果形式和时间进度。明确提出：党的组织制度改革，重点是坚持和完善民主集中制、严格党内生活，进一步健全和完善党内民主制度体系。干部人事制度改革，要在完善科学有效的选人用人机制上下功夫，通过制度改革和严格执行制度，解决长期存在的老大难问题，使各方面优秀干部充分涌现。党的基层组织建设制度改革，着力点是使每个基层党组织都成为坚强战斗堡垒，党的组织、党的工作要做到全覆盖，让党的旗帜在每一个基层阵地上都高高飘扬起来。完善人才工作领导体制和工作格局，形成具有国际竞争力的人才制度优势，把各方面优秀人才集聚到党和国家事业中来。

党的十八届四中全会将“形成完善的党内法规体系”确定为全面推进依法治国总目标的重要内容，强调“党内法规既是管党治党的重要依据，也是建设社会主义法治国家的有力保障”。党的十九大报告指出：“增强依法执政本领，加快形成覆盖党的领导和党的建设各方面的党内法规制度体系，加强和改善对国家政权机关的领导。”党的十九大修订了《中国共产党章程》，加上党的十八大以来修订颁布的《关于新形势下党内政治生活的若干准则》《中国共产党党内监督条例》《中国共产党问责条例》《中国共产党廉洁自律准则》《中国共产党纪律处分条例》等一系列党内重要法规，使党的政治建设、思想建设、组织建设、作风建设、纪律建设和反腐败斗争在制度层面进一步落实。

二、中国特色社会主义政治制度不断完善和发展

习近平总书记明确指出：“我们的主要历史任务是完善和发展中国

特色社会主义制度，为党和国家事业发展、为人民幸福安康、为社会和谐稳定、为国家长治久安提供一整套更完备、更稳定、更管用的制度体系。”[1]这一论述深刻阐明了完善和发展中国特色社会主义制度的重大意义和实现路径，有利于推动中国特色社会主义政治制度的完善和发展。

坚持和完善人民代表大会制度。习近平总书记强调，坚持和完善人民代表大会制度，必须毫不动摇坚持中国共产党的领导，必须保证和发展人民当家作主，必须全面推进依法治国，必须坚持民主集中制。[2]这为在新形势下坚持和完善人民代表大会制度指明了方向。

加强科学立法、民主立法，立法主动适应改革发展需要，是人民代表大会制度与时俱进的重要体现。2015 年 3 月，十二届全国人大三次会议对《中华人民共和国立法法》作出重要修改，进一步明确，“设区的市的人民代表大会及其常务委员会根据本市的具体情况和实际需要，在不同宪法、法律、行政法规和本省、自治区的地方性法规相抵触的前提下，可以对城乡建设与管理、环境保护、历史文化保护等方面的事项制定地方性法规”[3]。这对于更好发挥立法引领和推动改革的作用、建设社会主义法治国家意义深远。全国人大常委会依法行使立法、监督、决定、任免等职权，充分履行最高国家权力机关职责。各级人大充分发挥权力机关和人大代表作用，不断加强和改进监督工作，进一步拓宽人民监督权力的渠道，人民通过人大行使国家权力的制度化保障更加完善，实践方式不断创新，展示了社会主义民主政治的蓬

[1]《习近平关于全面深化改革论述摘编》，中央文献出版社 2014 年版，第 27 页。

[2] 习近平：《在庆祝全国人民代表大会成立 60 周年大会上的讲话》，人民出版社 2014 年版，第 6—8 页。

[3] 2015 年 3 月公布的《中华人民共和国立法法》第七十二条。

勃生机。

进一步健全立法工作向党中央请示报告制度，党的主张和人民的意愿通过法定程序转化为国家意志，立法引领和推动改革的路径更加清晰。2015 年，全国人大常委会办公厅出台《关于改进完善专题询问工作的若干意见》，明确要求每年由全国人大常委会办公厅与国务院办公厅协调，安排一至二位国务院副总理或国务委员向全国人大常委会作专项工作报告，到会听取审议意见、回答询问。人大专题询问工作更加规范化、机制化和常态化。2015 年 6 月，党中央首次以文件的形式转发了《中共全国人大常委会党组关于加强县乡人大工作和建设的若干意见》，提出了"密切人大代表同人民群众的联系、探索建立代表履职激励机制"等具体措施，为各地积极开展县乡人大建设指明了方向。此外，在推进人民代表大会制度理论和实践创新，完善中国特色社会主义法律体系，健全立法起草、论证、协调、审议机制，提高立法质量，防止地方保护和部门利益法制化等方面，也取得了新成就。

推进协商民主广泛多层制度化发展。党的十八大提出："社会主义协商民主是我国人民民主的重要形式"，强调"健全社会主义协商民主制度。要完善协商民主制度和工作机制"，"推进协商民主广泛、多层、制度化发展"。党的十八届三中全会把"推进协商民主广泛多层制度化发展"作为加强社会主义民主政治制度建设的重要内容，明确提出"增加协商密度，提高协商成效"的新要求。2015 年，党中央印发《关于加强社会主义协商民主建设的意见》，强调"协商民主是在中国共产党领导下，人民内部各方面围绕改革发展稳定重大问题和涉及群众切身利益的实际问题，在决策之前和决策实施之中开展广泛协商，努力形成共识的重要民主形式"，并对政党协商、人大协商、政府协商、政协协商、人民团体协商、基层协商、社会组织协商等作出重要部署。随后出台的《关于加强政党协商的实施意见》《关于加强人民政协协商民主建设的实施意见》《关于加强城乡社区协商的意见》《关于加强新时代人民政协党的建设工作的若干意见》，更是从操作机制上将协商民主落到实处。2015 年 9 月，党中央印发《中国共产党统一战线工作条例（试行）》，使统一战线在协商民主中的重要作用进一步发挥。人民政协不断拓展协商民主形式，重点推进政治协商、民主监督和参政议政的制度化、规范化和程序化，有效发挥了协商民主的重要载体和主阵地作用。

进一步强化人民政协的民主监督职能。党的十八大以来，人民政协发挥协商式监督特色优势，重点监督党和国家重大改革举措、重要决策部署贯彻执行情况，通过调研发现问题，围绕履责不力提出批评，针对问题不足督促改进。其中，开展脱贫攻坚民主监督，是党中央赋予各民主党派的重要使命，也是各民主党派中央首次对国家重大战略决策进行专项监督。全国政协从 2016 年起已经连续三年围绕精准扶贫、精准脱贫召开专题议政性常委会会议。在监督形式上，各民主党派中央分别对口多个全国贫困人口多、贫困发生率高的中西部省区开展脱贫攻坚民主监督。在监督内容上，脱贫攻坚民主监督聚焦脱贫攻坚政策举措落实的重要内容，包括贫困人口精准识别情况、贫困人口精准脱贫情况、贫困县摘帽情况、落实脱贫攻坚责任制情况、重大政策措施执行情况和扶贫资金项目管理使用情况，充分发挥了中国特色社会主义新型政党制度的监督职能。

进一步拓展协商渠道。党中央强调，要继续重点加强政党协商、政府协商、政协协商，积极开展人大协商、人民团体协商、基层协商，逐步探索社会组织协商。程序合理、环节完整的协商体系逐渐形成。与此同时，协商主体更加广泛，协商形式更加多样，协商内容更加丰富，协商层次更加明晰，协商制度不断完善，协商效果日益凸显。全国政协努力探索专题协商的实现形式，在广泛充分征求各民主党派、各专门委员会意见和建议的基础上，在继承历史传统的基础上有所创新，建立了双周协商座谈会制度。双周协商座谈会年度计划安排由全国政协主席办公会议讨论后报请党中央正式批准，在议题选择上坚持“小题目作大文章”，坚持研究党和国家的重大关键性课题，研究涉及人民群众根本利益的战略课题。在协商的内容和主题上，双周协商座谈会聚焦经济社会发展重大问题，紧扣重大举措的出台和贯彻建言献策，充分发挥人民政协作为协商民主重要渠道的作用。双周协商座谈会与每年一次的政协全体会议、每季度一次的政协常委会、每月一次的主席会议功能互补，拓宽了协商民主的渠道，有利于协商民主的制度化发展。

深化行政体制改革，加快政府职能转变。党的十八届三中全会通过的《中共中央关于全面深化改革若干重大问题的决定》指出：进一步简政放权，深化行政审批制度改革，最大限度减少中央政府对微观事务的管理，市场机制能有效调节的经济活动，一律取消审批，对保留的行政审批事项要规范管理、提高效率；直接面向基层、量大面广、由地方管理更方便有效的经济社会事项，一律下放地方和基层管理。

在过去的五年，一系列改革举措陆续推行。建立不动产统一登记制度，完善产权保护制度。财税改革取得重大进展，全面推行财政预决算公开，构建以共享税为主的中央和地方收入分配格局，启动中央与地方财政事权和支出责任划分改革，中央对地方一般性转移支付规模大幅增加、专项转移支付项目减少三分之二。稳步推进教育综合改革，完善城乡义务教育均衡发展促进机制，改革考试招生制度。建立统一的城乡居民基本养老、医疗保险制度，实现机关事业单位和企业养老保险制度并轨。出台划转部分国有资本充实社保基金方案。实施医疗、医保、医药联动改革，全面推开公立医院综合改革，取消长期实行的药品加成政策，药品医疗器械审批制度改革取得突破。推进农村承包地“三权”分置改革、确权面积超过80%，改革重要农产品收储制度。完善主体功能区制度，建立生态文明绩效考评和责任追究制度，推行河长制、湖长制，开展省级以下环保机构垂直管理制度改革试点。

简政放权、放管结合、优化服务等改革举措，推动政府职能发生深刻转变，市场活力和社会创造力明显增强，推动了经济社会持续健康发展。

三、党和国家机构改革迈出重大步伐

推进国家治理体系和治理能力现代化，必须统筹考虑党和国家机构设置，科学配置党政机构职责，理顺同群团、事业单位的关系，协调并发挥各类机构职能作用，形成适应新时代发展要求的党政群、事业单位机构新格局。党的十八届三中全会提出：“完善党和国家领导体制，坚持民主集中制，充分发挥党的领导核心作用。”确定国务院机构改革的主要思路是“以职能转变为核心，重点围绕转变职能和理顺关系，稳步推进大部制改革”。党的十九届三中全会确定深化党和国家机构改革的目标是：构建系统完备、科学规范、运行高效的党和国家机构职能体系，形成总揽全局、协调各方的党的领导体系，职责明确、依法行政的政府治理体系，中国特色、世界一流的武装力量体系，联系广泛、服务群众的群团工作体系，推动人大、政府、政协、监察机关、审判机关、检察机关、人民团体、企事业单位、社会组织等在党的统一领导下协调行动、增强合力，全面提高国家治理能力和治理水平。

党政军群机构改革统筹推进。统筹推进党政军群机构改革，是推进国家治理体系和治理能力现代化的一场深刻变革，是系统性、整体性、重构性的变革。这次机构改革包括党、政府、人大、政协、司法、群团、社会组织、事业单位、跨军地以及中央和地方各层级机构的改革。统筹设置党政机构，坚持一类事项原则上由一个部门统筹，一件事情原则上由一个部门负责。既注意解决当前最突出矛盾和短板，又关注基础性和长远性的体制和框架建设，既深化党政机构改革，又同步推进群团组织、企事业单位、社会组织的机构改革，既推动中央层面的改革，又促进地方和基层的改革。

党和国家机构改革取得新成效。党的纪律检查体制改革使党内监督得到有效加强，特别是党的十八届六中全会通过《中国共产党党内监督条例》，进一步完善了党内监督体系，实现了党内监督全覆盖。国务院机构改革，针对制约使市场在资源配置中起决定性作用、更好发挥政府作用的体制机制弊端，围绕推动高质量发展，建设现代化经济体系，加强和完善政府经济调节、市场监管、社会管理、公共服务、生态环境保护职能，调整优化政府机构职能。改革的核心是从“行业管理”到“功能管理”，适度分拆规划权、执行权、监督权。政府工作机构改革，按照经济体制改革和政企分开的要求，合并裁减专业管理部门和综合部门内部的专业机构，使政府对企业由直接管理为主转变到间接管理为主。

国家监察体制改革进一步深化。国家监察体制改革是在继承和借鉴党的纪律检查体制改革经验的基础上进行的。改革构建国家监察体系，有利于对党内监督达不到的地方，或者不适用执行党的纪律的公职人员，依法实施监察，真正把权力关进制度的笼子，完成与党内监督全覆盖相匹配的国家监察全覆盖，实现依法治国与依规治党、党内监督与国家监察有机统一。在国家监察体制改革中，党中央确定了先转隶、再成立、再挂牌的原则，并将省、市、县人民代表大会换届工作与试点工作紧密结合，确保各级监察委员会如期成立并及时开展监察工作。注重把自上而下和自下而上结合起来，鼓励试点地区对试点方案未明确规定、但实践中遇到的具体问题先行先试、大胆尝试。党中央部署改革试点任务，全国人大及时召开会议，通过改革试点方案和在全国推开改革试点工作的决定草案，做到了立法和改革决策紧密衔接，使重大改革于法有据、立法主动适应改革需要。试点地区围绕改革试点方案提出的目标任务，积极探索实践、认真归纳总结，形成了可复制可推广的经验，为改革全面推开和制定国家监察法提供了实践支撑。十三届全国人大一次会议通过宪法修正案和监察法，使党的主张通过法定程序上升为国家意志，将党中央关于创新和完善国家监察体制的改革决策转化为法律制度，使党和国家监督体系更加完备、科学、有效。

民之所望 政之所向

——坚持以人民为中心的发展思想*

党的十八大以来，以习近平同志为核心的党中央，坚持观大势、谋全局、干实事，成功驾驭我国经济发展大局，在实践中形成了以新发展理念为主要内容的习近平经济思想。坚持以人民为中心的发展思想，是习近平经济思想的根本立场，是党的历史经验的科学总结，为新时代中国经济发展提供了根本指引。

习近平经济思想的根本立场

以人民为中心的发展思想，是党的十八届五中全会首次提出来的，是指全体人民都是社会主义物质文明、政治文明、精神文明、社会文明和生态文明的参与者、建设者、推动者，同时又是平等分享经济社会发展成果的主人。习近平经济思想强调坚持公有制为主体、多种所有制经济共同发展，按劳分配为主体、多种分配方式并存，社会主义市场经济体制等社会主义基本经济制度；强调“使市场在资源配置中起决定性作用，更好发挥政府作用”；强调我国社会主要矛盾已经转化为人民日益增长的美好生活需要和不平衡不充分的发展之间的矛盾；

* 本文曾发表于《新湘评论》2022 年第 11 期。

强调新时代新阶段的发展必须是高质量发展；强调站在人与自然和谐共生的高度来谋划经济社会发展、努力建设人与自然和谐共生的现代化；强调坚持以供给侧结构性改革为主线，等等，充分体现了以人民为中心的发展思想这一根本立场。

坚持以人民为中心的发展思想，充分彰显了人类社会发展的最高价值，是对马克思主义的继承和创新。人民性是马克思主义最鲜明的品格，马克思主义唯物史观认为，“历史活动是群众的活动”，人民群众既是物质财富的创造者，也是精神财富的创造者，更是社会变革的决定性力量。马克思主义对于人类社会发展的设想是，在未来社会“生产将以所有的人富裕为目的”。马克思主义第一次站在人民的立场探求人类自由解放的道路，以科学的理论为最终建立一个没有压迫、没有剥削、人人平等、人人自由的理想社会指明了方向。习近平总书记指出：“马克思主义之所以具有跨越国度、跨越时代的影响力，就是因为它植根人民之中，指明了依靠人民推动历史前进的人间正道。”坚持以人民为中心的发展思想，把“人”作为经济发展的出发点和落脚点，既鲜明回答了发展是着眼于物的发展还是人的发展问题，又鲜明回答了这个发展是为少数人的发展还是绝大多数人的发展问题，是当代中国的马克思主义政治经济学。

坚持以人民为中心的发展思想，把“大道之行也，天下为公”“治国有常，而利民为本”等这些中国历史上流传下来的治理和发展思想，创造性地运用到治国理政实践中，是对中华优秀传统文化中的朴素民本思想的创造性运用和发展。它突出人民的主体地位，不仅强调以人民为中心的价值取向、工作导向、发展思想，而且将其上升到执政理念的高度，是中国共产党一贯坚持的全心全意为人民服务根本宗旨在新时代的继承和升华、丰富和发展。它本质上是追求在经济增长的过程中实现公平和效率的统一，进而实现人的全面发展，超越了西方主流经济学以利润最大化为理论发展前提的假设，避免了由此带来的矛盾以及西方经济不断演化出的各种危机。

中国共产党历史经验的深刻总结

为人民而生，因人民而兴，始终同人民在一起，为人民利益而奋斗，是中国共产党立党兴党强党的根本出发点和落脚点。中国共产党从诞生之日起，就把为人民服务镌刻在自己的旗帜上，把为中国人民谋幸福、为中华民族谋复兴作为自己的初心和使命，无论面临多大挑战和压力，无论付出多大牺牲和代价，总是根据人民意愿需要，代表最广大人民的利益，提出符合时代特点的奋斗目标并为之不懈奋斗。

中国共产党的奋斗史就是一部党与人民心连心、同呼吸、共命运的历史。党领导中国人民经过 28 年浴血奋战，推翻“三座大山”，实现民族独立、人民解放，建立了人民当家作主的新中国，彻底结束了旧中国半殖民地半封建社会的历史，彻底结束了极少数剥削者统治广大劳动人民的历史。新中国成立后，党团结带领人民在一个有着几千年封建社会历史的国家实现了最广泛的人民民主，在一穷二白的基础上建立起独立的比较完整的工业体系和国民经济体系，自力更生、发愤图强，完成了社会主义革命，确立了社会主义基本制度，进行了改革开放和社会主义现代化建设，将贫穷落后的中国建设成为世界第二大经济体，生产力快速发展、人民生活水平显著提高。

党的十八大以来，以习近平同志为核心的党中央为了实现人民对美好生活的向往，自信自强、守正创新，统揽伟大斗争、伟大工程、伟大事业、伟大梦想，将坚持以人民为中心的发展思想，贯穿到统筹推进“五位一体”总体布局和协调推进“四个全面”战略布局之中，在中华大地上全面建成了小康社会，历史性地解决了绝对贫困问题。中国的国内生产总值由 1952 年的 679.1 亿元增长到 2021 年的 114.367 万亿元。中国从低收入国家成功地跨入了中等偏上收入国家的行列，发展成为世界经济增长的主要动力源，创造了经济快速发展和社会长期稳定两大奇迹，中国人民对美好生活的向往不断变为现实，中华民族迎来了从站起来、富起来到强起来的伟大飞跃。

中国共产党在推进中国革命、建设和改革开放的历史进程中之所以能取得一个又一个伟大胜利，在实现国家富强、民族振兴、人民幸福的中国梦的伟大实践中之所以能取得举世瞩目的伟大成就，一个重要原因，就是始终坚持人民至上，赢得了广大人民的拥护和支持。习近平总书记指出：“回顾党的历史，为什么我们党在那么弱小的情况下能够逐步发展壮大起来，在腥风血雨中能够一次次绝境重生，在攻坚克难中能够不断从胜利走向胜利，根本原因就在于不管是处于顺境还是逆境，我们党始终坚守为中国人民谋幸福、为中华民族谋复兴这个初心和使命，义无反顾向着这个目标前进，从而赢得了人民衷心拥护和坚定支持。”

新阶段踔厉奋进的根本指引

以人民为中心的发展思想，不是一个抽象的、玄奥的概念，不能只停留在口头上、止步于思想环节，而要体现在经济社会发展各个方面。习近平总书记强调：“新的征程上，我们必须紧紧依靠人民创造历史，坚持全心全意为人民服务的根本宗旨，站稳人民立场，贯彻党的群众路线，尊重人民首创精神，践行以人民为中心的发展思想，发展全过程人民民主，维护社会公平正义，着力解决发展不平衡不充分问题和人民群众急难愁盼问题，推动人的全面发展、全体人民共同富裕取得更为明显的实质性进展！”

新时代，中国社会主要矛盾转变为人民日益增长的美好生活需要和不平衡不充分的发展之间的矛盾，但中国仍处于并将长期处于社会主义初级阶段、仍然是世界上最大的发展中国家这样一个基本国情没有变。坚持以人民为中心的发展思想，最重要的就是要抓住人民最关心最直接最现实的利益问题，以高质量发展促进社会公平正义。

必须以最广大人民根本利益为最高标准。时代是出卷人，我们是答卷人，人民是阅卷人。必须把人民拥护不拥护、赞成不赞成、高兴不高兴、答应不答应作为衡量一切工作得失的根本标准。民之所望，政之所向。各项工作都要以人民利益为重，以人民群众期盼为念，既注重维护最广大人民根本利益和长远利益，又切实解决群众最关心最直接最现实的利益问题。民生问题是人民群众最关心的问题，必须采取有力措施保障和改善民生，在更高水平上实现幼有所育、学有所教、劳有所得、病有所医、老有所养、住有所居、弱有所扶。必须紧紧依靠人民，始终同人民想在一起、干在一起，不断满足人民群众对美好生活的需要，最大程度激发斗志、最大范围凝聚力量，携手创造更加美好的生活。真正做到“只要还有一家一户乃至一个人没有解决基本生活问题，我们就不能安之若素；只要群众对幸福生活的憧憬还没有变成现实，我们就要毫不懈怠团结带领群众一起奋斗”。

必须坚定不移走全体人民共同富裕道路。新时代是党带领全国各族人民团结奋斗、不断创造美好生活、逐步实现全体人民共同富裕的时代。我们推动经济社会发展，归根结底是要实现全体人民共同富裕。要让发展成果更多更公平惠及全体人民，不断促进人的全面发展，朝着实现全体人民共同富裕不断迈进。党的十八大以来，党中央把实现全体人民共同富裕摆在更加重要的位置上，提出到“十四五”末，全体人民共同富裕迈出坚实步伐，居民收入和实际消费水平差距逐步缩小；到 2035 年，全体人民共同富裕取得更为明显的实质性进展，基本公共服务实现均等化；到本世纪中叶，全体人民共同富裕基本实现，居民收入和实际消费水平差距缩小到合理区间。只有通过全国人民共同奋斗把“蛋糕”做大做好，通过合理的制度安排把“蛋糕”切好分好，才能推动人的全面发展、实现全体人民共同富裕。

必须坚持推进高质量发展。新时代，发展仍是我国解决问题的基础和关键，仍是党执政兴国的第一要务。坚持以人民为中心的发展思想，不仅要求实现更加公平的发展，而且还要实现更高质量、更有效率、更可持续、更为安全的发展。必须完整、准确、全面贯彻新发展理念，加快构建新发展格局，提升发展质量和效益，在实现创新成为第一动力、协调成为内生特点、绿色成为普遍形态、开放成为必由之路、共享成为根本目的的高质量发展中促进共同富裕，决不能以牺牲环境、安全为代价片面追求速度规模，决不能简单地以生产总值增长率论英雄。

《中共中央关于党的百年奋斗重大成就和历史经验的决议》强调，“全党必须永远保持同人民群众的血肉联系，站稳人民立场，坚持人民主体地位，尊重人民首创精神，践行以人民为中心的发展思想”。在全面建设社会主义现代化国家新征程上，我们只有坚定不移地践行以人民为中心的发展思想，坚持人民的主体地位，尊重人民的首创精神，依靠人民创造历史伟业，才能书写好新时代中国特色社会主义新篇章。

党的十八大以来改革开放的重要特征*

1978 年召开的党的十一届三中全会，作出了改革开放的伟大战略决策，中国进入历史发展新时期。“以邓小平同志为主要代表的中国共产党人，总结新中国成立以来正反两方面的经验，解放思想，实事求是，实现全党工作中心向经济建设转移，实行改革开放”[1]。党的十三届四中全会以后，以江泽民同志为主要代表的中国共产党人，在国内外纷繁复杂形势的严峻考验面前，坚持改革开放不动摇，确立和完善社会主义市场经济体制，引领改革开放的航船驶向 21 世纪。党的十六大以后，以胡锦涛同志为主要代表的中国共产党人，顺应国内外形势发展变化，抓住重要战略机遇期，把改革创新精神贯彻到治国理政各个环节，在推动社会主义制度自我完善和发展方面迈出新的重大步伐。2012 年党的十八大以后，以习近平同志为核心的党中央，顺应实践发展要求和人民群众的期望，坚定不移地高举改革开放旗帜，制定全面推进改革开放事业的宏伟蓝图，显著增强了把方向、谋大局、定政策、促改革的能力和定力，展开了全面深化改革的壮丽画卷。准确把握十八大以来改革开放的重要特征，对于顺利推进新时代中国特色社会主义伟大事业，实现“两个一百

---

* 本文曾发表于《马克思主义研究》2020 年第 1 期。

〔1〕《中国共产党章程》，人民出版社 2017 年版，第 2 页。

年”奋斗目标和中华民族伟大复兴中国梦具有重要意义。

一、坚持以人民为中心的改革立场更加鲜明

把以人民为中心作为改革发展必须坚持的首要原则与根本理念，作为中国特色社会主义的根本价值取向，充分激发全国人民在改革实践中的主人翁意识，最大限度地凝聚全社会推进改革发展、维护社会和谐稳定的共识和力量，是十八大以来我们党进一步推进改革开放的突出特色。

把人民对美好生活的向往作为奋斗目标。党的十八大闭幕后，习近平总书记在与中外记者见面时就明确指出：“人民对美好生活的向往，就是我们的奋斗目标。”[1]他在党的十八届一中全会上强调，检验我们一切工作的成效，最终都要看人民是否真正得到了实惠，人民生活是否真正得到了改善。他在接受俄罗斯电视台专访时又指出：“中国共产党坚持执政为民，人民对美好生活的向往就是我们的奋斗目标。我的执政理念，概括起来说就是：为人民服务，担当起该担当的责任。”[2]党的十八届三中全会通过的《中共中央关于全面深化改革若干重大问题的决定》(以下简称《决定》)，总结了我国改革开放以来积累的宝贵经验，其中很重要的一条就是必须坚持以人为本，尊重人民主体地位，发挥群众首创精神，紧紧依靠人民推动改革。党的十八届五中全会首次提出坚持以人民为中心的发展思想。把人民对美好生活的期待变成党的行动和奋斗目标，把人民的希望变为现实，让人民群众有幸福感、获得感、安全感。坚持以人民为中心的发展思想，成为十八大以来党执政为民、改革发展的一面鲜亮旗帜。

---

[1]《十八大以来重要文献选编》(上)，中央文献出版社 2014 年版，第 70 页。

[2]《习近平接受俄罗斯电视台专访》,《人民日报》2014 年 2 月 9 日。

深刻回答改革开放为了谁、依靠谁、服务谁的问题，并赋予新的时代内涵。全心全意为人民服务，是马克思主义的根本立场，是中国共产党的根本宗旨。我们党领导人民进行革命、建设和改革开放的根本目的，就是解放生产力、发展生产力，不断提高人民群众的物质文化生活水平，促进人的全面发展。在中国特色社会主义新时代，党坚持以人民为中心的发展思想，强调改革发展为了人民，让人民在各方面拥有获得感，将“发展为了人民”落到实处，多干让人民满意的好事实事，把是否给人民带来利益作为发展成效的检验标准；强调“中国梦归根到底是人民的梦，必须紧紧依靠人民来实现，必须不断为人民造福”；强调“始终把实现好、维护好、发展好最广大人民根本利益作为一切工作的出发点和落脚点，让发展成果更多更公平惠及全体人民”[1]；强调全党同志要始终把人民放在心中的最高位置，把人民立场作为根本政治立场，把人民利益摆在至高无上的地位，不断把为人民造福事业推向前进。这就深刻回答了改革开放为了谁、依靠谁、服务谁的问题，既与党的根本立场、宗旨一脉相承，又赋予新的时代内涵。

顺应人民群众对美好生活的向往，努力为人民创造更美好、更幸福的生活。习近平总书记强调，以人民为中心的发展思想，不是一个抽象的、玄奥的概念，不能只停留在口头上、止步于思想环节，而要体现在经济社会发展各个环节。党的十八大以来，我们党认真落实以人民为中心的发展思想，坚持发展为了人民、发展依靠人民、发展成果由人民共享的发展理念，坚持人民主体地位，尊重群众的首创精神，积极为全国人民、各类人才创造发挥作用的舞台和环境，全面调动人民群众的积极性、主动性、创造性。不断深化改革，提出创新、

---

〔1〕习近平：《在庆祝中华人民共和国成立65周年招待会上的讲话》，《人民日报》2014年10月1日。

协调、绿色、开放、共享五大发展理念，努力提高经济发展质量和效益，不断满足人民日益增长的物质文化需要。更加重视共同富裕，“不断实现好、维护好、发展好最广大人民根本利益，使发展成果更多更公平惠及全体人民，在经济社会不断发展的基础上，朝着共同富裕方向稳步前进”〔1〕。坚持社会主义基本经济制度和分配制度，调整收入分配格局，完善以税收、社会保障、转移支付等为主要手段的再分配调节机制，维护社会公平正义，努力解决收入差距问题。根据我国社会生产力水平明显提高、人民生活显著改善、对美好生活的向往更加强烈、人民群众的需要呈现多样化多层次多方面的特点，在经济发展的同时，采取有力措施，着力创造让更多人“共同享有人生出彩的机会，共同享有梦想成真的机会，共同享有同祖国和时代一起成长与进步的机会”〔2〕。这一切都进一步激发人民群众积极性和创造性，充分体现了中国特色社会主义的本质要求。

二、改革的广泛性、深刻性前所未有

党的十八大以来的全面深化改革是最广泛、最深刻的一场社会变革。以习近平同志为核心的党中央从体制机制入手，统筹谋划“五位一体”总体布局，协调推进“四个全面”战略布局，坚持长远制度建设同解决突出问题相结合、整体推进同重点突破相结合、试点探路同推动面上改革相结合、改革创新同法律法规立改废释相结合、破除体制机制顽疾同解决新出现的问题相结合，全面深入推进各领域各环节的改革。

〔1〕习近平：《在第十二届全国人民代表大会第一次会议上的讲话》，《人民日报》2013年3月18日。

〔2〕《十八大以来重要文献选编》（上），中央文献出版社2014年版，第235页。

全面深化改革的重点是全面。1978年，中国的改革首先从农村启动，随后城市改革、企业改革、价格改革、金融改革等逐步推开，改革多是单项、单兵突进式的。以十一届三中全会以来召开的党的历届三中全会为例，从十二届三中全会到十七届三中全会，先后通过了《中共中央关于经济体制改革的决定》《关于价格、工资改革的初步方案》《中共中央关于建立社会主义市场经济体制若干问题的决定》《中共中央关于农业和农村工作若干重大问题的决定》《中共中央关于完善社会主义市场经济体制若干问题的决定》和《中共中央关于推进农村改革发展若干重大问题的决定》六个决定。每次三中全会都以推进改革为主题，但主要是围绕经济领域。2013年11月，党的十八届三中全会作出的《决定》，涉及经济、政治、文化、社会、生态、军队国防和党的建设等领域，"既包括经济体制又包括政治体制、文化体制、社会体制、生态体制，既涉及生产力又涉及生产关系，既涉及经济基础又涉及上层建筑，每一项改革都会对其他改革产生重要影响，每一项改革又都需要其他改革协同配合"[1]。这是十一届三中全会以来党对改革作出的最全面最系统的一次部署。中央全面深化改革领导小组审议通过了一系列重大改革文件，中央和国家机关有关部门出台了1500多项改革举措，改革涉及范围之广、出台方案之多、触及利益之深、推进力度之大，前所未有。因此，习近平总书记指出，十八大以后，全面深化改革"不是推进一个领域改革，也不是推进几个领域改革，而是推进所有领域改革"[2]。

全面深化改革的关键是深化。"改革是由问题倒逼而产生，又在不

〔1〕《习近平关于全面深化改革论述摘编》，中央文献出版社2014年版，第35页。
〔2〕《习近平关于全面深化改革论述摘编》，中央文献出版社2014年版，第23页。

断解决问题中得以深化。”[1]“既要养血润燥、化瘀行血，又要固本培元、壮筋续骨”[2]。党的十八届三中全会明确提出全面深化改革的总目标，是完善和发展中国特色社会主义制度、推进国家治理体系和治理能力现代化。《决定》明确指出，要“形成系统完备、科学规范、运行有效的制度体系，使各方面制度更加成熟更加定型”[3]。制度问题带有根本性、全局性、稳定性、长期性。十八届三中全会确定的全面深化改革总目标，把中国现代化建设提升到制度层面。为了实现这一总目标，中共中央于2013年12月30日成立中央全面深化改革领导小组，至2017年8月29日，共召开38次会议，出台200多个改革文件，内容涉及经济、政治、文化、社会、生态文明、党的建设六大方面，囊括农村集体土地制度改革、司法体制改革、财税体制改革等过去改革当中一直难以解决甚至没有涉及的诸多议题，积极稳妥地从广度和深度上推动了改革的深入发展。把中国特色社会主义制度坚持好、完善好、发展好，使其更加成熟更加定型，是关系党和国家事业发展的根本性、全局性、长期性问题，也是当代中国共产党人必须回答的时代课题。随着改革开放的逐步深化，我们党对制度建设的认识越来越深入。2019年10月，党的十九届四中全会审议通过《中共中央关于坚持和完善中国特色社会主义制度 推进国家治理体系和治理能力现代化若干重大问题的决定》，全面回答了在我国国家制度和国家治理体系上应该坚持和巩固什么、完善和发展什么等重大政治问题，为坚持和完善中国特色社会主义制度、推进国家治理体系和治理能力现代化制定了行动纲领、作出了政治宣示。

---

〔1〕《十八大以来重要文献选编》(上)，中央文献出版社2014年版，第497页。
〔2〕《习近平关于全面深化改革论述摘编》，中央文献出版社2014年版，第32页。
〔3〕《十八大以来重要文献选编》(上)，中央文献出版社2014年版，第514页。

习近平总书记充分肯定作出全面深化改革决定的十八届三中全会的历史地位，强调指出："党的十一届三中全会是划时代的，开启了改革开放和社会主义现代化建设历史新时期。党的十八届三中全会也是划时代的，开启了全面深化改革、系统整体设计推进改革的新时代，开创了我国改革开放的全新局面。"〔1〕

三、改革的系统性、整体性、协同性前所未有

随着改革的不断深化，任何一个领域的改革都会影响到其他领域，都需要其他领域改革的配合。只有各方面改革相互促进，产生共振效果，才能放大改革的效应。党的十八大以来，为了确保党和国家的各项事业继续向前发展，改革更加注重超前谋划、顶层设计，更加注重系统性、整体性、协同性。

习近平总书记指出，社会主义现代化建设后半程的改革，"这项工程极为宏大，零敲碎打调整不行，碎片化修补也不行，必须是全面的系统的改革和改进，是各领域改革和改进的联动和集成，在国家治理体系和治理能力现代化上形成总体效应、取得总体效果"。"全面深化改革是一个复杂的系统工程，单靠某一个或某几个部门往往力不从心，这就需要建立更高层面的领导机制。"〔2〕《决定》明确提出："必须更加注重改革的系统性、整体性、协同性，加快发展社会主义市场经济、民主政治、先进文化、和谐社会、生态文明，让一切劳动、知识、技术、管理、资本的活力竞相迸发，让一切创造社会财富的源泉充分涌

〔1〕《对标重要领域和关键环节改革 继续啃硬骨头 确保干一件成一件》，《人民日报》2019年1月24日。

〔2〕《习近平关于全面深化改革论述摘编》，中央文献出版社2014年版，第27、138—139页。

流，让发展成果更多更公平惠及全体人民。”[1]面对艰巨复杂的改革任务，中共中央举旗定向、谋篇布局，对全面深化改革作出一系列重大战略部署。为了加强统一领导、协调各方力量，打破利益固化的藩篱和地方壁垒，十八届三中全会系统规划改革的宏伟蓝图，从经济、政治、文化、社会、生态文明、国防和军队、党的建设七个方面提出改革方案，合理布局全面深化改革的战略重点、优先顺序、主攻方向、工作机制和时间表、路线图。《决定》明确要求：“正确处理中央和地方、全局和局部、当前和长远的关系，正确对待利益格局调整，充分发扬党内民主，坚决维护中央权威，保证政令畅通，坚定不移实现中央改革决策部署。”[2]为了从整体上推动和落实全面深化改革的各项方案，从更高层面协调各方面力量，保障国家的安全稳定，实现改革决策部署，党中央在十八届三中全会后成立全面深化改革领导小组和国家安全委员会。习近平总书记亲任中央全面深化改革领导小组组长，这是改革开放以来从未有过的重大举措。中央全面深化改革领导小组，负责改革总体设计，统筹推进、督促落实党的十八届三中、四中、五中、六中全会提出的改革举措，定期召开深改领导小组会议，议大事、抓大事、谋全局，推动实现改革举措系统集成，提高改革整体效益。

第一，坚持统筹推进与重点突破相统一。中共中央加强全国性重大改革的统一部署，统筹推进各领域改革。同时，注重抓主要矛盾和矛盾的主要方面，注重抓重要领域和关键环节，在关键环节用力。比如，十八大以来，党顺应人民群众对美好生活的向往，将中国特色社会主义道路作为“创造人民美好生活的必由之路”，坚定走生产发展、生活富裕、生态良好的文明发展道路。推动低碳循环发展，加大环境

---

[1]《十八大以来重要文献选编》（上），中央文献出版社 2014 年版，第 512 页。

[2]《十八大以来重要文献选编》（上），中央文献出版社 2014 年版，第 544 页。

治理力度，推动形成绿色发展方式和生活方式，努力推进美丽中国建设。以保障和改善民生为重点，发展各项社会事业，加大收入分配调节力度，开展脱贫攻坚战，努力保证人民平等参与、平等发展权利，带领全体人民，朝着实现共同富裕的目标稳步迈进。

第二，坚持协调各方力量，形成推进改革合力。全面深化改革既注重提高执政党的领导水平和执政能力，更好地发挥党总揽全局、协调各方的核心作用，又注重拓宽协商渠道，更好地发挥各民主党派积极参政议政的优势；既注重充分发挥人民群众的积极性、主动性、创造性，又注重充分发挥工会、共青团、妇联等人民团体的作用，齐心协力推进改革；既毫不动摇地巩固和发展公有制经济，又毫不动摇地支持、鼓励、引导非公有制经济发展，增强社会主义市场经济活力；既努力发挥政府在社会治理中的主导作用，又鼓励社会力量、社会组织、社会资本积极参与改革发展大业。推动改革不断取得新的成就。

第三，坚持顶层设计与基层探索相统一。中共中央一方面注意从顶层统筹考虑国家各个层次、各个领域、各个部门之间的关系，设计出符合中国实际、适应时代发展的重大制度安排；另一方面"坚持党的群众路线，建立社会参与机制，充分发挥人民群众积极性、主动性、创造性"，"鼓励地方、基层和群众大胆探索，加强重大改革试点工作，及时总结经验，宽容改革失误，加强宣传和舆论引导，为全面深化改革营造良好社会环境"。[1] 顶层设计是从纵向考虑制度安排，基层探索是为了发挥人民群众的智慧和创造，只有二者的有机结合和良性互动，才能推动改革取得成功。

改革的系统性、整体性、协同性，既是全面深化改革新阶段的主

〔1〕《十八大以来重要文献选编》(上)，中央文献出版社2014年版，第545页。

要特征，也是实现改革目标的基本要求。党中央通过精准研判实际，确定正确理念、目标、思路和战略布局，用鲜明的态度、果敢的决心、坚定的举措，推进改革开放更加全面更加深入。

四、改革任务的复杂性、艰巨性前所未有

党的十八大以来，深化改革所面临的问题异常严峻敏感，改革的复杂性、艰巨性前所未有。

从国际方面看，求和平、谋发展、促合作成为不可阻挡的时代潮流；科技革命日新月异、社会信息化持续推进、全球合作和利益汇合点向多层次全方位拓展、新兴市场国家和发展中国家实力增强等因素，为中国改革发展带来新机遇。与此同时，全球金融危机影响犹存，世界经济复苏乏力、局部冲突和动荡频发，世界经济结构发生明显调整与变化；围绕市场、资源、人才、技术等方面的国际竞争更加激烈；生态环境和气候变化、能源资源安全、粮食安全三大全球性问题更加突出。由于全球经济复苏乏力、地缘政治风险加大等因素，针对中国的各种形式的贸易保护主义与投资保护主义日趋突出，经济全球化进程受到挑战。继 2016 年 6 月英国开始推动脱欧后，2017 年 1 月美国新任总统特朗普喊出“美国优先”的口号，加剧了全球经济的不确定性。以美国为首的一些西方国家用冷战思维看待和平崛起的中国，一方面，企图让中国的改革开放尽量符合他们的意愿和利益；另一方面，又不甘心自己的衰退并抵制建立世界政治经济新秩序，不时制造摩擦，围堵中国，遏制中国崛起。我国所面临的国际环境总体有利，但正面和负面因素相互交织。

从国内方面看，促进经济平稳较快发展的基础与条件仍然具备，但经济增长处于速度换挡期、结构调整阵痛期、前期刺激政策消化期

“三期叠加”状态，维持经济中高速增长的动力正在变弱，经过连续30多年的高速发展，2012年中国经济增速回落至7.8%，为13年来新低。中国经济由高速发展转向中高速发展并成为常态。中国虽然是经济大国，但还不是经济强国；虽然步入总体小康，但人们的生活还不富裕。中国人均国内生产总值和人均收入仍居世界后列，仍然是世界上最大的发展中国家。生产力不发达的状况没有根本改变，产业结构不合理和经济效益较差的局面没有得到根本扭转，中国发展面临动力转换、方式转变、结构调整的繁重任务。发展中不平衡、不协调、不可持续问题突出，还有相当多的地区仍是不发达和贫困地区，科学技术的水平还不高。中国的社会主义制度还有待进一步完善，社会主义市场经济体制还不成熟，民主法制还不健全，反腐败斗争形势依然严峻。经济、政治、文化、社会、生态文明等方面的改革任务更加艰巨。党的十八大确立了全面建成小康社会的宏伟目标，提出了包括经济持续健康发展、人民民主不断扩大、文化软实力显著增强、人民生活水平全面提高、资源节约型环境友好型社会建设取得重大进展等新要求[1]。

同时，人们对改革的期待越来越高，公众的利益诉求多元多样，改革进入攻坚阶段。改革说到底是利益关系的调整。改的是体制机制，动的是既得利益，每一项改革措施都可能面临既得利益者的反对。利益既是改革的动力，也是改革的艰难所在。1978年以来，改革主要是

---

〔1〕党的十六大报告提出“六个更加”：在21世纪头20年，集中力量，全面建设惠及十几亿人口的更高水平的小康社会，使经济更加发展、民主更加健全、科教更加进步、文化更加繁荣、社会更加和谐、人民生活更加殷实。党的十七大在十六大确立的全面建设小康社会目标的基础上，提出五个方面的新要求：增强发展协调性，努力实现经济又好又快发展；扩大社会主义民主，更好保障人民权益和社会公平正义；加强文化建设，明显提高全民族文明素质；加快发展社会事业，全面改善人民生活；建设生态文明，基本形成节约能源资源和保护生态环境的产业结构、增长方式、消费模式。

破除传统计划经济体制的束缚，采取的是增量改革，几乎所有人都能从中受益。经过 30 多年的改革，在带有普惠性质的改革基本完成的情况下，“影响改革的许多思想障碍不是来自体制外而是来自体制内，尤其是来自各种‘既得利益的羁绊’”〔1〕。出现“改完了”“过头了”“改不动、改不了”等议论，与改革动力不足、信心不强、既得利益者的阻挠相交织的现象。当年的改革者变为被改革者，推进改革，实际上就是“拿刀割自己的肉”，是一场自我革命。协调各方利益、达成改革共识、形成改革合力的难度日益加大。正如习近平总书记所说的那样，改革“已进入深水区，可以说，容易的、皆大欢喜的改革已经完成了，好吃的肉都吃掉了，剩下的都是难啃的硬骨头”〔2〕。全面深化改革不仅有渐进式改革留下的深水区，还有改革发展后出现的新问题。

党的十八大以来，中共中央全面审视国内国际两个大局和发展大势，既看到基本国情没有变，又指出我国基本国情的内涵在不断发生变化，我国经济社会发展在新的历史起点上呈现出新特点，今天的中国已经站在新的历史起点上。“这个新起点，就是中国全面深化改革、增加经济社会发展新动力的新起点，就是中国适应经济发展新常态、转变经济发展方式的新起点，就是中国同世界深度互动、向世界深度开放的新起点。”〔3〕如何有效破解面临的各种难题，妥善应对来自各方面的风险和挑战，更好发挥中国特色社会主义制度优势，推动经济社会持续健康发展，实现中华民族伟大复兴中国梦，老问题新问题相互交织，需要解决的问题格外复杂，需要攻克的体制机制上的痼疾异常艰巨。全面深化改革，是一场涉险滩、突入重地的攻坚战。

---

〔1〕解辛平:《到中流击水——又逢甲午论改革》,《解放军报》2014 年 7 月 25 日。

〔2〕《习近平谈治国理政》，外文出版社 2014 年版，第 101 页。

〔3〕习近平:《论坚持推动构建人类命运共同体》，中央文献出版社 2018 年版，第 362 页。

五、深化改革的决心和勇气前所未有

面对更为复杂、更为艰巨、更富有挑战性的形势和任务，中共中央带领全国各族人民，以勇于改革创新、不断夺取中国特色社会主义新胜利的坚定信念和巨大勇气，把握时代潮流，立足中国实际，勠力同心、攻坚克难，坚定不移推进改革开放。

第一，明确宣示“改革不停顿、开放不止步”的坚定决心。党的十八大报告和《决定》都特别提醒全党，要敢于啃硬骨头、敢于涉险滩，以更大决心和勇气冲破思想观念的束缚、冲破利益固化的藩篱，用改革的办法解决前进中的问题，推动中国特色社会主义制度自我完善和发展，推进中国特色社会主义事业。2012 年 12 月 31 日的十八届中共中央政治局第二次集体学习，主题就是坚定不移推进改革开放。2012 年 12 月 7 日至 11 日，习近平就任总书记后到地方考察的第一站，就选在改革开放的前沿广东。2012 年 12 月 8 日，习近平在深圳莲花山公园，特地向改革开放的总设计师邓小平铜像敬献花篮，并发表讲话。他明确表示，之所以到广东来，就是要到我国改革开放得风气之先的地方，现场回顾我国改革开放的历史进程，宣示将改革开放继续推向前进的坚定决心。

第二，坚定改革信心，以更大的政治勇气和智慧、更有力的措施和办法推进改革。习近平总书记强调：“改革开放只有进行时没有完成时。”〔1〕“要敢于啃硬骨头，敢于涉险滩，敢于向积存多年的顽疾开刀。”〔2〕“要有明知山有虎、偏向虎山行的劲头，积极寻找克服困难的具

---

〔1〕《习近平谈治国理政》，外文出版社 2014 年版，第 69 页。

〔2〕习近平:《论坚持推动构建人类命运共同体》，中央文献出版社 2018 年版，第 176 页。

体对策”[1]。“要认识到改革有阵痛、但不改革就是长痛的道理。对各种矛盾要做到心中有数，增强改革定力，抓住改革时间窗口，只要看准了的改革，就要一抓到底，务求必胜。”[2]在整个社会主义现代化建设进程中，都要高举改革开放的旗帜，决不能有丝毫动摇。“实现中华民族伟大复兴，必须合乎时代潮流、顺应人民意愿，勇于改革开放，让党和人民事业始终充满奋勇前进的强大动力。”[3]在经济发展新常态下，党领导全国人民，以壮士断腕的勇气、凤凰涅槃的决心，向积存多年的顽瘴痼疾开刀，努力转变发展方式，调整经济结构，更新发展理念，扎实推进供给侧结构性改革。从人民最关心最直接最现实的利益问题出发，出台数以千计的改革措施，坚定不移将改革开放向前推进。坚持一分部署、九分落实，把抓落实作为改革的重点，以钉钉子精神狠抓改革落实。中央全面深化改革领导小组始终一手抓改革方案出台，一手抓改革举措落地，明确各项改革抓落实的主体责任。建立健全督察工作机制，开展督察“回头看”，确保各项改革措施相继落地、渐次开花，推动各领域改革取得重大进展和积极成效。

第三，坚持和加强党对全面深化改革的集中统一领导，以自我革命的政治勇气推进全面从严治党，为全面深化改革提供政治保障。中共中央成立全面深化改革领导小组，充分发挥党总揽全局、协调各方的领导核心作用。以宁可得罪千百人、绝不辜负十三亿的使命担当，把巩固党的执政基础、实现党的长期执政摆上重要位置，对全面从严

〔1〕习近平:《在同中央党校县委书记研修班学员座谈时的讲话》,《人民日报》2015年1月13日。

〔2〕《坚定改革信心注重精准施策 提高改革效应放大制度优势》,《人民日报》2016年5月21日。

〔3〕《中国共产党第十九次全国代表大会文件汇编》，人民出版社2017年版，第12页。

治党作出新部署，深入推进党的建设新的伟大工程。牢牢把握加强党的执政能力建设、先进性和纯洁性建设这条主线，从“八项规定”切入，从中央政治局做起，以作风建设为突破口，全面推进政治、思想、组织、制度和反腐倡廉等各项建设，以前所未有的力度重典治乱、强力反腐。十八届六中全会审议通过《关于新形势下党内政治生活的若干准则》和《中国共产党党内监督条例》，作出全面从严治党的新部署，开辟了党的建设新境界，为全面深化改革、实现中华民族伟大复兴中国梦提供了有力的政治保障。

六、改革取得的重大突破、重大成就前所未有

党的十八大以来，中国改革开放紧紧围绕经济、政治、文化、社会、生态文明、党的建设六大主线，完善和发展中国特色社会主义制度，推进国家治理体系和治理能力现代化，奋力开拓，不仅有效应对了复杂国际政治经济形势的风云变幻，而且在相当不利的条件下取得了经济的中高速平稳增长，推出各领域标志性、支柱性改革，取得了重要领域和关键环节改革的突破。

改革理论取得重大创新成果。十八大以来，习近平总书记认真总结改革开放事业所取得的重要历史经验，科学分析新时期面临的新情况新问题新特点，对改革的整体布局、重大问题、关键环节作出一系列重要指示，深化了对改革开放规律的认识，深化了对共产党执政规律、社会主义建设规律、人类社会发展规律的认识，从理论和实践的结合上系统回答了新时代坚持和发展什么样的中国特色社会主义、怎样坚持和发展中国特色社会主义这一重大时代课题，创立了习近平新时代中国特色社会主义思想。习近平新时代中国特色社会主义思想是改革理论的重大创新成果，是马克思主义中国化的最新成果。

经济体制改革整体推进、重点突破。为适应和引领经济发展新常态，中央作出推进供给侧结构性改革的重大决策，“三去一降一补”取得阶段性成效。制定国有企业改革系列文件，有序进行国有企业改革，放开电力、石油、天然气、盐业等行业竞争性环节和公用基础设施、公共服务市场准入，公有制为主体、多种所有制经济共同发展的社会主义初级阶段基本经济制度不断完善。开展市场准入负面清单试点，建立公平竞争审查制度，制定完善产权保护制度的意见，推动建立公开透明平等的市场规则。全面推开“营改增”试点，实施资源税改革、税收征管体制改革。稳步推进利率汇率市场化、人民币国际化，实施存款保险制度。深化科技体制改革，实施创新驱动发展战略。推动新型城镇化体制创新、户籍制度改革、农村土地制度改革等，促进城乡、区域间要素自由流动和优化配置。

党的领导、人民当家作主、依法治国有机统一的制度建设全面加强。十八大明确政治体制改革的七项主要任务〔1〕，十八届三中全会确定全面深化改革的总目标，开辟了中国特色社会主义政治发展新境界。坚持在法治基础上推进改革与在改革中完善法治相统一，2014 年 10 月，十八届四中全会作出《中共中央关于全面推进依法治国若干重大问题的决定》，明确了全面依法治国的总目标和总蓝图、路线图、施工图，标志着中国共产党对法治建设的理论探索和实践推进都达到新的高度。坚定不移全面推进依法治国，不断完善以宪法为核心的中国特色社会主义法律体系，修改立法法，推进经济、民生、环境保护、司法、国家安全等重点领域立法，健全宪法实施和监督制度，推动立法

〔1〕即：支持和保证人民通过全国人民代表大会行使国家权力，健全社会主义协商民主制度，完善基层民主制度，全面推进依法治国，深化行政体制改革，健全权力运行制约和监督体系，巩固和发展最广泛的爱国统一战线。

质量不断提高。注重运用法治思维和法治方式推进改革，实现立法和改革决策相衔接，立法主动适应改革，成为全面深化改革的鲜明特色。推进人民代表大会制度的理论和实践创新，建立健全人大工作机制，完善人大监督制度。制定关于社会主义协商民主建设的意见，有序推进政党协商、政协协商、基层协商等多种协商民主渠道。开展深化国家监察体制改革试点，探索建立对行使公权力的公职人员全面覆盖的国家监察体系。推动以司法责任制为核心的司法权力运行机制改革、以审判为中心的刑事诉讼制度改革。

着力培育和弘扬社会主义核心价值观、建设社会主义文化强国，文化体制改革向纵深推进。推动国有经营性文化单位转企改制，深化公益性文化事业单位内部改革，坚持把社会效益放在首位、推动社会效益和经济效益两个效益相统一的体制机制不断健全。提升文化管理效能，巩固壮大宣传思想文化阵地。保障人民群众基本文化权益，推进公共文化设施向社会免费或优惠开放。增强国家文化软实力，加强国际传播能力建设，统筹推进中华文化走出去的工作格局基本形成。文化体制改革主体框架基本确立，文化创新创造活力进一步激发，文化事业和文化产业发展繁荣，人民群众的文化获得感和幸福感进一步增强。

坚持以人民为中心的发展思想，围绕更好保障和改善民生、促进社会公平正义深化社会体制改革。改革收入分配制度，促进共同富裕，推进社会领域制度创新和基本公共服务均等化，加快形成科学有效的社会治理体制，努力使改革发展成果更多更公平惠及全体人民。围绕实现脱贫攻坚目标，推进精准扶贫、精准脱贫机制创新，全面建立健全脱贫攻坚领导责任制。“六千多万贫困人口稳定脱贫，贫困发生率从百分之十点二下降到百分之四以下。”[1]统筹推进县域内城乡义务教育一体化改革发展，中西部和农村教育明显加强。城镇新增就业年均1300万人以上。城乡居民收入增速超过经济增速，中等收入群体持续扩大。统筹推进社会保障领域制度改革，实施机关事业单位养老保险制度改革，推进社会保障城乡统筹、有序衔接，覆盖城乡居民的社会保障体系基本建立。按照“房子是用来住的，不是用来炒的”定位，多主体供给、租购并举、政府保障基本需求的住房制度正在加快形成。全面推开公立医院综合改革，全部取消药品价格加成，群众就医负担持续减轻。实施全面两孩政策，加强儿童医疗卫生服务改革。社会治理体系更加完善，社会大局保持稳定，国家安全全面加强。

生态文明建设体制改革加快推进，生态环境保护制度框架基本形成。制定出台生态文明体制改革总体方案，以八项基本制度[2]为支撑统筹推进相关改革，初步建立起源头严防、过程严管、后果严惩的基础性制度框架。制定环保督察制度，中央环境保护督察组连续实施四批环境保护督察，覆盖全国所有省（区、市）。全面推行河长制，系统推进河湖保护和生态环境整体治理。

国防和军队改革取得历史性突破。中共中央、中央军委坚持以新形势下的强军目标为引领，全面实施改革强军战略，着力实现强军目标、建设世界一流军队，国防和军队改革推进力度之大、触及利益之深、影响范围之广，前所未有。运行60多年的军委总部和军种、大军

[1]《中国共产党第十九次全国代表大会文件汇编》，人民出版社2017年版，第4页。

[2] 2015年9月，国务院印发《生态文明体制改革总体方案》中提出建立健全八项制度：健全自然资源资产产权制度、建立国土空间开发保护制度、建立空间规划体系、完善资源总量管理和全面节约制度、健全资源有偿使用和生态补偿制度、建立健全环境治理体系、健全环境治理和生态保护市场体系、完善生态文明绩效评价考核和责任追究制度。

区领导指挥体制，改为“军委管总、战区主战、军种主建”的新格局基本确立，军队体制结构、组织架构、力量体系、部队面貌焕然一新，人民军队实现了政治生态重塑、组织形态重塑、力量体系重塑、作风形象重塑。军民融合发展上升为国家战略，为强军事业注入强大动力，为国防和军队现代化奠定了坚实基础。

党的建设制度改革协调推进，管党治党朝着实现制度化规范化方向发展。推动党的组织制度改革，制定落实新形势下党内政治生活若干准则，修订党员领导干部民主生活会若干规定。推动干部人事制度改革，构建科学有效的选人用人机制。推动基层组织建设制度改革，出台国有企业、社会组织、民办学校等领域党的建设制度。推动人才发展体制机制改革，制定实施深化人才发展体制机制改革意见。统筹推动中央和地方群团改革，发挥群团组织密切联系和服务群众作用。

党的十八大以后，中国共产党团结带领全国各族人民，重整行装再出发，把改革开放作为实现“两个一百年”奋斗目标、实现中华民族伟大复兴中国梦的关键一招，以完善和发展中国特色社会主义制度、推进国家治理体系和治理能力现代化为全面深化改革的总目标，奋力开拓，社会主义市场经济体制不断完善，社会主义民主法治不断健全，文化领域体制机制逐步完善，民生领域制度建设不断推进，生态环境保护制度框架基本形成，全面从严治党逐步实现制度化、规范化，国防和军队改革实现历史性突破。“解决了许多长期想解决而没有解决的难题，办成了许多过去想办而没有办成的大事，推动党和国家事业发生历史性变革”，取得了改革开放和社会主义现代化建设全方位、开创性的历史性成就，中华民族迎来了从站起来、富起来到强起来的伟大飞跃。这些历史性成就中最大的成就，就是形成了习近平新时代中国特色社会主义思想；这些历史性变革中最深刻的变革，就是“我国社会主要矛盾已经转化为人民日益增长的美好生活需要和不平衡不充分的发展之间的矛盾”[1]。

改革开放是当代中国最鲜明的特色，是中国共产党在新的历史时期最鲜明的旗帜。但40多年来，中国改革开放又呈现不同的阶段性特征。党的十八大以来，中国改革开放重整行装再出发，以人民为中心的改革立场更加鲜明，改革的广泛性、深刻性前所未有，改革的系统性、整体性、协同性前所未有，改革任务的复杂性、艰巨性前所未有，改革的决心和勇气前所未有，改革取得的重大突破、重大成就前所未有。十八大是我们党领导全国各族人民全面深化改革的新起点，开启了中国特色社会主义新时代。

参考文献

[1]《习近平谈治国理政》，外文出版社2014年版。

[2]《习近平关于全面深化改革论述摘编》，中央文献出版社2014年版。

[3]《十八大以来重要文献选编》(上)，中央文献出版社2014年版。

[4]《中国共产党第十九次全国代表大会文件汇编》，人民出版社2017年版。

[5] 习近平:《论坚持推动构建人类命运共同体》，中央文献出版社2018年版。

[6]《中国共产党章程》，人民出版社2017年版。

[1]《中国共产党第十九次全国代表大会文件汇编》，人民出版社2017年版，第9页。

中国式现代化的历史来路、时代创新与世界意义*

习近平总书记在党的二十大报告中指出："从现在起，中国共产党的中心任务就是团结带领全国各族人民全面建成社会主义现代化强国、实现第二个百年奋斗目标，以中国式现代化全面推进中华民族伟大复兴。"〔1〕报告对中国式现代化的特点和本质要求作出了重大论断，指出中国式现代化是中国共产党领导的社会主义现代化，既有各国现代化的共同特征，更有基于自己国情的中国特色。

中国共产党成立以来，在顺应历史大势中坚定走自己的路，经过不懈探索、接力奋斗，成功走出一条适合中国国情、符合人民意愿的现代化道路，为世界和平、发展、进步作出了重大贡献。中国式现代化新道路，创造了人类文明新形态，它的成功有力地证明，现代化并不等于西方化，人类实现现代化有着新的选择。

---

* 本文曾发表于《北京党史》2022年第6期。

〔1〕习近平：《高举中国特色社会主义伟大旗帜 为全面建设社会主义现代化国家而团结奋斗——在中国共产党第二十次全国代表大会上的报告》，《人民日报》2022年10月26日。

一、中国式现代化的历史来路

习近平总书记指出："中国式现代化是中国共产党和中国人民长期实践探索的成果，是一项伟大而艰巨的事业。"回顾历史，近代以来，在"落后就要挨打"的现实体悟中，中国人对实现现代化有着强烈的向往追求，对现代化道路的探索前赴后继。1917 年至 1919 年，孙中山完成《建国方略》，全盘谋划建设一个现代中国所需的各项基本物质条件和基础设施环境，提出不走西方工业化的老路，被称为近代中国谋求现代化的第一份蓝图。"在一个半殖民地的、半封建的、分裂的中国里，要想发展工业，建设国防，福利人民，求得国家的富强，多少年来多少人做过这种梦，但是一概幻灭了。"[1]

新中国成立后，中国共产党人认识到，照抄照搬西方国家现代化模式是行不通的，必须坚持独立自主开辟现代化建设道路。中国共产党逐步擘画出从工业现代化、农业现代化到"四个现代化"的蓝图。1957 年 3 月，毛泽东强调："我们一定会建设一个具有现代工业、现代农业和现代科学文化的社会主义国家。"三届全国人大一次会议上，周恩来提出，在不太长的历史时期内，把我国建设成为一个具有现代农业、现代工业、现代国防和现代科学技术的社会主义强国。"四个现代化"的宏伟目标正式提出。

改革开放以来，中国式现代化道路深入发展。1979 年 3 月，邓小平第一次提出"中国式的四个现代化"，并明确指出这一概念与西方不同。1983 年 6 月，他又强调："我们搞的现代化，是中国式的现代化。"为实现中国式的现代化，中国共产党制定"三步走"战略，提出

〔1〕《毛泽东选集》第 3 卷，人民出版社 1991 年版，第1080 页。

到 21 世纪中叶基本实现现代化的发展目标。20 世纪末期，东欧剧变、苏联解体，国际风云激荡变幻，但中国共产党人不改初衷，适时提出新的“三步走”发展战略，将现代化的目标确定为到 21 世纪中叶基本实现现代化、建成富强民主文明的社会主义国家。随着认识的不断深化，党的十七大又提出“建设富强民主文明和谐的社会主义现代化国家”的总目标。在具体实践上，实现经济平稳较快发展，改革开放取得重大进展，改善民生力度不断加大，民主法制建设迈出新步伐，文化建设迈上新台阶，社会建设取得新进步，为全面建成小康社会打下了坚实基础，形成了独特的现代化发展方式。

二、中国式现代化的时代创新

在以习近平同志为核心的党中央领导下，中国式现代化沿着中国特色社会主义道路，不断在理论和实践上取得创新突破。党的十八大提出全面建成小康社会和全面深化改革开放的目标。党的十九大提出，未来五年，既要全面建成小康社会、实现第一个百年奋斗目标，又要乘势而上开启全面建设社会主义现代化国家新征程，向第二个百年奋斗目标进军；并作出新的“两步走”战略设计，即到 2035 年基本实现社会主义现代化，到 21 世纪中叶建成富强民主文明和谐美丽的社会主义现代化强国，成功推进和拓展了中国式现代化。

十年来，中国式现代化加速发展。中国共产党带领人民坚持经济全球化方向，立足新发展阶段、贯彻新发展理念、构建新发展格局，推动高质量发展，我国经济实力实现历史性跃升。打响改革攻坚战，加强改革顶层设计，各领域基础性制度框架基本建立，许多领域实现历史性变革、系统性重塑、整体性重构，国家治理体系和治理能力现代化水平明显提高。实行更加积极主动的开放战略，构建面向全球的高标准自由贸易区网络，形成更大范围、更宽领域、更深层次对外开放格局。坚持把实现人民对美好生活的向往作为现代化建设的出发点和落脚点，打赢了人类历史上规模最大的脱贫攻坚战，历史性地解决了绝对贫困问题，着力促进全体人民共同富裕，坚决防止两极分化，不断厚植现代化的物质基础。积极发展全过程人民民主，社会主义民主政治制度化、规范化、程序化全面推进，社会主义协商民主广泛开展，人民当家作主更为扎实。大力发展社会主义先进文化，促进物的全面丰富和人的全面发展，推动物质文明、政治文明、精神文明、社会文明、生态文明协调发展，推动中国式现代化道路越走越宽广。

党的二十大报告深刻总结了新时代十年理论创新和实践突破，明确指出中国式现代化的特点和本质要求。中国式现代化是人口规模巨大的现代化，是全体人民共同富裕的现代化，是物质文明和精神文明相协调的现代化，是人与自然和谐共生的现代化，是走和平发展道路的现代化。中国式现代化的本质要求是，坚持中国共产党领导，坚持中国特色社会主义，实现高质量发展，发展全过程人民民主，丰富人民精神世界，实现全体人民共同富裕，促进人与自然和谐共生，推动构建人类命运共同体，创造人类文明新形态。这些重要论断，既是党和人民探索中国式现代化实践经验的科学总结，又是以中国式现代化全面推进中华民族伟大复兴的重要遵循。

三、中国式现代化的世界意义

中国式现代化超越西方现代化观念的窠臼和束缚，开创了一种现代化的崭新路径。近代以来，西方发达资本主义国家凭借对亚非拉国家的掠夺和压榨，以资本积累为核心，抢先积累现代化要素，创造出了前所未有的经济社会繁荣，却给世界带来了两极分化和贫富鸿沟，以及由此引发的难以消弭的冲突与撕裂。“国强必霸”、战争掠夺和对外转嫁风险，成为西方式现代化老路难以避免的弊端。中国式现代化的探索和实践表明，既不存在定于一尊的现代化模式，也不存在放之四海而皆准的现代化标准，对现代化的定义、诠释和实践应更为多元包容，更为注重协调和可持续发展。换言之，各国必须探索根植本国历史和现实国情的发展道路，方能解决前进道路上所面临的经济和社会发展问题，最终实现现代化，进而构建新的现代化的世界版图。

中国式现代化对广大发展中国家产生了重要的示范效应。随着世界百年未有之大变局加速演进，世界进入新的动荡变革期，面对战略机遇和风险挑战并存、不确定难预料因素增多的国际国内环境，经济社会发展难题频出，人类文明发展道路亟须创新拓展。妥善应对时代挑战、实现更好的发展，对于广大发展中国家而言更显紧迫和艰巨。中国作为人口规模巨大、经济总量居世界第二的后发国家，其对现代化道路的探索和实践，以卓有成效的发展成就和未来可期的光辉前景，为广大发展中国家实现现代化提供了可资借鉴的智慧和方案，激励着广大发展中国家探索既能加快发展又能保持自身独立性的现代化道路。中国式现代化汇聚了中国发展进步的经验和智慧，超越了资本主义现代化的局限性，正在深刻影响世界现代化和人类文明发展的进程。

中国式现代化立足中国国情，历经艰辛探索，实现了理论创新和实践突破，具有自主性、全面性、协调性、和平性、包容性等重要特点。中国式现代化归根到底是一条现代化新路。

中国式现代化的本质特征和根本保证*

中国式现代化，是中国共产党领导的社会主义现代化，既有各国现代化的共同特征，更有基于自己国情的中国特色。党的领导是推进中国式现代化的根本保证，就在于中国共产党是拥有马克思主义科学理论指导、坚持以人民为中心、勇于自我革命的政党。

党的二十大报告强调，“中国式现代化，是中国共产党领导的社会主义现代化”。中国共产党自成立以来，始终把为中国人民谋幸福、为中华民族谋复兴作为自己的初心使命，团结带领中国人民不懈奋斗，推动中华民族迎来了从站起来、富起来到强起来的伟大飞跃，开创、坚持、捍卫、发展中国特色社会主义，创造了中国式现代化新道路。

成功走出中国式现代化道路

现代化是人类社会从传统农业社会向现代工业社会以及更高阶段的转型过程，代表了更先进的社会生产力、更完善的社会制度和更美好的生活条件，是世界各国孜孜追求的发展目标。

近代以来，中国人民在内外交困中苦苦探索通向现代化的发展道

---

* 本文曾发表于《经济日报》2022 年 12 月 14 日，第 10 版。

路。太平天国运动、戊戌变法、义和团运动、辛亥革命接连而起，各种救国方案轮番出台，进行了各式各样的尝试，但都以失败而告终，未能改变中国半殖民地半封建的社会性质，未能让中国人民摆脱水深火热的苦难境地，未能找到符合中国国情、解决中国问题的现代化道路。中国共产党的成立，给在黑暗和痛苦中摸索前行的中国人民带来了光明和希望。

以民族复兴为己任的中国共产党登上历史舞台后，就把实现现代化作为不懈奋斗的目标，团结带领中国人民努力探索并成功走出中国式现代化新道路。我们党提出民主革命纲领，带领中国人民完成反帝反封建的任务，建立中华人民共和国，开启中国发展的新纪元；领导中国人民完成社会主义革命，提出努力把我国建设成为一个具有现代农业、现代工业、现代国防和现代科学技术的社会主义强国，开展全面的大规模的社会主义建设；开启改革开放和社会主义现代化建设新时期，确立党在社会主义初级阶段的基本路线，制定到 21 世纪中叶分三步走、基本实现社会主义现代化的发展战略，实现人民生活从温饱不足到总体小康、奔向全面小康的历史性跨越。党的十八大以来，以习近平同志为核心的党中央统筹推进“五位一体”总体布局，协调推进“四个全面”战略布局，团结带领人民如期全面建成小康社会、实现了第一个百年奋斗目标，并乘势而上开启全面建设社会主义现代化国家新征程。党的二十大报告强调，全面建成社会主义现代化强国，总的战略安排是分两步走：从 2020 年到 2035 年基本实现社会主义现代化；从 2035 年到本世纪中叶把我国建成富强民主文明和谐美丽的社会主义现代化强国。

中国式现代化的特征与特色

中国式现代化的本质要求是：坚持中国共产党领导，坚持中国特色社会主义，实现高质量发展，发展全过程人民民主，丰富人民精神世界，实现全体人民共同富裕，促进人与自然和谐共生，推动构建人类命运共同体，创造人类文明新形态。中国式现代化既有各国现代化的共同特征，更有基于自己国情的中国特色。

中国式现代化是人口规模巨大的现代化。中国人口规模长期位居世界首位，14 亿多人口整体迈进现代化社会，规模超过现有发达国家人口的总和，是人类发展史上前所未有的壮举。因此，中国实现现代化的艰巨性和复杂性前所未有，发展途径和推进方式也必然具有自己的特点。中国始终坚持人民至上，始终坚持从中国基本国情出发，始终坚持稳中求进、循序渐进、持续推进，走出一条属于自己的道路。

中国式现代化是全体人民共同富裕的现代化。共同富裕是中国特色社会主义的本质要求，中国式现代化以全体人民共同富裕为重要特征。党的十八大以来，党中央把握发展阶段新变化，把逐步实现全体人民共同富裕摆在更加重要的位置上，推动区域协调发展，采取有力措施保障和改善民生，打赢脱贫攻坚战，全面建成小康社会，为促进共同富裕创造了良好条件。到 2035 年基本实现社会主义现代化时，全体人民共同富裕取得更为明显的实质性进展；本世纪中叶建成社会主义现代化强国时，全体人民共同富裕基本实现。

中国式现代化是物质文明和精神文明相协调的现代化。物质富足、精神富有是社会主义现代化的根本要求。物质贫困不是社会主义，精神贫乏也不是社会主义。改革开放后，党坚持物质文明和精神文明两手抓、两手硬，推动社会主义文化繁荣发展，振奋了民族精神，凝聚了民族力量。党的十八大以来，积极培育和践行社会主义核心价值观，旗帜鲜明地反对拜金主义、享乐主义、极端个人主义和历史虚无主义等错误思潮，建设具有强大凝聚力和引领力的社会主义意识形态，汇聚实现中华民族伟大复兴中国梦的强大正能量，巩固全党全国各族人民团结奋斗的共同思想基础。

中国式现代化是人与自然和谐共生的现代化。党的十八大把生态文明建设纳入中国特色社会主义事业“五位一体”总体布局，把“美丽中国”作为生态文明建设的宏伟目标。根据对实现第二个百年奋斗目标作出分两个阶段推进的战略安排，到 2035 年生态环境根本好转、美丽中国目标基本实现，到本世纪中叶生态文明将全面提升。

中国式现代化是走和平发展道路的现代化。在探索和实现现代化的过程中，一些西方国家通过战争、殖民、掠夺等方式进行资源控制、资本积累和商品倾销，设置形形色色的壁垒限制后发国家发展，给广大发展中国家人民带来深重苦难。中国始终坚持走和平发展道路，站在历史正确的一边、站在人类文明进步的一边，倡导和坚持和平共处五项原则，提出共建“一带一路”倡议，推动构建人类命运共同体，高举和平、发展、合作、共赢旗帜，在坚定维护世界和平与发展中谋求自身发展，又以自身发展更好维护世界和平与发展。

推进中国式现代化的根本保证

中国共产党是领导我们事业的核心力量。中国人民和中华民族之所以能够扭转近代以后的历史命运、取得今天的伟大成就，最根本的是有中国共产党的坚强领导。历史和现实都证明，没有中国共产党，就没有新中国，就没有中华民族伟大复兴。

党的领导是推进中国式现代化的根本保证，就在于中国共产党是拥有马克思主义科学理论指导的政党。党的二十大报告指出：“实践告诉我们，中国共产党为什么能，中国特色社会主义为什么好，归根到底是马克思主义行，是中国化时代化的马克思主义行。”马克思主义揭示了人类社会发展规律，是认识世界、改造世界的科学真理。中国共产党把马克思主义基本原理同中国具体实际相结合、同中华优秀传统文化相结合，坚持运用辩证唯物主义和历史唯物主义，从理论和实践的结合上深入回答关系党和国家事业发展、党治国理政的一系列重大时代课题，成功推进和拓展了中国式现代化。

党的领导是推进中国式现代化的根本保证，就在于中国共产党是坚持以人民为中心的政党。中国式现代化是全体人民共同富裕的现代化，需要全体人民共同参与。中国共产党代表最广大人民根本利益，坚持一切为了人民、一切依靠人民，赢得了人民的衷心拥戴和广泛支持，全国各族人民心往一处想、劲往一处使，使我们的国家从积贫积弱、一穷二白到全面小康、繁荣富强，仅用几十年时间就走完发达国家几百年走过的工业化历程，创造了经济快速发展和社会长期稳定两大奇迹。

党的领导是推进中国式现代化的根本保证，就在于中国共产党是勇于自我革命的政党。党的二十大报告提出，“经过不懈努力，党找到了自我革命这一跳出治乱兴衰历史周期率的第二个答案”。自我革命精神是中国共产党永葆青春活力的强大支撑，党历经百年沧桑更加充满活力，其奥秘就在于始终坚持真理、修正错误。勇于自我革命，不断增强党自我净化、自我完善、自我革新、自我提高的能力，确保党永远不变质、不变色、不变味，确保党永葆先进性和纯洁性，确保党在新时代坚持和发展中国特色社会主义的历史进程中始终成为坚强领导核心。

十八大以来社会体制改革的重大成就*

党的十八大以来，以习近平同志为核心的党中央，顺应实践发展要求和人民群众的期望，坚定不移地高举改革开放旗帜，制定全面推进改革开放事业的宏伟蓝图，展开了全面深化改革的壮丽画卷。党和国家坚持以人民为中心的发展思想，围绕更好保障和改善民生、促进社会公平正义，在户籍管理制度、就业收入分配体制、社会保障和社会治理体制改革方面，不断深化发展，成就巨大。

一、户籍管理制度改革

自新中国成立至党的十八大召开前，中国的户籍管理制度〔1〕大致经历了自由迁移期（1949—1958年）、严格控制期（1958—1978年）和半开放期（1978—2012年）三个阶段。长期以来，户籍制度在促进经济和社会发展、保障公民合法权益以及维护社会秩序等方面发挥了重要作用。改革开放后，国家出台的一系列户籍制度改革的政策措施，

---

* 本文曾发表于《北京党史》2020年第6期。

〔1〕户籍管理制度，是指通过各级权力机构对其所辖范围内的户口进行调查、登记、申报，并按一定的原则立户、分类、划等和编制，以此作为掌握人口信息、征调赋税、分配资源和维护秩序的基础。

在解决农业转移人口及其他常住人口落户城镇方面取得了一定成效。但是，许多长期在城镇稳定就业的农业转移人口及其他常住人口还没有落户，许多农业转移人口还未能在教育、就业、医疗、养老、住房保障等方面与城镇居民享受同等的基本公共服务。同时，城镇化还有很大的发展潜力。2011 年，中国城镇化率才突破 50%，而发达国家城镇化率很多都超过 90%。城镇化受以户籍制度为代表的城乡二元体制制约，能否给户口簿松松绑，为农民进城打开一扇“希望之窗”，直接关系新型城镇化建设的成败。这些都对户籍制度形成了问题倒逼，提出了改革要求。

户籍制度改革是党的十八大后推进新型城镇化进程中最重要的改革。这是一项复杂的系统工程，面临的情况复杂、需要兼顾的因素多、统筹推进的难度大。一是中国人口众多、城乡和区域发展差距较大，难以平衡，改革关系到大约 2.8 亿在城市打工的农民工的切身利益，涉及教育、医疗、就业、养老、住房等方方面面。二是许多公共服务和社会福利政策长期与户籍直接挂钩，难以剥离。三是各类群体发展愿望和利益诉求多元多样，难以协调。建立城乡统一的户口登记制度，必须一揽子加快推进城乡养老并轨、城乡医疗救助并轨、进城务工人员基本医疗服务、进城务工人员随迁子女平等受教育等重点领域改革，有序推进农业转移人口市民化，打破“农业”与“非农”壁垒。

中共中央、国务院高度重视户籍制度改革工作。习近平总书记多次作出重要指示，先后主持召开中央全面深化改革领导小组会议、中央政治局常委会会议和中央政治局会议，研究审议进一步推进户籍制度改革的意见。中央领导还多次听取汇报，开展实地调研，对户籍制度改革政策研究提出要求。

党的十八大和十八届三中全会对加快推进户籍制度改革作出部署。

十八大报告提出，要“加快改革户籍制度，有序推进农业转移人口市民化，努力实现城镇基本公共服务常住人口全覆盖”[1]。2013 年中央一号文件明确要求，加快改革户籍制度，落实放宽中小城市和小城镇落户条件的政策；推动农民工平等享有劳动报酬、子女教育、公共卫生、计划生育、住房租购、文化服务等基本权益[2]。2013 年 11 月,《中共中央关于全面深化改革若干重大问题的决定》指出，要“创新人口管理，加快户籍制度改革，全面放开建制镇和小城市落户限制，有序放开中等城市落户限制，合理确定大城市落户条件，严格控制特大城市人口规模”[3]。

为深入贯彻落实中央的部署要求，经过近一年酝酿，2014 年 7 月 24 日，国务院印发《关于进一步推进户籍制度改革的意见》[4](以下简称《意见》)。《意见》规定，要进一步调整户口迁移政策，统一城乡户口登记制度，全面实施居住证制度，加快建设和共享国家人口基础信息库，稳步推进义务教育、就业服务、基本养老、基本医疗卫生、住房保障等城镇基本公共服务覆盖全部常住人口。到 2020 年，基本建立与全面建成小康社会相适应，有效支撑社会管理和公共服务，依法保障公民权利，以人为本、科学高效、规范有序的新型户籍制度，努力实现一亿左右农业转移人口和其他常住人口在城镇落户。

《意见》紧紧围绕推进以人为核心的新型城镇化建设的内在要求，明确提出进一步推进户籍制度改革的指导思想、目标任务、政策措施和实现路径，成为指导户籍制度改革的纲领性文件。推进户籍制度改

[1]《十八大以来重要文献选编》(上)，中央文献出版社 2014 年版，第 18 页。
[2]《十八大以来重要文献选编》(上)，中央文献出版社 2014 年版，第 105 页。
[3]《十八大以来重要文献选编》(上)，中央文献出版社 2014 年版，第 525 页。
[4]《国务院关于进一步推进户籍制度改革的意见》，人民出版社 2014 年版，第 1—10 页。

革具有复杂性、艰巨性和长期性，必须立足当前、着眼长远，综合施策、协同攻坚，需要把握好四项原则：一是坚持积极稳妥、规范有序；二是坚持以人为本、尊重群众意愿；三是坚持因地制宜、区别对待；四是坚持统筹配套，提供基本保障。

《意见》提出到2020年户籍制度改革的发展目标：一是有序推进农业转移人口市民化。进一步调整户口迁移政策，努力实现一亿左右农业转移人口和其他常住人口在城镇落户；逐步解决在城镇就业居住而没有落户人员享有城镇基本公共服务的问题。二是基本建立新型户籍制度。通过进一步推进户籍制度改革，统一城乡户口登记制度，全面实施居住证制度，基本建立以合法稳定住所和合法稳定就业为基本条件、以经常居住地登记为基本形式的户口迁移登记制度，建成国家人口基础信息库，实现跨部门、跨地区信息整合和共享，以适应全面建成小康社会的需要，为推进国家治理体系和治理能力现代化提供有力支撑。

提出实现一亿左右人口落户城镇的目标，目的在于推进以人为核心的城镇化，让符合条件的农业转移人口真正实现“市民梦”，融入城市社会，提升人民群众生活水平和质量。2014年3月公布的《国家新型城镇化规划（2014—2020年）》[1]确定了这一发展目标，提出户籍制度改革要与新型城镇化发展同步。

中国城镇化快速推进，取得举世瞩目的成就。但是，城镇空间分布和规模结构不合理、与资源环境承载能力不匹配的问题十分突出。东部一些城镇密集地区资源环境约束趋紧，中西部资源环境承载能力较强地区的城镇化潜力有待挖掘；中小城市和小城镇集聚产业和人口不足，潜

〔1〕《国家新型城镇化规划（2014—2020年）》，人民出版社2014年版。

力没有得到充分发挥；特大城市和部分大城市人口压力偏大，与综合承载能力之间的矛盾加剧，空气污染、交通拥堵、公共安全问题等“城市病”日益严重，需要有效控制人口规模。因此，需要兼顾大中小城市和建制镇、东中西部地区的不同实际，根据人口规模和综合承载能力的不同情况，实施差别化落户政策。

具体来讲，全面放开建制镇和小城市落户限制，就是基本没有门槛。只要群众有意愿，有合法稳定的住所，都可以落户。有序放开中等城市落户限制，就是门槛较低。只要具有合法稳定就业和合法稳定住所（含租赁）等条件，按照先后顺序排队，有落户意愿的一般都可以落户。合理确定大城市落户条件，就是降低门槛。国际经验表明，城市具有一定规模对经济发展、城市交通、居民生活、节约资源有利，但过犹不及。中国大城市情况不尽相同，落户政策也要根据综合承载能力和可能，相应有所区别。城区人口 100 万至 300 万的城市还有发展空间，能放开落户条件的尽量放开。城区人口 300 万至 500 万的城市要适度控制落户规模和节奏，防止人口发展过快，落户条件就要严格一些。

严格控制特大城市人口规模，这个政策导向非常明确。一些特大城市尤其是千万人口以上的城市人口压力很大，已经消化不了，不能再扩大人口规模，增加新的负担。首先，要严格户口迁移政策，改进和完善现行落户政策。坚持因城施策、一城一策，根据城市实际情况，建立完善积分落户制度，按照总量控制、公开透明、公平公正的原则，合理解决落户问题。户籍人口比重比较低的城市，要逐步提高户籍人口比重。其次，特大城市要科学定位城市功能，加快产业转型升级，适当疏散经济功能和其他功能，引导人口有出有进，使人口结构更加合理。

这次户籍制度改革没有简单以城市行政级别来确定落户政策，而是按照人口规模来确定各类城市落户政策，不与城市行政级别直接挂钩，不仅符合各地实际，而且也有利于各地因地制宜地确定落户政策，有利于引导人口在大中小城市和小城镇有序落户。

户籍制度改革与有关经济社会领域改革统筹配套，有序推进农业转移人口市民化。一方面，加快推进户籍制度改革，进一步调整户口迁移政策，公平有序地解决符合条件的农业转移人口及其他常住人口在城镇落户的问题，确保他们全面平等享有当地常住户口居民同等的待遇。另一方面，协同推进相关领域配套改革，让在城镇就业居住半年以上但未落户的农业转移人口和其他常住人口在子女教育、就业扶持、医疗卫生、社会保险、住房保障等方面逐步享受与当地居民同等的基本公共服务。

这次改革，是对户籍政策的一次总体调整，在全国实施差别化落户政策，对合理布局大中小城市和小城镇、合理引导人口分布具有十分重要的意义；是按照中央全面深化改革的总体部署进行的综合配套改革，与教育、就业、医疗、养老、住房保障、土地等方面的改革统筹配套、协同推进；是对新型户籍制度的一次整体构建，包括统一城乡户口登记制度、建立居住证制度、健全人口信息管理制度等。改革决心之大、力度之大、范围之广、措施之实，是前所未有的。

二、就业和收入分配体制改革

就业、收入分配体制改革涉及千家万户的“钱袋子”，是改善民生、实现发展成果由人民共享最重要、最直接的方式，关系着人民的福祉和国家的稳定，对全面建成小康社会、基本实现社会主义现代化和把我国建设成为社会主义现代化强国，具有重大意义。

（一）深化就业体制改革

中国经济发展进入新常态，产业结构调整升级，给就业形势带来深刻影响。就业工作仍然面临较大的压力，既存在农民工招工难、大学生就业难等传统的结构性矛盾，又有在推进供给侧结构性改革过程中出现的新情况，如钢铁、煤炭行业去产能，一年就有上百万的职工需要安置。

中共中央高度重视就业工作。党的十八大提出政府促进就业和鼓励创业相结合方针。2015 年 5 月，国务院出台《关于进一步做好新形势下就业创业工作的意见》，提出要“把稳定和扩大就业作为经济运行合理区间的下限”[1]。同时，围绕促进以创业带动就业，提出一系列政策。一方面，努力消除城乡、行业、身份、性别等一切影响平等就业的制度障碍和就业歧视，促进以高校毕业生为重点的青年就业和农村转移劳动力、城镇困难人员、退役军人就业，形成大众创业、万众创新的新局面。另一方面，增强失业保险制度预防失业、促进就业功能，完善就业失业监测统计制度。创新劳动关系协调机制，畅通职工表达合理诉求渠道。

深化就业体制改革和实施就业优先的政策，使我国就业形势和城镇失业率在经济增长下行压力下保持了总体稳定。2013—2016 年，中国累计城镇新增就业人数 5258 万人，连续四年保持在每年 1300 万人以上。[2]就业大局稳定，对保障中国经济行稳致远、社会和谐安定发挥了重要作用。

---

〔1〕《国务院关于进一步做好新形势下就业创业工作的意见》，人民出版社 2015 年版，第 2 页。

〔2〕国家统计局：《中华人民共和国 2016 年国民经济和社会发展统计公报》，《人民日报》2017 年 3 月 1 日。

（二）推进收入分配制度改革

1. 重要举措。针对收入分配制度存在的问题，党的十八大明确指出，收入分配制度改革的最终目标是“实现发展成果由人民共享”，在收入分配原则上强调“初次分配和再分配都要兼顾效率和公平，再分配更加注重公平”。[1] 2016 年 1 月 18 日，习近平总书记指出：“不断把‘蛋糕’做大。”“把不断做大的‘蛋糕’分好，让社会主义制度的优越性得到更充分体现，让人民群众有更多获得感。”调整收入分配格局，完善以税收、社会保障、转移支付等为主要手段的再分配调节机制，维护社会公平正义”。[2]

十八大以来，为进一步处理好收入分配制度存在的问题，尤其是公平与效率问题，党和国家提出一系列改革理念与举措。

一是提出“共享”的发展理念。2015 年 10 月党的十八届五中全会通过的《中共中央关于制定国民经济和社会发展第十三个五年规划的建议》指出，“共享是中国特色社会主义的本质要求”，必须“使全体人民在共建共享发展中有更多获得感，增强发展动力，增进人民团结，朝着共同富裕方向稳步前进”。[3]共享发展回答了发展目标是什么、发展成果怎样共享的问题。解决好收入分配问题，是践行共享发展理念的重要内容之一。“收入分配是民生之源，是改善民生、实现发展成果由人民共享最重要最直接的方式。”[4] 共享发展将发展与民生改善统

---

〔1〕《十八大以来重要文献选编》(上)，中央文献出版社 2014 年版，第 28 页。

〔2〕习近平：《在省部级主要领导干部学习贯彻党的十八届五中全会精神专题研讨班上的讲话》，人民出版社 2016 年版，第 28、25 页。

〔3〕《中共中央关于制定国民经济和社会发展第十三个五年规划的建议》，人民出版社 2015 年版，第 9 页。

〔4〕《让老百姓过上好日子——关于改善民生和创新社会治理》，《人民日报》2016 年 5 月 6 日。

筹到发展的整体框架中，强调在坚持经济发展的同时应注重公平正义。

二是确定“两个同步”、“两个提高”和“一个分配格局”的改革目标。1998 年，中国劳动报酬占国内生产总值的比重为 52.1%，2006 年下降为 44.5%；城乡居民总收入占国内生产总值的比例也由 2000 年的 47.4% 下降到 2010 年的 41.8%〔1〕。党的十八大报告有针对性地提出“实现居民收入增长和经济发展同步、劳动报酬增长和劳动生产率提高同步”的“两个同步”思想，“提高居民收入在国民收入分配中的比重，提高劳动报酬在初次分配中的比重”的“两个提高”思想。〔2〕2013 年 2 月公布的《发展改革委、财政部、人力资源社会保障部关于深化收入分配制度改革的若干意见》，明确提出城乡居民收入实现倍增、收入分配差距逐步缩小等主要目标，并拿出了促进中低收入职工工资合理增长、集中更多财力用于保障和改善民生等具体措施。〔3〕党的十八届三中全会通过的《中共中央关于全面深化改革若干重大问题的决定》提出：“扩大中等收入者比重，努力缩小城乡、区域、行业收入分配差距，逐步形成橄榄型分配格局。”〔4〕在社会主义市场经济条件下，扩大中等收入群体比重是维持社会稳定与发展的基础。橄榄型分配格局正是一个以中等收入群体为主体，低收入群体和高收入群体比重都比较小的收入分配格局。在构建橄榄型分配格局中，通过对低收入群体进行帮扶，对高收入群体进行调控，从而使得社会大部分成员都能够获得相对富足的收入与平等的发展机会。“两个同步”和“两个提高”与橄榄型收

---

〔1〕参见《中国统计年鉴（2016）》，中国统计出版社 2016 年版，第 4、168、177 页。相关数据由计算而得。

〔2〕《十八大以来重要文献选编》(上)，中央文献出版社 2014 年版，第 28 页。

〔3〕《十八大以来重要文献选编》(上)，中央文献出版社 2014 年版，第 142—154 页。

〔4〕《十八大以来重要文献选编》(上)，中央文献出版社 2014 年版，第 537 页。

入分配格局一同构成了中国收入分配制度改革的目标。

三是提出正确处理好“三个关系”的改革路径。《发展改革委、财政部、人力资源社会保障部关于深化收入分配制度改革的若干意见》指出，“深化收入分配制度改革，处理好劳动与资本、城市与农村、政府与市场等重大关系，推动相关领域改革向纵深发展”〔1〕。正确处理好“三个关系”，为收入分配制度改革指明了具体路径。我国收入差距大主要表现为城乡之间、地区之间、行业之间以及企业内部收入差距大。城乡收入差距占据我国收入差距的近一半。城市与农村在居民收入、教育、医疗、就业、消费以及政府投入等方面存在较大差距。处理好政府与市场之间的关系是经济体制改革的核心问题，对收入分配制度改革起着重要作用。处理好“三个关系”，有助于解决城乡收入差距大、居民收入差距大、政府不当干预市场运行以及市场失灵等问题，是关乎收入分配制度改革成效，关乎社会公平正义、经济持续健康发展的重大问题。

2. 主要成效。(1) 实现“两个同步”、“两个提高”和“一个分配格局”。从经济发展与居民收入情况的变动关系看，2012—2016 年，我国国内生产总值增长率依次为 7.7%、7.7%、7.4%、6.9% 和 6.7%，城乡居民人均收入增长率依次为 15%、12.8%、10.4%、9.5% 和 8.4%。〔2〕经济发展进入新常态后，国内生产总值增长率与城乡居民人均收入增长率虽然略有下降，但依然保持较快的增长速度，且保持着稳定的同步增长态势。

2012—2016 年，我国劳动生产率保持稳步提升，依次为 72817 元/

〔1〕《十八大以来重要文献选编》(上)，中央文献出版社 2014 年版，第 143 页。
〔2〕参见《中国统计年鉴（2016)》，中国统计出版社 2016 年版，第 4、168、177 页。

人、78182元/人、83586元/人、89080元/人和94825元/人〔1〕；城镇单位就业人员平均工资（即城镇非私营单位就业人员劳动报酬），也实现较大程度增长，依次为46769元、51483元、56360元、62029元和67569元。〔2〕在劳动生产率稳步提高的同时，城镇单位就业人员劳动报酬也实现较大程度增长，劳动生产力提高与劳动报酬增长实现了同步提升。

2012—2016年，城乡居民总收入占国内生产总值的比重分别达到41.6%、42.5%、43.7%、45.0%和45.6%〔3〕，居民收入在国民收入中所占的比重不断提高并呈现稳步增长的态势。居民人均可支配收入也保持了较大程度的增长，分别达到16510元、18311元、20167元、21966元和23821元，增长率依次为10.6%、8.1%、8.0%、7.4%、6.5%。〔4〕

劳动报酬在初次分配中的比重逐年上升。2011—2015年，劳动报酬占地方生产总值合计的比重分别达到44.9%、45.6%、45.9%、46.5%和47.9%，呈现出稳步提升的态势。2016年，劳动报酬占国民收入的比重进一步上升为51.9%，居民可支配收入占国民可支配总收入比重为61.7%，继续延续居民收入占比稳步提高的趋势。〔5〕居民收入在国民收入分配中的比重以及劳动报酬在初次分配中的比重实现了同步提高。

---

〔1〕国家统计局:《中华人民共和国2016年国民经济和社会发展统计公报》,《人民日报》2017年3月1日。

〔2〕参见《中国统计年鉴（2016）》，中国统计出版社2016年版，第4、168、177页。

〔3〕胡莹、郑礼肖:《十八大以来我国收入分配制度改革的新经验与新成就》,《马克思主义研究》2018年第2期。

〔4〕国家统计局:《中华人民共和国2016年国民经济和社会发展统计公报》,《人民日报》2017年3月1日。

〔5〕胡莹、郑礼肖:《十八大以来我国收入分配制度改革的新经验与新成就》,《马克思主义研究》2018年第2期。

"中间大、两头小"的橄榄型分配格局的形成，必须以调节过高收入、增加低收入者收入、扩大中等收入者比重为主要手段。在调节过高收入方面，国家出台的一系列限制国有企业高管的高薪和超高薪的举措得到切实推进，并在打击灰色收入、腐败收入等违法高收入上取得明显成效。同时，进一步完善对垄断行业工资总额与工资水平的双重调控政策，并通过税收制度改革、推进慈善事业等举措来加强对高收入者的调节力度。

在增加低收入者收入水平方面，中共中央大力推进农村扶贫工作与城镇人员就业工作。农村扶贫工作取得重大进展。依据国家统计局发布的国民经济和社会发展统计公报的数据，2012—2016 年，按照农村每年人均收入低于 2300 元的标准计算，农村贫困人口依次为 9899 万、8249 万、7017 万、5575 万和 4335 万，五年共减少贫困人口 5564 万。吸纳非农就业的水平显著提高，2012—2016 年国内生产总值每增长一个百分点，平均吸纳非农就业 172 万人，比 2009—2011 年多吸纳 30 万人[1]。城镇失业人员再就业与就业困难人员实现就业的人数均保持在高水平，五年中帮扶城镇失业人员再就业共计 2790 万人，就业困难人员就业共计 881 万人[2]，确保重点群体就业人数的稳定。城乡差距缩小，农村居民人均纯收入增长率始终大于城镇居民人均可支配收入增长率。

在扩大中等收入群体方面，参照国家统计局公布的全国居民五等份收入分组的数据，并将中等偏下户、中等收入户、中等偏上户进行

---

〔1〕《覆盖范围持续扩大 待遇水平逐年提高：社保网，越织越牢》，《人民日报》2017 年 7 月 30 日。

〔2〕中共人力资源和社会保障部党组：《让广大人民群众更多更好地共享发展成果——党的十八大以来劳动就业和社会保障事业发展的主要成就》，《中国社会保障》2017 年第 9 期。

合并计算可知，2013—2016 年，总收入分别为 49712.9 元、55455.8 元、60651.7 元和 65813 元，实现较快速度的增长。在全国居民五等份收入分组中，中低收入人群的收入增速相对较快。2014—2015 年，中等收入户与中等偏下户的人均增长率分别为 12.5% 与 9.5%，高收入户的人均收入增长率分别只有 7.4% 与 7%。2016 年，中等收入户与中等偏下户的人均增长率为 8.4%，略低于高收入户的 8.6%，但从发展趋势来说，中低收入群体的收入增速快于高收入户的收入增速[1]。2017 年底，中央经济工作会议指出，我国中等收入群体从党的十八大以来持续扩大，已经形成世界上人口最多的中等收入群体。衡量居民收入差距的基尼系数进一步收窄，2012—2016 年依次为 0.474、0.473、0.469、0.462 和 0.465[2]，总体上保持不断减小的势头。

（2）完善初次分配制度与再分配制度。这是收入分配制度改革的重要环节。根据党的十八大提出的“初次分配和再分配都要兼顾效率和公平，再分配更加注重公平”的改革思路，初次分配制度、再分配制度改革取得了重要成就。

初次分配主要包括政府、企业与居民三大参与主体。党的十八大以来，初次分配制度改革在兼顾效率与公平的基础上，不断完善劳动、资本、技术与管理等要素按贡献参与分配的机制。支持企业在提高经济效益的基础上，通过提高最低工资标准、促进中小企业发展、加大劳动培训力度、推进工资集体协商机制建设等措施，提高劳动者

〔1〕胡莹、郑礼肖：《十八大以来我国收入分配制度改革的新经验与新成就》，《马克思主义研究》2018 年第 2 期。

〔2〕国家统计局住户调查办公室：《居民收入持续较快增长 人民生活质量不断提高》，《中国信息报》2017 年 7 月 7 日。

收入水平。2015 年，劳动报酬占国内生产总值的比重达到 50.2%[1]。2012—2015 年，城镇单位就业人员工资总额分别为 70914.2 亿元、93064.3 亿元、102817.2 亿元和 112007.8 亿元，城镇单位就业人员平均工资分别为 46769 元、51483 元、56360 元和 62029 元。[2]员工福利有较大提高，2012—2016 年，参加城镇职工基本养老保险的人数分别为 30426.8 万、32218.4 万、34124.4 万、35361.2 万和 37862.0 万。[3]

由资本、技术、管理等要素市场决定的报酬机制不断健全，居民收入来源日益丰富。2013—2015 年，居民人均财产性收入稳步提升，分别为 1423.3 元、1587.8 元和 1739.6 元，占当年全国居民人均可支配收入的比率分别达到 7.77%、7.87% 和 7.92%。[4]农民的工资性收入已经超过经营净收入，成为最大的收入来源。2015 年，农民的工资性收入、经营净收入分别为 4600.3 元、4503.6 元。2013—2015 年，农民的人均财产收入逐年提高，分别为 194.7 元、222.1 元和 251.5 元。[5]

再分配制度改革重在发挥税收杠杆和财政倾斜支付的作用，实现缩小城乡之间、地区之间、行业之间以及行业内部之间收入差距的目标。税收制度改革瞄准“结构优化、社会公平”的总目标，不断调节过高收入、扩大中等收入者比重。一是税收结构由以间接税为主逐步转向以直接税为主。2012—2015 年，消费税、营业税、关税、增值税的总额依次为 52822.66 亿元、56905.08 亿元、60387.62 亿元和 63525.31 亿元，占当年税收总额的比重分别为 52.5%、51.5%、50.8%

〔1〕参见《中国统计年鉴（2016）》，中国统计出版社 2016 年版，第 4、168、177 页。
〔2〕参见《中国统计年鉴（2016）》，中国统计出版社 2016 年版，第 4、168、177 页。
〔3〕参见国家统计局:《中华人民共和国 2016 年国民经济和社会发展统计公报》，《人民日报》2017 年 3 月 1 日。
〔4〕参见《中国统计年鉴（2016）》，中国统计出版社 2016 年版，第 4、168、177 页。
〔5〕参见《中国统计年鉴（2016）》，中国统计出版社 2016 年版，第 174、177 页。

和 50.9%。[1]二是进一步拓宽所得税征收面和提升所得税累进效应。2012—2015 年，企业所得税与个人所得税的总额依次为 25474.81 亿元、28958.73 亿元、32018.80 亿元和 35751.14 亿元，占当年税收总额的比重分别为 25.3%、26.2%、26.9% 和 28.6%[2]。

社会保险体系日趋完善。2014 年 2 月，国务院常务会议决定合并新型农村社会养老保险和城镇居民社会养老保险，建立全国统一的城乡居民基本养老保险制度。2015—2019 年，基本养老保险参保人数逐年增加，依次为 85833 万、88777 万、91548 万、94293 万和 96754 万；基本养老保险、失业保险、工伤保险三项社会保险基金支出逐年增长，幅度较大，依次为 29265 亿元、35591 亿元、41980 亿元、49208 亿元和 54492 亿元。[3]

住房保障制度不断完善。住房保障制度改革坚持“房子是用来住的、不是用来炒的”[4]定位，着力解决住房结构性供给不足的矛盾，完善住房市场体系和住房保障体系，基本建立多主体供给、多渠道保障、租购并举的住房制度，推动实现全体人民住有所居。以公租房、政策性租赁住房和共有产权住房为主体，并结合推进城镇棚户区改造和老旧小区改造，推动住房保障体系基本框架不断完善。2019 年，棚户区改造开工 316 万套，超额完成目标任务；在 2 个省和 8 个城市开展城镇老旧小区改造试点，探索融资方式、群众共建等体制机制；持续提升住房公积金管理服务效能，全面建成住房公积金数据平台。全力推

[1] 参见《中国统计年鉴（2016）》，中国统计出版社 2016 年版，第 213 页。

[2] 参见《中国统计年鉴（2016）》，中国统计出版社 2016 年版，第 213 页。

[3] 人力资源和社会保障部：《2019 年度人力资源和社会保障事业发展统计公报》，《中国劳动保障报》2020 年 6 月 5 日。

[4]《习近平谈治国理政》第 2 卷，外文出版社 2017 年版，第 367 页。

进农村危房改造，截至2019年底，脱贫攻坚需改造的135.2万户农村危房已开工99.3%。[1]

城乡低保补助标准显著提高。城乡低保制度事关困难群众衣食冷暖，事关社会和谐稳定和公平正义，在城乡社会救助体系中发挥着重要的兜底保障作用。党的十八大以来，党中央、国务院相继出台一系列政策措施，不断建立健全低保政策法规体系，创新运行机制，推动低保工作落实。2014年，国务院颁布《社会救助暂行办法》，标志着以低保制度为核心的社会救助体系正式建立。2016年9月，国务院办公厅转发民政部等六部门《关于做好农村最低生活保障制度与扶贫开发政策有效衔接的指导意见》，从政策衔接、对象衔接、标准衔接、管理衔接等方面，加强农村低保制度与扶贫开发政策的有效衔接。2012—2016年，城乡最低生活保障支出依次为1392.3亿元、1623.6亿元、1592.0亿元、1650.8亿元和1639.9亿元。城乡低保人均补助标准不断提高，2013—2016年，分别较上年提升13.1%和17.7%、9.97%和14.1%、9.5%和14.4%、10.8%和17.8%。[2]

三、社会保障制度和社会治理体制改革

（一）社会保障制度改革

社会保障是民生安全网、社会稳定器，与人民幸福安康息息相关，关系国家长治久安。随着经济社会的不断发展，社会保障制度建设在党和国家事业发展总体布局中的角色不断转变，逐步从国有企业改革

〔1〕《推动住房和城乡建设事业高质量发展——访住房和城乡建设部部长王蒙徽》，《人民日报》2021年1月7日。

〔2〕胡莹、郑礼肖：《十八大以来我国收入分配制度改革的新经验与新成就》，《马克思主义研究》2018年第2期。

的配套措施、社会主义市场经济的重要支柱，发展成为国家的一项重要社会经济制度。2015 年 7 月 24 日，在中共中央召开的党外人士座谈会上，习近平强调："要加强民生保障，完善社会保障体系和社会安全网。"[1]作为落实共享发展的重要方面，"建立更加公平更可持续的社会保障制度" 被列入《中共中央关于制定国民经济和社会发展第十三个五年规划的建议》当中。《建议》强调，要"实施全民参保计划，基本实现法定人员全覆盖。坚持精算平衡，完善筹资机制，分清政府、企业、个人等的责任"。[2]

党的十八大以来，党和国家坚持以人民为中心的发展思想，贯彻全覆盖、保基本、多层次、可持续的基本方针，从增强公平性、适应流动性、保证可持续性出发，全面推进社会保障体系建设，社会保障改革成就卓著，社会保障制度更加完善。

"四梁八柱" 性质的主体框架基本确立。社会保障制度数十项改革政策相继出台，各项改革措施落地见效，一些重点领域和关键环节改革取得重大进展。机关事业单位养老保险改革制度设计基本完成，城乡居民养老保险制度得以合并实施，企业年金制度不断完善，职业年金制度正在建立，个人税收递延型商业养老保险制度加快试点，以基本养老保险为基础，包括企业年金、职业年金、商业保险的多层次养老保险体系加速形成。全面整合城镇居民基本医疗保险和新型农村合作医疗两项制度，医疗保险的异地结算和关系转移接续加速推进，社会保险基金投资体制基本确立。

全民参保计划全面实施。这是实现覆盖全民目标、促进人人享有基本社会保障的重要举措，是衡量全面建成小康社会的基本指标之一。

---

〔1〕《中共中央召开党外人士座谈会》，《人民日报》2015 年 7 月 31 日。

〔2〕《十八大以来重要文献选编》(中)，中央文献出版社 2016 年版，第 815 页。

社会保障覆盖面不断扩大，截至2016年底，基本养老、失业、工伤、生育保险参保人数已分别达到8.88亿、1.81亿、2.19亿、1.85亿，比2012年底分别增加了9980万、2864万、2879万、3022万；基本医疗保险覆盖人数超过13亿，全民医保基本实现。中国扩大社保覆盖面的成就受到国际社会高度肯定，2016年11月国际社会保障协会授予中国政府“社会保障杰出成就奖”。[1]

社会保障待遇水平持续提高。2012—2016年，全国企业退休人员月均基本养老金从1686元增加到2362元，年均增长8.8%；城乡居民基础养老金最低标准从每月55元提高到70元；失业保险金年均增长11.3%；生育保险金年均增长8.1%。医疗保险待遇水平明显提高，2016年职工医疗保险和居民医疗保险最高支付限额分别为当地职工平均工资和当地居民人均可支配收入的6倍，政策范围内住院费用基金支付比例分别达到80%和70%左右。城镇居民基本医疗保险补助从2012年的240元提高到2016年的420元；城乡居民大病保险覆盖人数超过10亿，政策规定的支付比例不低于50%。[2]社会保障覆盖面扩大、待遇水平提高，有力地保障人民生活、增加群众福祉、维护社会公正。

社保政策适时调整。在经济下行压力加大、企业面临转型升级压力和职工失业风险加大的形势下，党和国家对社会保障政策多次作出重大调整。2015年，国务院先后决定适当降低失业、工伤和生育三项

〔1〕中共人力资源和社会保障部党组：《让广大人民群众更多更好地共享发展成果——党的十八大以来劳动就业和社会保障事业发展的主要成就》，《中国社会保障》2017年第9期。

〔2〕中共人力资源和社会保障部党组：《让广大人民群众更多更好地共享发展成果——党的十八大以来劳动就业和社会保障事业发展的主要成就》，《中国社会保障》2017年第9期。

保险的费率。2016 年 4 月，国务院决定阶段性降低企业职工基本养老保险和失业保险费率。在失业保险基金中列支援企稳岗补贴，提高企业履行稳定就业岗位社会责任的积极性，促进职工岗位稳定和社会稳定，有力地支持了产业结构调整和经济转型升级。据不完全统计，仅 2015 年和 2016 年就有 54 万户企业领取稳岗补贴 364 亿元，惠及职工达 6561 万人。[1]适应经济发展新常态、减轻用人单位负担、提高基金使用效率的社保新政策，有利于供给侧结构性改革“三去一降一补”五大任务的顺利完成。

城镇职工基本养老保险和城乡居民基本养老保险制度不断完善。实现老有所养、老有所医、老有所教、老有所学、老有所为、老有所乐，让老年人安享晚年，是改革关注的重点之一。中央深改组会议两次审议《关于制定和实施老年人照顾服务项目的意见》，推动出台《关于全面放开养老服务市场提升养老服务质量的若干意见》，着力提升养老服务质量，老年群体多层次、多样化的服务需求得到更好满足。机关事业单位养老保险制度改革积极推进，统一的城乡居民基本养老保险制度全面实施，养老保险基金启动投资运营，企业退休人员基本养老金水平连续提高，有效保障了退休人员的基本生活。

全国统一的社会保险公共服务平台加快建立。社会保险公共服务直接关系各项社会保险政策实施效果。党的十八大以来，社会保险公共服务规范化、信息化、专业化建设不断加强，从中央到乡镇的五级管理体系和服务网络基本形成。信息技术得到广泛应用，社会保障卡持卡发行量超过 10 亿张，人民群众享受到了更加便捷的服务。

---

〔1〕郑秉文:《社会保障：稳增长拉内需保民生》,《中国社会保障》2017 年第 10 期。

（二）社会治理体制改革

十八大以来，中共中央高度重视社会治理创新，提出一系列重要论断，作出全面系统部署，各地也开展形式多样的实践探索，取得了积极的成效。社会治理体系更加完善，社会大局保持稳定，国家安全全面加强。

1. 强化社会治理制度建设。有效的社会治理需要多方面、多层次的制度保障，其中最重要的制度建设有两个方面。一是完善社会治理体制。这是社会治理坚持系统治理的内在要求。党的十八大提出，加快形成党委领导、政府负责、社会协同、公众参与、法治保障的社会管理体制。[1]党的十八届三中全会提出创新社会治理体制的重要思想，把社会管理创新推向社会治理创新的新境界。与此同时，社会治理体制内涵的表述也有新变化，"政府负责"被改为"政府主导"。[2]二是提高社会治理的社会化、法治化、智能化、专业化水平。党的十八大提出，"提高社会管理科学化水平"；十八届三中全会提出"提高社会治理水平"；十八届五中全会进一步提出"推进社会治理精细化"。[3]

2. 推进重点领域的机制和体系建设。一是加强预防和化解社会矛盾机制建设，正确处理人民内部矛盾。改革发展过程中，征地拆迁、企业改革、社会保障、物业管理等方面引发的矛盾和冲突时有发生，一些特殊群体和困难群众的诉求得不到很好满足，形成群体性聚集事件。大量社会矛盾和问题属于人民内部矛盾，必须从维护群众合法权益的角度，构建起有序有效的诉求表达机制、利益协调机制、重

〔1〕《十八大以来重要文献选编》（上），中央文献出版社 2014 年版，第 27 页。
〔2〕《十八大以来重要文献选编》（上），中央文献出版社 2014 年版，第 539 页。
〔3〕《十八大以来重要文献选编》（上），中央文献出版社 2014 年版，第 30、539 页；《十八大以来重要文献选编》（中），中央文献出版社 2016 年版，第 819 页。

大决策风险评估机制和权益保障机制，从源头上防范和化解社会矛盾。2015 年 10 月，中央全面深化改革领导小组审议通过《关于完善矛盾纠纷多元化解机制的意见》。各地积极创新社会矛盾排查化解机制，进一步拓宽人大代表、政协委员、律师等第三方参与社会矛盾化解的制度化渠道；构建有机衔接、相互协调的多元化纠纷解决体系。

二是健全公共安全体系。随着经济社会发展和人民生活水平提高，人们对公共安全提出更高的要求。党的十八大提出："强化公共安全体系和企业安全生产基础建设，遏制重特大安全事故。"〔1〕2016 年 12 月 18 日和 19 日，中共中央、国务院先后印发《关于推进安全生产领域改革发展的意见》和《关于推进防灾减灾救灾体制机制改革的意见》，成为新时代推进安全生产管理创新和防灾减灾救灾综合体制机制改革的重要依据。

三是加快社会治安防控体系建设。在快速推进工业化、城镇化、信息化和市场化过程中，社会治安形势出现新情况、新特点，黄赌毒黑拐骗等违法犯罪活动成为突出的社会治安问题。2016 年 1 月，中央全面深化改革领导小组审议通过《健全落实社会治安综合治理领导责任制规定》，强调严格落实"属地管理"和"谁主管谁负责"的原则，形成职责明确、务实管用的责任体系。

3. 加强社会心理服务体系建设。现代社会工作和生活节奏越来越快，工作压力、学习压力、竞争压力、生活压力越来越大，传统的家庭、熟人社会的支持网络却日益变小，新的社会支持的网络又很不稳定，难以满足人们的情感、心理的需要，心理健康问题日益浮出水面。习近平总书记指出："加强和创新社会治理，关键在体制创新，核心是人，只有人与人和谐相处，社会才会安定有序。"〔2〕《中共中央关于制定

〔1〕《十八大以来重要文献选编》(上)，中央文献出版社 2014 年版，第 30 页。
〔2〕《习近平关于全面深化改革论述摘编》，中央文献出版社 2014 年版，第 101 页。

国民经济和社会发展第十三个五年规划的建议》提出，要“健全社会心理服务体系和疏导机制、危机干预机制”[1]。

4.深化社区治理体系建设。城乡社区是社会治理的基本单元，是社会治理的重心所在。城乡社区治理事关党和国家大政方针贯彻落实，事关居民群众切身利益，事关城乡基层和谐稳定。2014年，上海市委、市政府把加强基层社会治理作为当年的1号课题开展研究。2015年初，出台《关于进一步创新社会治理加强基层建设的意见》。2016年“两会”期间，习近平总书记参加上海代表团分组审议时讲话指出，基层是一切工作的落脚点，社会治理的重心必须落实到城乡、社区。[2]2017年4月，中共中央、国务院出台《关于加强和完善城乡社区治理的意见》，旨在全面提升城乡社区治理法治化、科学化、精细化水平和组织化程度，促进城乡社区治理体系和治理能力现代化。

党的十八大以来，户籍管理制度、就业和收入分配体制、社会保障和社会治理体制改革的深化，对于促进共同富裕，推进社会领域制度创新和基本公共服务均等化，加快形成科学有效的社会治理体制，对于完善社会治理体系、保持社会大局稳定、保障国家安全，都产生了积极广泛深远的影响。

---

〔1〕《十八大以来重要文献选编》(中)，中央文献出版社2016年版，第819页。

〔2〕民政部编写组编著:《〈中共中央国务院关于加强和完善城乡社区治理的意见〉辅导读本》，人民出版社2017年版，第143页。

第三部分

新中国史学科建设

推动国史研究再上新台阶*

历史是最好的教科书，也是最好的营养剂。习近平总书记在致国史学会成立30周年的贺信中对国史研究提出殷切期望，强调要“不断提高研究水平，创新宣传方式，加强教育引导，激励人们坚定历史自信、增强历史主动，更好凝聚团结奋斗的精神力量”。习近平总书记的贺信，为推动国史研究再上新台阶指明了前进方向、提供了根本遵循。广大国史研究工作者要深入学习贯彻习近平总书记贺信精神，始终坚持正确政治方向，加强组织领导、统筹规划和顶层设计，进一步提高研究水平，推出更多高质量研究成果，为推动国史研究、宣传和教育作出新贡献。

始终坚持正确政治方向。习近平总书记在贺信中对国史学会提出明确要求：“深入学习贯彻党的二十大精神，坚持正确政治方向，坚持历史唯物主义，以马克思主义中国化时代化最新成果为指导”。广大国史研究工作者要深刻认识国史研究的政治属性、国史研究对于党和国家事业的重要意义，牢牢把握国史研究的正确政治方向。当前，世界之变、时代之变、历史之变正以前所未有的方式展开。做好国史研究，

---

* 本文曾发表于《人民日报》2023年5月29日，第9版。

是为了真实记录和全面反映新中国建立、巩固、发展的过程，分清国史的主流与支流、本质与现象、必然与偶然；是为了把新中国成立以来党和国家事业发展的经验、智慧传给今人、留给后人，帮助广大干部群众坚定历史自信、增强历史主动，坚定为实现中华民族伟大复兴而奋斗的信心。这就要求国史研究工作者坚持正确政治方向、站稳政治立场，树立大历史观，全面把握习近平新时代中国特色社会主义思想的世界观、方法论和贯穿其中的立场观点方法，努力拿出更多与时俱进、经得起历史和人民检验的研究成果。

深刻把握民族复兴的时代主题。习近平总书记指出："实现中华民族伟大复兴是近代以来中华民族最伟大的梦想。"新中国史在本质上说，就是全国各族人民在中国共产党的坚强领导下，为实现中华民族伟大复兴而不懈奋斗的历史。新中国的成立，彻底改变了近代以后一百多年中国积贫积弱、受人欺凌的悲惨命运。新中国成立后，我国仅用几十年时间就走完发达国家几百年走过的工业化历程，创造了经济快速发展和社会长期稳定两大奇迹。中国特色社会主义进入新时代，为了实现中华民族伟大复兴，我们党团结带领人民自信自强、守正创新，完成脱贫攻坚、全面建成小康社会的历史性任务，实现第一个百年奋斗目标，顺利开启实现第二个百年奋斗目标新征程，党和国家事业取得历史性成就、发生历史性变革，创造了新时代中国特色社会主义的伟大成就，为实现中华民族伟大复兴提供了更为完善的制度保证、更为坚实的物质基础、更为主动的精神力量。党的二十大擘画了全面建成社会主义现代化强国、以中国式现代化全面推进中华民族伟大复兴的宏伟蓝图，我们党领导人民踏上了强国建设、民族复兴的新征程。做好国史研究，就要深刻把握实现中华民族伟大复兴这个时代主题，着重展示我们党带领全体人民在过去 70 多年是怎样通过团结奋斗使中华民族迎来从站起来、富起来到强起来的伟大飞跃，特别要研究好阐述好新时代十年伟大变革的里程碑意义，加快构建系统完善的国史研究学科体系、学术体系、话语体系。

激励人们坚定历史自信、增强历史主动。习近平总书记指出：“牢记历史，是为了开创未来”“我们要以史为鉴、开创未来，在全面建设社会主义现代化国家新征程上继续担当历史使命，掌握历史主动，不断把中华民族伟大复兴的历史伟业推向前进”。新中国成立以来党和国家事业取得了举世瞩目的伟大成就，这是中国共产党和中国人民坚定历史自信、增强历史主动的现实基础。只有拿出更多高质量的国史研究成果，加强研究成果的宣传、推广，才能真正把历史智慧和历史经验进一步转化为干部群众团结奋斗的精神力量。长期以来，国史研究工作者不断深化国史研究，组织编纂出版了一大批国史重要著作，在引导人民知史爱党、知史爱国，对外讲好中国故事、传播好中国声音等方面发挥了积极作用。新时代新征程，广大国史研究工作者要自觉服务党和国家工作大局，积极回应人民群众关心关注的热点难点问题，加强国史研究队伍建设，努力多出精品力作。要忠实履行职责使命，完善国史宣传教育与传播途径，引导广大干部群众厚植爱党爱国爱社会主义情感，坚定历史自信、增强历史主动，奋进新征程、建功新时代。

守正创新踔厉奋发
推动新中国史研究再上新台阶*

在中华人民共和国国史学会成立30周年之际，习近平总书记发来贺信，向学会全体同志和全国广大国史研究工作者致以热烈祝贺和诚挚问候，向国史研究工作者提出了殷切期望和要求，充分体现了习近平总书记对国史研究事业的高度重视，为做好新时代国史研究工作指明了方向、提供了遵循，是今后一个时期广大国史研究工作者必须认真学习好、领会好、落实好的一篇重要文献。我们要坚持以习近平新时代中国特色社会主义思想为指导，准确把握新中国史的主题主线、主流本质，坚持唯物史观和正确的政治方向、学术导向、价值取向，不断创新宣传方式，加强教育引导，提升新中国史研究资政育人的作用与功能，为坚定历史自信、增强历史主动，更好凝聚团结奋斗的精神力量作出积极贡献。

坚持正确政治方向

习近平总书记在贺信中指出，希望国史学会深入学习贯彻党的

---

* 本文曾发表于《光明日报》2023年1月4日，第11版。

二十大精神，坚持正确政治方向，坚持历史唯物主义，以马克思主义中国化时代化最新成果为指导。中国自古以来就有研究历史、运用历史的优良传统，历史研究不只是为历史而研究历史，而且是为了把前人的经验、智慧传给今人、留给后人，是为了展望未来、向前看，正所谓“经世致用”。新中国史研究最突出的特征就是具有强烈的现实政治性和意识形态性。当前，世界之变、时代之变、历史之变正以前所未有的方式展开。“灭人之国，必先去其史”。一段时期以来，历史虚无主义思潮在党史、国史研究领域一度泛滥，国内外敌对势力欲借党史、国史上的一些敏感话题做文章，竭尽攻击、丑化、污蔑之能事，试图在意识形态领域造成混乱局面。作为新中国史研究工作者，一定要站稳政治立场，坚持正确政治方向，树立正确的历史观，自觉把握好习近平新时代中国特色社会主义思想的世界观、方法论，因应世界之变、时代之变、历史之变，努力推出更多与时俱进、经得起历史和人民检验的研究成果，回答好中国之问、世界之问、人民之问、时代之问，推动马克思主义基本原理同中国具体实际相结合、同中华优秀传统文化相结合，为推动马克思主义中国化时代化夯实历史基础。

不断提高研究水平

习近平总书记在贺信中强调，牢牢把握国史的主题主线、主流本质，不断提高研究水平。新中国 70 余年历史发展的主题，就是实现中华民族伟大复兴；主线，就是在中国共产党的领导下，全国各族人民通过不懈努力和奋斗，迎来了中华民族从站起来到富起来，再到强起来的伟大飞跃。我们党在团结带领广大人民群众进行革命、建设、改革的历史进程中，夺取了一个又一个伟大光辉的胜利，这是新中国历史发展的主流。新中国史在本质上说，是全国各族人民在中国共产党的坚强领导下，为实现中华民族伟大复兴而不懈奋斗的历史。我们要按照习近平总书记的要求，牢牢把握新中国史的主题主线、主流本质，正确认识和科学评价新中国史上的重大事件、重要会议、重要人物，正确看待新中国史上曾经出现的曲折和失误，正确认识和处理改革开放前后两个历史时期及其关系。为此，必须努力构建新中国史研究的学科体系、学术体系、话语体系，实现三者的有机统一，着重展示我们党带领全体人民在过去 70 多年的时间里是怎样团结奋斗一步步改变中国面貌的，从而使新中国史研究更好发挥资政育人的功能，更好传承中国史学的优良传统，更好地向国际社会展示中国形象、传播中国声音、讲好中国故事。

创新教育传播手段和载体

习近平总书记在贺信中强调，创新宣传方式，加强教育引导，激励人们坚定历史自信、增强历史主动，更好凝聚团结奋斗的精神力量。新时代以来，党团结带领全体人民全面深入推进中国式现代化，以中国式现代化推进中华民族伟大复兴，掀开了中国社会主义现代化建设史上崭新的一页。新时代十年的伟大变革，在新中国史上具有重要的里程碑意义。当前，互联网信息技术飞速发展，传媒生态面临重大变革。面对一系列新情况新问题，我们要更新传播理念、创新传播方式，完善优化新中国史宣传教育与传播路径，努力推动新中国史研究、宣传和教育事业繁荣发展，更好服务党和国家工作大局，为引导人民知史爱党、知史爱国，坚定中国特色社会主义道路自信、理论自信、制度自信、文化自信，为凝聚和增强实现中华民族伟大复兴的精神力量作出新贡献。

推动新中国史研究工作再上新台阶

党的十八大以来，习近平总书记高度重视新中国史研究工作，反复强调要在全党全社会加强包括新中国史在内的“四史”教育。习近平总书记的贺信，站在全面建设社会主义现代化国家和全面推进中华民族伟大复兴的战略高度，对新时代新征程接续推进新中国史研究事业提出了明确要求，具有很强的思想性、指导性、针对性，为构建新中国史学科体系、学术体系、话语体系，进一步加快构建中国特色哲学社会科学体系指明了前进方向、提供了根本遵循。我们要踔厉奋发，坚持守正创新，切实把思想和行动统一到党的二十大和习近平总书记贺信精神上来，加强组织领导、统筹规划和顶层设计，进一步提高研究水平，更加深入地总结新中国史特别是新时代十年的重大成就和历史经验，以更多更好的研究成果，不断开创新中国史研究事业繁荣发展的新局面，把新中国史研究事业推向新的发展阶段，为全面建设社会主义现代化国家、实现中华民族伟大复兴作出新的更大贡献。

深化新中国历史研究的根本遵循*

习近平总书记的“七一”重要讲话，立足中国共产党百年华诞的重大时刻和两个一百年历史交汇的关键节点，回望辉煌历史、擘画光明未来。“七一”重要讲话贯通历史、现实、未来，贯通伟大斗争、伟大工程、伟大事业、伟大梦想，把党对执政规律、社会主义建设规律、人类社会发展规律的认识提升到了新高度，是党团结带领人民“以史为鉴、开创未来”的行动指南，为奋进新时代、走好新征程进一步指明了前进方向、提供了根本遵循，也对新中国史编研事业给予了新的更明晰的指导，对于深化新中国史研究具有重要意义。

一、有利于深刻理解、准确把握新中国历史的主题

习近平总书记在“七一”重要讲话中明确指出：“中国共产党一经诞生，就把为中国人民谋幸福、为中华民族谋复兴确立为自己的初心使命。一百年来，中国共产党团结带领中国人民进行的一切奋斗、一切牺牲、一切创造，归结起来就是一个主题：实现中华民族伟大复兴。”

---

* 本文曾发表于《当代中国史研究》2021 年第 5 期。

实现中华民族伟大复兴是近代以来中国人民的伟大梦想。近代中国的历史，是中华民族在陷入半殖民地半封建社会后，奋力斗争、走向复兴的历史，是中国共产党将马克思主义基本原理与中国具体实际相结合、同中华优秀传统文化相结合，带领中国人民努力完成民族独立、人民解放，国家富强、人民幸福两大历史任务的历史。中国共产党成立，深刻改变了近代以后中华民族发展的方向和进程，深刻改变了中国人民和中华民族的前途和命运，深刻改变了世界发展的趋势和格局。100 年来，无论是弱小还是强大，无论是顺境还是逆境，中国共产党都初心不改、矢志不渝，领导中国人民完成了新民主主义革命，实现了民族独立和人民解放，为实现中华民族伟大复兴创造了根本社会条件；完成了社会主义革命，确立了社会主义基本制度，进行了社会主义建设，为实现中华民族伟大复兴奠定了根本政治前提和制度基础；进行了改革开放新的伟大革命，开创、坚持、捍卫、发展了中国特色社会主义，为实现中华民族伟大复兴提供了充满新的活力的体制保证和快速发展的物质条件；自信自强、守正创新，统揽伟大斗争、伟大工程、伟大事业、伟大梦想，创造了新时代中国特色社会主义，为实现中华民族伟大复兴提供了更为完善的制度保证、更为坚实的物质基础、更为主动的精神力量。

“七一”重要讲话论述了党为实现中华民族伟大复兴付出的牺牲与努力，取得的辉煌成就，以豪迈的自信、激昂的壮志，庄严宣告实现了第一个百年奋斗目标、全面建成了小康社会，郑重宣示坚持和发展新时代中国特色社会主义、向全面建成社会主义现代化强国的第二个百年奋斗目标迈进的坚定决心，深刻阐述“以史为鉴、开创未来”的根本要求，向全体党员发出了为党和人民争取更大光荣的伟大号召。

“七一”重要讲话对党的百年历史主题的论述，对于深刻理解和准确把握新中国历史的主题具有重要指导意义。

二、有利于深刻理解、准确把握新中国的历史进程和伟大成就

“七一”重要讲话系统回顾了中国共产党成立100年来，团结带领全国各族人民开辟的伟大道路、创造的伟大事业、取得的伟大成就。“七一”重要讲话明确指出：中国共产党的先驱们创建了中国共产党，形成了坚持真理、坚守理想，践行初心、担当使命，不怕牺牲、英勇斗争，对党忠诚、不负人民的伟大建党精神，成为中国共产党的精神之源。为了实现中华民族伟大复兴，中国共产党团结带领中国人民，以“为有牺牲多壮志，敢教日月换新天”的大无畏气概，浴血奋战、百折不挠，创造了新民主主义革命的伟大成就；自力更生、发愤图强，创造了社会主义革命和建设的伟大成就；解放思想、锐意进取，创造了改革开放和社会主义现代化建设的伟大成就；自信自强、守正创新，创造了新时代中国特色社会主义的伟大成就。中国共产党历经千难万险，付出巨大牺牲，创造的一个又一个彪炳史册的人间奇迹，实现了中国从几千年封建专制政治向人民民主的伟大飞跃，实现了中华民族由不断衰落到根本扭转命运、持续走向繁荣富强的伟大飞跃，迎来了中国人民从站起来到富起来、强起来的伟大飞跃。

“七一”重要讲话用五个“庄严宣告”，高度概括了中国共产党为了中华民族伟大复兴所经历的百年风雨路和取得的伟大功绩，豪迈宣示了中华民族伟大复兴迎来无比光明的前景。中华民族从来没有像今天这样扬眉吐气，也从来没有像今天这样对更加美好的明天充满自信。“我们取得的一切成就，是中国共产党人、中国人民、中华民族团结奋斗的结果。以毛泽东同志、邓小平同志、江泽民同志、胡锦涛同志为主要代表的中国共产党人，为中华民族伟大复兴建立了彪炳史册的伟

大功勋！”

“七一”重要讲话对党的百年奋斗历程伟大功绩的论述，对于深刻理解和准确把握新中国历史进程和伟大成就具有重要指导意义。

三、有利于深刻总结新中国的历史经验

100年来，中国共产党在领导中国人民创造世所罕见的伟大奇迹的历史进程中不断发展壮大，经历了从小到大、从弱到强、从不太成熟到成熟的成长过程，实现了新民主主义革命、社会主义革命和建设、中国特色社会主义伟大事业的不断胜利，积累了丰富的智慧和经验。

“七一”重要讲话告诉我们，“办好中国的事情，关键在党”。中国共产党是民族复兴的核心力量。只有中国共产党才能领导中国人民取得民族独立、人民解放和社会主义革命和建设的胜利，才能开创建设中国特色社会主义道路，实现民族振兴、国家富强和人民幸福。“没有中国共产党，就没有新中国，就没有中华民族伟大复兴。历史和人民选择了中国共产党。中国共产党领导是中国特色社会主义最本质的特征，是中国特色社会主义制度的最大优势，是党和国家的根本所在、命脉所在，是全国各族人民的利益所系、命运所系。”这是中华民族在近代以来的沧桑巨变中得出的最根本的结论。

中国共产党成为带领人民实现中华民族伟大复兴的核心力量，并不是历史的偶然。“中国共产党为什么能，中国特色社会主义为什么好，归根到底是因为马克思主义行！”“中国共产党根基在人民、血脉在人民、力量在人民。中国共产党始终代表最广大人民根本利益，与人民休戚与共、生死相依，没有任何自己特殊的利益，从来不代表任何利益集团、任何权势团体、任何特权阶层的利益。”中国共产党的性质与宗旨，决定了其必然能得到人民的拥护和支持，一往无前，战无

不胜。

“七一”重要讲话告诉我们：“只有社会主义才能救中国，只有社会主义才能发展中国！”“走自己的路，是党的全部理论和实践立足点，更是党百年奋斗得出的历史结论。中国特色社会主义是党和人民历经千辛万苦、付出巨大代价取得的根本成就，是实现中华民族伟大复兴的正确道路。”

“七一”重要讲话围绕“以史为鉴、开创未来”，鲜明提出“九个必须”的根本要求：必须坚持中国共产党坚强领导、必须团结带领中国人民不断为美好生活而奋斗、必须继续推进马克思主义中国化、必须坚持和发展中国特色社会主义、必须加快国防和军队现代化、必须不断推动构建人类命运共同体、必须进行具有许多新的历史特点的伟大斗争、必须加强中华儿女大团结、必须不断推进党的建设新的伟大工程。这“九个必须”既是对全党提出的明确要求、发出的伟大号召，也是对党的历史经验的科学总结。

“七一”重要讲话揭示了过去中国共产党为什么能够成功、未来中国共产党怎样才能继续成功的深刻道理，对深刻地总结新中国史的历史经验具有重要的指导意义。

正确认识、准确把握新中国的历史，必须把“七一”重要讲话同习近平总书记有关党史国史的一系列论述结合起来学习，以习近平新时代中国特色社会主义思想为指导，坚持大历史观和正确的党史观，把新中国史和改革开放史、中国共产党史、社会主义发展史，乃至中国近代史、中华民族文明史衔接起来，准确把握当代中国所处的历史方位，准确把握新中国历史发展的脉络和内在演进的逻辑，深刻认识历史和人民选择中国共产党、选择马克思主义、选择社会主义道路、选择改革开放的历史必然性，深刻认识党在革命、建设、改革各个历史时期领导人民所取得的辉煌成就和宝贵经验，增强历史自觉，把牢正确方向，充分发挥新中国史资政、育人、护国的功能，为实现中华民族伟大复兴、开创新时代历史伟业贡献自己的力量。

中华人民共和国史学科建设的缘起、发展与展望*

1949 年中华人民共和国的成立，开启了中国历史的新纪元，揭开了中华民族历史崭新的一页。1978 年中共十一届三中全会后，党和国家不断重视中华人民共和国史（以下简称“国史”）[1]研究，有力地促进了国史研究，还使国史逐步形成一门相对独立的学科。在国史研究逐步深入的过程中，有关国史的研究机构逐步建立，学科建设日臻完善，相关档案文献、研究成果不断推出。作为一门新兴学科，与传统的其他历史学科相比，国史的学科定位尚须进一步明确，学科体系、学术体系、话语体系建设均需要有新突破。

一、国史学科建设的缘起

自 1950 年代以来，关于新中国历史的编写和研究就已经开始了。

---

* 本文曾发表于《河北学刊》2019 年第 5 期，后以《中华人民共和国史学科建设的回顾与展望》为题收入杨凤城、耿化敏主编的《中共党史党建学科建设论稿》（中共党史出版社 2022 年版）一书。第二作者秦颖系中国社会科学院大学（研究生院）在读博士生，济宁学院教授，主攻中共党史。

〔1〕对 1949 年以来的中国历史，学术界至今无统一的定义，中华人民共和国史、中国当代史、当代中国史、中国现代史等概念同时使用。本文以“中华人民共和国史”名之。

其早期成果可以追溯到由中共中央宣传部等有关部门组织编写的《中国人民解放战争和新中国五年简史》（人民教育出版社 1955 年版）以及由河北北京师范学院师生编写的《中华人民共和国史稿》（人民出版社 1958 年版）。但具有学科意义的国史研究，则起于改革开放之后。

中华人民共和国史学科的形成，缘于国史研究的发展；而国史研究的发展，则是新中国历史演进的必然要求。1978 年 1 月 11 日，中国社会科学院院长胡乔木郑重提出“要赶快着手研究”中华人民共和国成立以后的历史，并起草了《八年拟新建的研究所（草案）》，“亲自修改了新的编制报告，上报党中央和国务院”[1]。胡乔木还请历史学家黎澍牵头，着手进行编写国史的准备工作。胡乔木对开展国史研究有首倡之功。

1978 年中共十一届三中全会以后，解决历史遗留问题、统一思想成为党内外的迫切要求。其时，党内外、国内外关注的焦点是对毛泽东和毛泽东思想的评价、对“文化大革命”的评价问题。1979 年 6 月，中共中央决定，由中共中央副主席叶剑英代表中央在纪念新中国成立 30 周年时作一个讲话，通过讲话对新中国成立以来 30 年历史作出基本评价。该讲话稿在起草过程中吸收了党内外的意见，于 1979 年 9 月下旬在中共十一届四中全会上讨论并通过。9 月 29 日，在新中国成立 30 周年庆祝大会上，叶剑英代表中共中央、全国人大常委会和国务院发表了这一重要讲话，充分肯定了新中国成立以来党和人民所取得的伟大成就，初步总结了新中国成立 30 年来的主要经验和教训；充分肯定了毛泽东的历史地位和毛泽东思想的指导作用，恢复中共七大关于毛泽东思想的提法，即毛泽东思想是马列主义普遍真理同中国革命具

---

〔1〕转引自朱佳木：《胡乔木在中国社会科学院初创时》，《百年潮》2018 年第 1 期。

体实践相结合的产物；讲话还首次在党的文件中明确指出“文化大革命”的错误。该讲话是国史研究的一项重要成果，邓小平评价说，“叶剑英同志代表党中央发表的国庆讲话，不单是带有总结文化大革命的意义，实际上总结了、或者说基本上总结了建国以来三十年的经验教训。大概我们的党史就要根据这个调子来写了”[1]。

对新中国成立以来30年的历史，特别是对“文化大革命”、对毛泽东和毛泽东思想这样带有根本性和全局性的问题进行评价与总结，郑重回答人们所关注的一些重要问题和重大史实，还需要起草出一份以中共中央的名义正式发表的决议文件。叶剑英在国庆30周年的讲话中公开了中共中央的这一想法：“中共中央认为，对过去三十年特别是文化大革命十年的历史，应当在适当的时候，经过专门的会议，作出正式的总结。”[2]不久，历史决议的起草工作正式启动。中共中央决定，由邓小平、胡耀邦主持起草工作，胡乔木具体负责，邓力群分管组织安排联络交流。10月底，中央组织了由20多名理论工作者组成的起草小组，集中开始工作。1980年2月20日，起草小组拟出一份决议写作提纲，报送邓小平审阅，后经一年多的写作、修改、征求意见，最终形成《关于建国以来党的若干历史问题的决议》，并于1981年6月在中共十一届六中全会上通过。该决议运用马克思主义的科学方法，对毛泽东、毛泽东思想、“文化大革命”进行了客观、公正的评价，对新中国成立以来重大历史问题和历史人物的是非功过作出了结论。为了配合决议的学习，中共中央文献研究室还编辑出版了《〈关于建国以来党的若干历史问题的决议〉注释本》，以丰富可靠的文献档案材料

---

〔1〕《邓小平文选》第2卷，人民出版社1994年版，第244页。

〔2〕《十一届三中全会以来党的历次全国代表大会中央全会重要文件选编》（上），中央文献出版社1997年版，第69—70页。

和经济统计资料，在汲取已有研究成果的基础上，从史实和理论两个方面，对历史决议中所涉及的130条重要史实和理论观点，分条作出详细的注释。决议注释本实际上相当于中华人民共和国史的“史事提要”。在《关于建国以来党的若干历史问题的决议》起草过程中，邓小平、陈云等老一辈革命家提出许多重要指导意见，党内外高层干部和学者数千人进行过认真讨论，可以说，制定这一历史决议的过程也是一次国史的集体研究过程。历史决议及其注释本，是中国共产党的重要历史文件，也是国史研究的重要著作，为全面、系统、客观地研究、撰写新中国成立以来的历史提供了基本遵循，奠定了重要基础。

如果说纪念国庆30周年讲话和《关于建国以来党的若干历史问题的决议》的起草正式拉开了国史研究的序幕，那么组织编撰《当代中国》丛书则开始了全国性的国史研究。《当代中国》丛书的编撰始于1980年代初，历时15年，共出版152卷211册，1亿字3万幅图片，主要分为部门（行业）卷、地方卷、专题卷和综合卷。该丛书主要记录了新中国成立到1980年代末（有的到1990年代）的历史，系统总结了国家和社会各方面发展过程及历史经验，肯定了中国共产党对社会主义建设规律的探索，揭示了改革开放的必然性，是一部史志结合的、包括专史和地方史在内的科学的信史。1999年6月30日，江泽民在《当代中国》丛书暨电子版完成总结大会上高度评价了《当代中国》丛书的重要价值：“《当代中国》丛书，为我们研究有中国特色社会主义的伟大事业的发展进程、经验和规律，为在广大干部和群众中开展爱国主义、集体主义、社会主义思想教育，提供了丰富的史料和生动的教材。”[1]

---

〔1〕《江泽民在会见〈当代中国〉丛书暨电子版完成总结大会代表时的讲话》，《当代中国史研究》1999年第4期。

此外，当代中国研究所的成立，对于进一步促进国史研究的发展和国史学科的形成起到了巨大的带动作用。1990 年 6 月 28 日，当代中国研究所正式成立，其主要职责是研究、编撰和宣传中华人民共和国史。1991 年 1 月，当代中国出版社成立，其主要职责是出版当代中国史等方面的图书、音像和电子出版物。1992 年 12 月，全国性的专门研究中华人民共和国史的学术团体——中华人民共和国国史学会成立。1994 年，国史专业性学术刊物《当代中国史研究》杂志创刊。与此同时，清华大学、复旦大学、南开大学等高校相继设立了研究当代中国的机构。自 2000 年后，当代中国研究所每年召开一次全国性的国史学术年会，每五年召开一次当代中国史国际高级论坛。可以说，以当代中国研究所成立为标志，国史研究步入了有计划、有组织的发展轨道，开始了新的发展阶段，为国史学科的形成奠定了坚实基础。

二、国史学科建设的成就

从胡乔木首倡国史研究至今，经过 40 年的不懈努力，国史研究队伍从无到有，初具规模，国史专业的人才培养机制逐渐完善。以《中华人民共和国史稿》五卷本以及中华人民共和国政治、经济、文化、社会、外交、理论与方法等专门史为代表的通史、专史性质的学术成果不断推出，为国史学科建设打下了良好的基础。伴随国史研究的领域不断拓展，国史作为一门学科的基础逐步形成。概而言之，国史学科的成就主要有三大表现：

其一，机构和队伍建设。在编写《当代中国》丛书的基础上，不少地方和部门纷纷成立国史研究相关机构，负责编写地方、部门史，一批原来从事中共党史、中国近现代史研究的研究人员转入国史研究队伍之中。比如，当代中国研究所设立了政治史、经济史、文化史、社会史、外交和港澳台史、理论史六个研究室，成立了“新中国历史经验研究中心”“当代中国政治与行政制度史研究中心”“当代中国文化建设与发展史研究中心”“一国两制史研究中心”“陈云与当代中国研究中心”等非实体中心，并逐步发展为国内外规模最大、学科最齐全、专业队伍最集中的国史研究“国家队”。2001 年，中国社会科学院研究生院依托当代中国研究所设立了中华人民共和国国史系，开始培养国史专业的博士、硕士研究生。当代中国研究所、国史系面向国内外招收国史及其相关专业的硕士、博士研究生和博士后、访问学者。与此同时，一些高等院校也设立了研究当代中国史的机构或中心，并开设国史课程，招收硕士、博士研究生，有的还面向国外招收留学生。目前，一支遍及中国社会科学院等科研机构和高等院校的国史研究队伍初具规模，并不断发展壮大，这不仅推动了国史研究的发展，还大大促进了国史学科的建设进程。

其二，资料建设。资料建设是学科建设发展的基础。就目前来看，业已出版的与国史研究相关的文献资料可分为如下几类：一是党和国家领导机构的重要文件、专题文献选编类。如中共中央文献研究室《建国以来重要文献选编》（全 20 册，中央文献出版社 1992 年版），以及陆续出版的中共十一届三中全会至十八大以来历次代表大会期间的重要文献选编等。二是党和国家领导人的生平、讲话、文章、报告类。此类多以选集、文集、文稿、年谱、传记等形式出现，具有十分重要的史料价值。如《建国以来毛泽东文稿》（共 13 册，涵盖时限为 1949 年 9 月至 1976 年 7 月），多侧面地反映了毛泽东在新中国成立后作为党和国家主要领导人所进行的国际国内重大政治活动、所思考的问题和形成的政策与理论观点，历史地记录了中国共产党领导中国人民实现由新民主主义到社会主义的转变，建设社会主义现代化强国进行的艰难探索，走过的光辉历程。三是大事记、编年、年鉴、百科全书类。此类资料有些收录有原始档案，如《中华人民共和国史编年》，从 1949 年开始，每年设立一卷，每卷约 100 万字，已出版了 1949—1963 年 15 卷，每卷都收录有部分档案，有的为首次公布。四是兼有研究性的回忆录、口述史料。如吴冷西《忆毛主席》《十年论战——中苏关系回忆录》、薄一波《若干重大决策与事件的回顾》(上、下卷)、李维汉《回忆与研究》等，对国史研究均具有重要的参考价值。五是大型丛书、方志、国情调查类。丛书中，最具代表性的为《当代中国》丛书。方志也是国史研究的重要资料，全国地方志事业的开展始于中国地方史志协会尤其是中国地方志指导小组的成立。30 多年来，全国各地完成了两轮修志，有的地方已开始了第三轮修志工作，省、市、县三级志书和乡镇志、村志以及各类年鉴的大量出版，为国史研究提供了宝贵的地方资料。此外，各类国情调查更是数量繁多。六是档案文献类。档案文献是国史研究的最重要资料。其中，中国社会科学院与中央档案馆合编的《中华人民共和国经济档案资料选编（1949—1957 年）》(全 21 卷)、《中华人民共和国经济档案资料选编（1958—1966 年）》(全 10 卷)，为研究 1966 年之前的新中国经济提供了系统资料。此外，当代中国研究所从英、美等国家收集了大量的国史档案资料，南开大学、山西大学、邯郸学院等高校收集了大量的地方史档案资料，有的还成立了专门的研究中心，为国史研究的资料建设奠定了扎实基础。

其三，学术成果。国史研究的学术成果类别丰富，既有文献资料整理和学术论著，也有音像、影视等转化产品。一是通史类著作。较具代表性的主要有何沁《中华人民共和国史》(高等教育出版社 1999 年版)，张静如《中华人民共和国发展史》(青岛出版社 2009 年版)，郑谦《中华人民共和国史》（人民出版社 2010 年版），中共中央党史研究室《中国共产党历史（第二卷）》（中共党史出版社 2011 年版），以及当代中国研究所《中华人民共和国史稿》（五卷本，人民出版社、当代中国出版社 2012 年版）、《新中国 70 年》（当代中国出版社 2019 年版）等。二是专门史著作。其中，既有分领域的专题著述，如 2016 年当代中国研究所推出的《中华人民共和国政治史》《中华人民共和国经济史》《中华人民共和国文化史》《中华人民共和国社会史》《中华人民共和国外交史》《中华人民共和国史研究的理论与方法》；也有分阶段的专门著作，如《1949 至 1989 年的中国》（河南人民出版社 1991 年版）、《中国改革开放史》（辽宁人民出版社 2002 年版）等。三是重大事件的专题研究。如陈东林《三线建设：备战时期的西部开发》（中共中央党校出版社 2004 年版）、军事科学院《抗美援朝战争史》（军事科学出版社 2014 年版）、罗平汉《土地改革运动史》（人民出版社 2018 年版）等。在庆祝新中国成立 60 周年前后，也出版了一批专题类著作，如《共和国经济 60 年》（人民出版社 2009 年版）、《共和国 60 年文化发展》（中国大百科全书出版社 2009 年版）、《新中国国防和军队 60 年》（人民出版社 2009 年版）、《新中国宪法发展 60 年》（广东人民出版社 2009 年版）等。此外，《当代中国史研究》《中共党史研究》《党的文献》等刊物每年都发表大量与国史相关的研究论文。

国史学界在注重学术研究的同时，也极为重视相关研究成果的转化。如当代中国研究所在《当代中国》丛书基础上策划并与中央新闻纪录电影制片厂等有关单位联合摄制了《当代中国》大型系列电视专题片，至今已拍摄完成《当代中国水利事业》等十余部，陆续在中央电视台播出，深受观众好评。《当代中国史研究》和中华人民共和国史网站与中央电视台合作创办的《国家记忆》栏目，也得到了学术界和社会各界的广泛认可。

总之，经过长期努力，国史研究机构不断发展，研究群体逐渐壮大，资料建设渐成规模，学术成果不断涌现，国史学科建设成绩斐然。

三、国史学科建设的发展前景

随着中华人民共和国历史的不断演进，作为中国历史的当代部分，国史研究具有广阔的发展前景。作为一门新学科，国史学科也必将随着国史研究的推进而不断发展和完善。对于国史，党和国家历来高度重视，近年来更是力度空前。如 2013 年 3 月 1 日习近平总书记在中央党校建校 80 周年庆祝大会暨 2013 年春季学期开学典礼上讲话中强调指出："要认真学习党史、国史，知史爱党，知史爱国。要了解我们党和国家事业的来龙去脉，汲取我们党和国家的历史经验，正确了解党和国家历史上的重大事件和重要人物。这对正确认识党情、国情十分必要，对开创未来也十分必要，因为历史是最好的教科书。"〔1〕2019 年 7 月，中央"不忘初心、牢记使命"主题教育领导小组在《关于在"不忘初心、牢记使命"主题教育中认真学习党史、新中国史的通知》中再次强调，"要把学习领悟党史、新中国史作为牢记党的初心和使命的重要途径……做到知史爱党，知史爱国，做到常怀忧党之心、为党之责、强党之志"。这些重要讲话和指导意见，为国史学科发展提供了新的契机，为国史研究和国史学科建设指明了方向。

其一，进一步明晰学科定位和研究边界。

建设以马克思主义为指导、理论与方法特色鲜明的国史学科，既是学术发展的需要，也是现实的需求。当前，国史学科政治上姓

---

〔1〕习近平：《在中央党校建校 80 周年庆祝大会暨 2013 年春季学期开学典礼上的讲话》，《人民日报》2013 年 3 月 3 日。

"马"，学术上姓"史"已经成为普遍共识。在指导思想上，国史研究必须坚持以马克思主义为指导，国史工作者应当自觉站在人民大众的立场上，运用历史唯物主义的立场、观点、方法，坚持实事求是的原则，反映历史的真实。在研究内容上，国史是马克思主义普遍真理与中国实践相结合的历史，是马克思主义在中国实践的历史，是马克思主义研究中的重要问题之一。在学科划分上，国史学科的本质是历史学科，是中华人民共和国成立后的中国历史，是中国历史的当代部分。习近平总书记指出："当代中国是历史中国的延续和发展。"〔1〕国史学科具有历史学科的一般特点，国史研究适应于历史学科的一切方法，同其他历史学科一样，必须以实事求是的科学态度，遵守严格的学术规范，通过收集、整理、考证、分析历史资料，探寻历史规律，总结经验与教训。国史作为一门新兴学科，还处于成长期，在一些领域还存在明显的研究短板甚至空白点，但充满生机活力。

其二，找准抓手和着力点。

从学科发展的角度看，国史是一门新兴学科，还有很多空白领域需要开拓，比如社会史、环境史、交通史、边疆史、科技史等领域都需要从多视角进行探讨。这些领域研究的不足，也从另一个方面表明，国史学科有着广阔的发展空间。（1）需要继续从史料上进行突破。史料是史学研究的基础。与其他历史学科相比，国史学科最大的优势就是当代人能直接观察、亲身感受、耳闻目染历史本身，因此可以通过对当今社会亲历者的口述来获取更多翔实的资料；同时，新中国成立以来留存的大量音像影像也极大地拓展和丰富了国史研究的史料来源与内容。可以说，国史研究资料及种类之丰富是一些传统的历史学科

---

〔1〕《习近平致中国社会科学院中国历史研究院成立的贺信》，参见 http://politics.people.com.cn/n1/2019/0103/c1024-30502233.html。

所无法企及的，其对于国史研究的深入发展必将起到巨大促进作用。（2）需要继承和发扬重视研究当代史的传统。重视当代史研究，是中国史学的一大优良传统。董仲舒说："孔子作《春秋》，上揆之天道，下质诸人情，参之于古，考之于今。"[1]他还把《春秋》记载的12个执政者执政的顺序，分为"所见世""所闻世""所传闻世"三个阶段："有见三世，有闻四世，有传闻五世。……所见六十一年，所闻八十五年，所传闻九十六年。"[2]"所见世"便是当代史。西汉司马迁的《史记》记载起于传说中的黄帝，讫于西汉武帝时的历史，共130篇。其中，完全写西汉史的51篇，重点或大部分写西汉史的15篇，共66篇，超过全书篇幅的半数以上。唐代史学家刘知几说，《史记》"虽叙三千年事，其间详备者，唯汉兴七十余载而已"[3]。中华人民共和国史是中国历史的当代部分，距离现实近，研究的意义尤其重大。（3）需要更加注重人民立场。克罗齐说："一切真历史都是当代史。"[4]每个史学研究者都会自觉或不自觉地站在一定阶级、一定政治力量的立场上，这是阶级社会中不以人的意志为转移的客观事实。研究国史，只有始终站在人民的根本利益的立场上，坚持以唯物史观为指导，自觉抵制唯心主义和历史虚无主义的各种干扰，坚持以真实为原则，以事实为基础，以材料为根据的根本学术方法，才能正确处理学术研究与贯彻党的方针、政策的关系，发挥当代人写当代史的特长，克服当代人写当代史的局限；才能把握好国史研究的方向，还原真实的历史，澄清是非曲

---

〔1〕班固：《汉书》，中华书局1962年版，第2515页。

〔2〕苏舆撰：《春秋繁露义证》，钟哲点校，中华书局1992年版，第9—10页。

〔3〕刘知几撰：《史通》，黄寿成校点，辽宁教育出版社1997年版，第138页。

〔4〕贝奈戴托·克罗奇：《历史学的理论与实际》，傅任敢译，商务印书馆1982年版，第2页。

直，正确总结历史的经验与教训；才能探索历史发展规律，取得经得起实践、人民、历史检验的研究成果，充分发挥国史研究的存史、资政、育人和护国功能。

其三，走好借鉴和创新之路。

随着中国综合国力和国际影响力的显著提升，新中国历史引起国内外越来越多人的极大兴趣。学术界长期存在的“当代人写不好当代历史”“研究国史不是学问”等认识上的偏见正在被逐步纠正，国史研究和国史学科建设迎来了最好的发展机遇。尽管如此，国史在学科理论等基础建设方面仍然存有不足之处，进一步加强国史学科建设工作，必须认真学习传统历史学科的学科建设经验，借鉴政治学、经济学、社会学、人类学、心理学、公共行政管理学等多学科研究方法，建立健全严格的学术规范，促进资源共享，建立国史学科研究体系、逻辑体系，把创建新理论、建立新体系、发现新方法、树立新范式作为治学的重要目标，充分发挥国史学科应有的学理功能、阐释功能、实践功能。

当今世界正处于百年未有之大变局，当代中国已日益走近世界舞台的中央。随着中华人民共和国历史的不断演进，国史研究和国史学科建设必将实现大发展、大突破。

后　记

2020年，为了纪念当代中国研究所成立30周年，当代中国研究所出版了中华人民共和国研究文库30部，我著的《新中国政治发展论略》被纳于其中。本书共收录公开发表的未曾被其他论文集收录过的论文32篇，根据文章内容分为4个部分："新中国成立初期的政治发展（1949—1957）"5篇；"社会主义建设时期的中国政治发展（1957—1978）"6篇；"改革开放时期的中国政治发展（1978—2012）"16篇；"新时代的中国政治发展（2012—2019）"4篇，1篇作为全书的绪论。所选论文基本上属政治史类，故名之曰《新中国政治发展论略》。

2024年，为了迎接中华人民共和国成立75周年，我又选取了公开发表的25篇文章，结集出版，分为3个部分："新中国政治史研究"10篇、"新时代中国政治史研究 "11篇、"新中国史学科建设"4篇，名之为《新中国政治史举要》。

为保持全书形式上的一致，除对格式作了适当调整外，本书所选论文标题、内容都未作改动。

《新中国政治史举要》肯定存在诸多不足甚至错误，恳请读者批评指正。

为此书的出版，当代中国出版社姜楷杰编辑付出了辛勤的劳动，借此机会，表示衷心感谢。

李正华

2024年4月6日